共和与经纶

[增订本]

刘小枫 著

古典教育基金 ·"传德"资助项目

黄帝问于伯高曰:"吾欲陶天下而以为一家,为之有道乎?"

——《管子·地数》

夫上之化下,下之从上,犹泥之在钧,唯甄者之所为;犹金之在镕,唯冶者之所铸。

——《汉书·董仲舒传》

Decipimur specie recti [我们被表面上的正确欺骗]
——贺拉斯《诗艺》,行25

迄今为止,有关民主政体的研究极不充分。所有谈及民主政体的人,要么对它不理解,要么对它兴趣索然,要么有意错误地展示它。……民主政体肯定是政治技艺的杰作,但是,这项人为技艺越令人赞赏,越难以纳入所有洞穿它的眼睛。

——卢梭《山中书简》(冯克利译文)

目 录

增订本说明　/ *1*

熊十力《论六经》及《正韩》辨证 / *1*

引言　/ *2*

1　走向新共和　/ *10*

2　发孔子微言　/ *20*

3　革命与唯识　/ *37*

4　革命与心性　/ *59*

5　有道与极权　/ *82*

6　心体与自由　/ *112*

7　圣人与独裁　/ *135*

8　天人共和国　/ *164*

9　颠覆天下篇　/ *188*

余绪　/ *222*

附记　/ *240*

儒家公羊派与历史哲学 / 242
    一 公羊学的现代化 / 243
    二 公羊学的原初品质 / 249
    三 "六经皆史"说是一种历史哲学? / 258

"诗言志"的内传理解 / 262
    一 何谓"诗,志也" / 263
    二 《〈诗纬〉新解》与现代大变局 / 272
    三 "正于内,则可以化四方矣" / 277

成为《水浒传》的"高明"读者可能吗? / 289

增订本说明

九年前（2012）刊行的《共和与经纶》接续《儒教与民族国家》的思考，两者算是姊妹篇。好些朋友抱怨，《共和与经纶》难懂。华夏出版社要重印《共和与经纶》，趁此机会我增补了三篇新稿，希望能多少化解它的难懂。其中，《现代儒家公羊学与历史哲学》写于1990年代末，与《儒家革命精神源流考》属于同一时期，收入本书时重新加工过。

刘小枫
2021年元月

熊十力《论六经》及《正韩》辨证

引 言

1949年至1951年间，新中国刚刚建立之际，现代新儒家"开宗大师"熊十力先后刊印五篇文稿，依次为《十力语要初续》（1949，香港），由门人所记、熊十力亲手改定的弟子听讲笔记《韩非子评论》（1949，香港）和《摧惑显宗记》（1950，北京）两种，然后是两封长信：《与友人论张江陵》（1950，自印本）和《论六经》（1951，北京）——这些文稿如今收入《熊十力全集》第五卷。①

韩非子和张江陵皆为中国历史上的著名政治人物，前者教诲如何施行政道，后者身体力行践行政道。在我们的印象中，熊十力以阐扬体用不二、明心见性名家，堪称典型的哲人。《韩非子评论》和《与友人论张江陵》却让我们看到，深究唯识、弘阐《大易》《春秋》微言的十力儒学，绝非空玩心性之学，而是有着深切的政治关怀——十力不仅是形而上学大家，也是政治思想大家。

要理解某个思想家，得先理解其所立之志。十力先生追随王阳明突出强调，个人立志是治学问道的基础。② 在

---

① 《熊十力全集》，肖萐父主编，湖北教育出版社，2001。《全集》按发表年代编辑，凡八卷，附加评论十力先生的文集一卷两册（一千余页）。凡引第五卷文献，仅随文注篇名和页码。

② "夫求圣人之道者，必有高尚之志。未有志趣卑污，而可闻大道者也。故学问有基本焉，立志是也。"（《读经示要》卷二，《全集》卷三，页694）

《全集》第五卷中,《论六经》最引人注目,并非仅仅因为这封长函是写给新共和国领导人的。《论六经》也是十力对自己一生志向和思想的概括性自我阐述,尽管这次阐述同时是一次政治行动,毕竟为我们把握十力先生的立志以及一生中诸多"直凑单微"的授学讲记和语录提供了纲要。① 如果我们不理解十力先生的立志,就很难把握他的思想意图:为什么他要做学问以及为什么他要如此做学问,或者说他为何以及如何以回归儒经为学。由于十力先生的这封长函以"论六经"为题,为何和如何为学就具体化为为何以及如何阅读我国古传经典。

不少人可能会悲叹自己生不逢时,十力先生有幸不会生发如此悲叹,因为他的立志责志适逢中国从帝制走向共和的伟大变革时机。《十力语要初续》首则谈《易》,我们一开始读到的是十力对自己一生学术的精炼概括,生逢其时的自我感觉让我们感铭至深:

> 吾少误革命,未尝学问。三十左右,感世变益剧,

---

① 十力思想立于《新唯识论》(文言本1932,语体本1944)和《读经示要》(1945),以后的讲记、语要和撰述,多反复申说这两部讲记的观点。《熊十力全集》卷帙虽多,重言亦多——《全集》卷五比其他各卷更为全面、集中地反映了十力的思想:《十力语要初续》中,"新论平章儒佛诸大问题之申述"一则篇幅最长(页64-186),义女熊仲光所记《困学记》(页223-287)次之,与1950年刊印的弟子所记《摧惑显宗记》相同,无不反复申论《新唯识论》。《论六经》实为《读经示要》的概要和接续:《读经示要》论六经至《周礼》时"无暇发挥",《论六经》则说《周礼》最详。《韩非子评论》《与友人论张江陵》显得特别,其实仍可视为《读经示要》第二讲之发皇,两者均在此讲中有所提及。

> 哀思人类，乃复深穷万化之原，默识生人之性，究观万物之变，盖常博考华梵先哲玄文而一归于己之所实参冥会，虽复学无常师，而大旨卒与儒家为近。余平生学在《新论》（引按：指《新唯识论》），推原《大易》，陶甄百氏，所以挽耽空溺寂之颓流者，用意尤深也。（《十力语要初续》，页 4）

可以看到，从一位普通革命者脱胎而成就为一超凡大哲是十力的人生缘分。十力并非生性爱好"深穷万化之原，默识生人之性"的形而上学，走上形而上学之路是出于"感世变益剧，哀思人类"。所谓"世变"具体指中国由两千多年帝制回归共和的历史巨变，正因为如此，深入儒佛两家形而上学之后，十力再返回"世变"之局，以自己的学述力挽"耽空溺寂之颓流"。可以说，经过形而上学的"一归于己之所实参冥会"，十力才得以从一位普通革命者脱胎为伟大的革命家：从拿枪的革命人成为思想的革命家。所谓"少误革命"，十力自指早年投身辛亥革命的经历，但其意思并非投身共和革命错了，而是有些许后悔延误了更为根本的革命事业——学问的革命。

熊十力生于 1885 年，父亲中过秀才，为乡下私塾先生。十力长到十岁时，父亲本来已经因病辍教，当他看出排行老三的子真（熊十力原名熊继智，字子真，"十力"之名为后来蔡元培所赠）"眼神特异"，便强支病体为子授学。① 熊子

---

① 熊十力生平见《全集》附卷下册中的岛田虔次文（页 949-958）及诸回忆文（页 1403-1574），任继愈、王元化、翟志成、郭齐勇诸文尤其值得一读。

真读书果然非凡，长进很快，不幸的是，父亲不久病逝……子真天生有读书之才和向学大志，虽因家道转贫寒不得不务农，却立誓"敬承大人志事，不敢废学"——在随后的日子里，少年子真追随兄长"带书田畔，抽暇便读"（《十力语要》卷三，《全集》卷四，页424）。

这时，大城市已经有人在传播新知识和革命思想，与少年毛泽东一样，虽然身在乡下，熊子真仍然可以从乡贤自城里购回的种种新书中读到《格致启蒙》一类科普读物和"当时维新派论文"。在这些启蒙读物影响下，年仅十六、七岁（1902年）的熊子真决志放弃应考科举，"以革命从戎，狂野不学"（《十力语要》卷四，《全集》卷四，页542），投身满清新军武昌凯字营，成为一小卒（《十力语要》卷三，《全集》卷四，页425）。

1906年，熊子真加入秘密革命团体日知会，与革命同志一起在军中秘密组织"黄冈军学界讲习社"，密谋兵变，未料遭清廷破获，旋受通缉。熊子真东躲西藏，避过风头回乡躬耕。五年半后，武昌兵变，熊子真闻讯从乡下赶到武昌，即赴前线投入战斗。革命成功之后，熊子真并没有想起早前的"敬承大人志事"之心，共和之初的混乱时局让他无从重拾问学之心，随后的帝制复辟迫使熊子真继续革命。护法战争爆发后，熊子真再次赶赴前线投入民军，增援与段祺瑞指挥的共和国军队交战的桂军，不久又转回广州，在孙中山大元帅府任参谋。

在广州担任大元帅府参谋仅半年，熊子真突然脱下军装离开革命队伍，时年三十五岁……十力先生后来多次提到自己这一人生转折的成因：

> 居半年，所感万端，深觉吾党人绝无在身心上作功夫者，如何拨乱反正？吾亦内省三十余年来，皆在悠悠忽忽中过活，实未发真心，未有真志，私欲潜伏，多不堪问，赖天之诱，忽尔发觉，无限惭惶。又自察非事功之材，不足领人，又何可妄随人转！于是始决志学术一途，时年已三十五矣……（《十力语要》卷三，《全集》卷四，页425；亦参《十力语要初续》，页216）

熊子真的觉悟始于对共和革命的反省："吾党人"指有具体政治主张的共和革命者，共和革命难以成功，关键在于"党人"心力不正，私欲太多，争权夺利。[①] 熊子真自己就是革命党人，反省必然得触及自己的灵魂深处：他发觉自己的"真心"和天生禀赋都不在打仗，而在问学。熊子真脱离革命队伍不是背叛共和革命，更非要反对共和革命，而是对共和革命有了更为深刻的认识：如果共和革命"党人"没有在"身心上作功夫"，革命最终难以成功，即便夺取政权，也缺乏建立新制度的精神根柢。经此觉悟洗心革面，熊子真才成为熊十力——从此他踏上了长达十余年的"默识"之路。

注重在"身心上作功夫"是儒家心学的著名规矩，我们知道，儒家心学讲究身心功夫并非仅仅为了道问学，而

[①] 十力在发表于1934年《独立评论》上的《英雄造时势》一文中说："到辛亥武昌起义，革命党也曾掌握过南方许多省，而新官僚气味重得骇人，暴露浮嚣侈靡淫佚种种败德。"（《全集》卷八，73页）

是为了更好地践行事功。熊子真离开革命队伍，是因为他看到，共和革命需要形而上学的或心学的支撑。十力后来深玩比量、推原《大易》、陶甄百氏，为的是用自己的学问"挽耽空溺寂之颓"，为共和革命提供精神基础。① 十力后来说，"凡政治哲学上大思想家，其立论足开学派者，必其思想于形而上学有根据，否则为浅薄之论，无传世久远价值"（《韩非子评论》，页306）——十力所谓的"政治哲学"指的是具体的政治主张，比如共和革命。心学或某种形而上学与具体的"党人"政治理想的结合，是熊子真走向学问的起点。这位共和革命"党人"作出的重大人生抉择是：首先寻找本心、发明"真心"。就在这一年，十力写下了自己一生中的第一部书，题为《熊子真心书》（1918，蔡元培序）。

按照孔子的教诲，问学不是为了过纯粹的静观生活，而是为了学会深切理解人世，习得在世言行的审慎德性——"君子食无求饱，居无求安，敏于事而慎于言，就有道而正焉，可谓好学也已"（《论语·学而》）。不用说，要真正学成"敏于事而慎于言"，非常非常难，"宁武子邦有道则知[智]，邦无道则愚。其知可及也，其愚不可及也"（《论语·公冶长》）。如果这"愚不可及"堪称原始儒家

---

① 熊十力晚年自述道："余伤清季革命失败，又自度非事功才，誓研究中国哲学思想，欲明了过去群俗，认清中国何由停滞不进。故余研古学，用心深细，不敢苟且。"（《乾坤衍》，卷上，《全集》卷七，页344）

"知行合一"的难及之境,① 那么,自有阳明心学以来,"知行合一"德性观的品质已经发生了根本变化:为学的事功取向取代了"敏于事而慎于言"。十力一再强调,治学若与经世分离,学问再好也不能开启"德慧",反倒使人失去为学之本——"经世"固然并不直接等于搞共和革命,但对十力来说,搞共和革命才是真正的"经世"。为了共和革命而问学,是熊十力在20世纪中国世变的历史境遇中所获得的独特际遇。明确了为什么做学问,也就决定了如何做学问:十力服膺心学,唾弃考据之学,正因为考据无济于当下的共和革命——的确,在革命时代治考据之学,本身就可能被视为反革命心态的表现。王国维捡起革命家章太炎所抛弃的本行,最终结局众所周知。

"推原《大易》,陶甄百氏"是十力对自己一生学术既准确又精炼的自我概括。所谓"推原《大易》"指深入探究《易》中的心性形而上学义理,在此基础上,十力才有了"陶甄百氏"的气魄。"陶甄"的本来含义是把泥土化

---

① 宁武子为卫国大夫,先后仕文公、成公两君。"文公有道,而武子无事可见,此其知之可及也。成公无道,至于失国,而武子周旋其间,尽心竭力,不避艰险。凡其所处,皆智巧之士所深避而不肯为者,而能卒保其身以济其君,此其愚之不可及也。"(简朝亮,《论语集注补正述疏》,上册,唐明贵、赵友林校注,上海:华东师范大学出版社,2013,页313-314)宋翔凤《论语发微》谓,宁武子之"知",见于《左传》所记"遭罹国难,尽忠竭谋……若论其愚,当非有言可纪、有事可载也。盖成公之无道,不在失国,在不知人……从容大国之间,周旋暗君之侧,谮诉皆绝,刑罚不罹,斯其能愚之,实足以脱乎乱世,非有圣贤之学,乌能及于此乎?"(引自刘宝楠,《论语正义》,北京:中华书局,1990,页197-198)若国君之无道"不在失国,在不知人",则君子之智与愚皆与知人相关。"知人"乃圣贤之学要务,亦为圣贤之学最难之事。

育、陶制成精美陶器，古人有"林富桂栝，土宜陶甄"句（刘禹锡）。① 所谓"百氏"，既可能指诸子百家，也可能指众庶百姓——若谓前者，从辛亥革命老兵成就为心性形而上学家以后，十力所立之志便是化育"中国固有文化"，诸子百家成了这位陶人手中的泥土——倘若如此，十力要化育的泥土不仅是"百氏"，也是且首先是孔子所作六经。若谓后者，十力凭靠心性形而上学所立之志便是要当治天下的圣王。古人云："昔者尧之治天下也，犹埴之在埏也，唯陶之所以为；犹金之在炉，恣冶之所以铸。"（《管子·任法》）"故胜民之本在制民，若冶于金，陶于土也。"（《商君书·画策》）唯一没有可能的是陶甄自己——"莫遣洪炉旷真宰，九流人物待陶甄"（唐代诗人薛逢句），谁一旦成就为心性形而上学家，就不再是需要被陶甄的九流中人。

十力会把"中国固有文化"或中国的万众百姓这把泥土陶制成怎样一具精美陶器，以及他如何陶甄这把泥土，对于我们来说，都是非常值得回味的思想史问题。

---

① 参见《汉语大字典》《汉语大词典》中的"陶甄"条。

一　走向新共和

1949年新共和成立之时，戊午之悟三十年后的熊十力已经成就为一代宗师。1948年秋季，当共产党军队与国民党军队对决中原时，熊十力离开杭州浙大，经上海南下广州，由广东大弟子黄氏接待，住进番禺化龙乡私宅观海楼，观望国共对决。一年后，解放军兵临广州，与当时不少读书人一样，此时熊十力面临一个重大抉择：是否认同新生的共和国——如果不认同，经罗湖去香港，近在咫尺。十力先生的一些好友和得意弟子（钱穆、徐复观、唐君毅、牟宗三）要么决意去台、要么决意留港，总之不认同新共和。

时已年近六十五岁的十力先生不忍离开大陆，致函弟子徐复观，问有否可能到南京的中央大学教书，不然的话，留在中山大学哲学系教书也行——十力先生看得很清楚，中国传统文化思想的土壤在大陆，不可能有什么流亡离岛或割地的中国哲学。坚决反共的弟子徐复观觉得，尊师的政治意识糊涂得简直不可救药，回函以挖苦口吻让尊师写信"直接去问毛泽东先生中大可去否"（《全集》附卷，下册，页1607）。

十力没有致函毛泽东先生，但解放军进驻广州仅十天左右，他就收到董必武、郭沫若自北京发来电报，"欢迎"他回北京——电报由广州军管会主席叶剑英派人送达中山大学。

十力与董必武和郭沫若都谈不上至交，虽与董必武在辛亥革命时期曾有过"革命之交",但十力脱离国民党踏上形而上学之途时,董必武也脱离国民党加入了共产主义小组,此后两人再无交往;至于郭沫若,仅在抗战期间拜访过同在陪都的熊十力两次——拜访时除了带去十力爱吃的土鸡,还带去了周恩来同志的问候。十力先生接到辗转而至的电函后随即回函:若北归希望能在北大哲学系执教。北京方面很快给了肯定回复,十力当即决定接受邀请,他在致函竭力劝阻的弟子唐君毅时表达了自己的哲人心志:

> 吾年已高,何至以风烛余光为衣食二字而尽丧平生之所守?吾中国人也。中共既已统一中国,如不容吾侪教书,只可作夷、齐。如尚容吾侪教书,则吾侪无有"自经沟壑"而不去教书之理。(《复唐君毅》,《全集》卷八,页636-637)。

十力并非因为年事已高不愿去香港,只要新政权愿意给他一席之地教书,他就愿意北归,实际还有更为深层的心愿,如他后来在致新共和领导人的信中所言,自己虽然对"学术思想确曾用过苦功,非以广闻见为务,非欲以学问家自鸣"(《论六经》,页771),而是思考中国两千多年深陷"帝制颓运"与中国固有思想的关系。我们知道,辛亥革命的直接结果是中国的分裂,国不成体,作为辛亥革命老兵,十力始料未及,更非革命初衷。在十力先生眼里,辛亥革命尚未成功。革命不仅意味着推翻旧制度,更重要的是建立新制度。

孙文发起二次革命失败后,袁世凯在美国传教士怂恿下企图改共和政体为君主立宪政体,尽管君主立宪属于现代政体，袁氏的企图难免被视为皇权复辟，自然会引发捍卫共和政体的护国军起义。从此，中国逐渐走向军阀割据，国家分裂迄今没有了结，即便在联合抗日时期，中国的内战也没有结束。共和政体的立国都尚未真正实现，辛亥革命何以能算成功？

不难设想，在十力这位辛亥老兵眼里，共产党统一中国，国号高标"人民共和"，未尝不可理解为辛亥革命至此才划上了一个标点……但这个标点是逗号而非句号。毕竟，建立新的政制不仅在于立国，更重要的是建设新的生活方式。新共和的成立仅仅意味着辛亥革命终于完成立国之举，接下来还得建设真正的共和政体，这一待兴大业很可能会需要更艰巨、更漫长、意义也更深远的革命。十力先生接受邀请北归，显然是出于将辛亥革命进行到底的志愿，希望能为建设名副其实的共和政体作出自己应有的贡献，因为他已经为此做了长达三十余年的哲学准备。①

对于新生的共和国政府来说，熊十力不仅是著名哲人、几代学人的宗师，也是辛亥前辈，值得敬重。毕竟，建立人民民主的共和国秉承的正是辛亥革命未竟之志……革命尚未完成，同志仍需努力。十力北上时，广州军管会主席叶剑英亲到车站送行。途经当年辛亥首义之地时，十力希望驻足缅怀数日再北上继续革命，武昌的中南军政首长林

---

① 熊十力未赴台或去港，被后世某些论者视为变节（参见翟志成，《长悬天壤论孤心：熊十力在广州（1948—1950）》，见《全集》附卷，下册，页 1486 - 1574)，实为不解十力之心，郭齐勇《为熊十力先生辩诬》（见《全集》附卷，下册，页 1599 - 1663）文颇为允当。

彪、李先念亲自设宴款待这位辛亥革命老兵。

到北京已是1950年春。一年后，十力写下了给新共和国的建言书，自题《论六经》，长达七万言，寄林伯渠、董必武、郭沫若，"并恳代陈毛公赐览"（《论六经》，页775）。建言书说："民国近四十年，新人物对于固有学术思想太疏隔"，此时"共和已二年，文教方针宜审慎周详，学术空气之提振更不可缓"（《论六经》，页773、772）。辛亥革命推翻帝制已近四十年，十力不称"共和"，对新中国才称"共和"，绝非笔误，更非献媚，而是感到如今才真正堪称在走向共和。建言书下笔之时，新共和在内政方面的鼎革之举振奋群心，共和国军队出师朝鲜半岛抗击美帝初战告捷，震惊世界。十力看在眼里，难免想起自己的戊午觉悟：共和革命要真正获得成功，必须从根本上重新陶冶中国人的"作人与立国精神"。于是"春初晤友人，欲谭六经……"。这时十力即将迎来辛亥革命四十年之际。建言书开首就说：

> 筑室先基，植树培本，① 古之恒言也，立国之道，何独不然？共和初建，抗美援朝，政府励精图治，天下向风，区区愿献刍议。窃以文化教育方面，对固有学术，整理似不容缓。抗美不过一时之事，政府既以决心领导国人，事虽艰巨，大功易集。……
>
> 方今世界大势，群趋重于反帝，而帝者已成强弩之末……吾故曰抗美非难事也。愚谓今之所急，莫如

---

① 这段开头与《读经示要》第二讲"读经应取之态度"的开头一样（《读经示要》卷二，《全集》卷三，页697），不同的是，那里是在教导从学的"二三子"。

立国立人精神。中华立国五千年,自有高深悠久之文化,中国人之作人与立国精神,自有其特殊处不待言。……余以为求中国之特殊精神,莫若求之于哲学思想。中国哲学思想之正统派即儒家。(《论六经》,页663-664)

可以看到,十力发自内心对新共和充满期盼。在这位辛亥老兵看来,国民党政权从未施行自由民主之政,当然不能称"共和"。早在抗战之前,十力已经表达过这样的看法:要真正建成自由民主的共和国,政党必须有"启民、导民、化民"的宏愿和能力。用今天的话来说,必须有启蒙全民的宏愿和能力,国民党并没有让这位辛亥老兵看到这一点。① 立国化民首先在于智识人自立精神,十力立志成为智识人,向学十余年,首先自立精神,倭寇入侵之前已卓然成家——1932年《新唯识论》甫出,即引起学界强烈反响,随后他盼望能用自己"一归于己之所实参冥会"在形而上学上立起来的精神德化国人精神,一直未能如愿。

中国人的精神根柢在儒家——"中国哲学思想之正统派即儒家",十力为共和国立精神的宏愿,就是要重新树立儒家正统。我们会感到奇怪:儒家从来是正统,何以需要

---

① 《韩非子评论》成于抗战之前(1934年之后,因为其中多次提到"希魔[希特勒]"),1949年手订,其中讲到,"民国垂四十年,全国守令号为亲民之长吏,其所事者则唯承上意严行搜括、藉以分赃而已"。国民党虽行训政,实际上徒托空言,"训政必群吏奉法,能率民众以奉法而举其公务、修其私业。吏治成则民治成,民治成则民主成,此事理之必然"(《韩非子评论》,页335),"民国虚慕西洋法治,而实荡无法纪"(《与友人论张江陵》,页594)。

重新树立？原因很清楚，而且也简单易解：辛亥革命之后，共和革命尚未成功、内战连年之时，中国知识界却兴起了"新文化运动"，以打倒儒家正统为鹄的。当时正值十力"默识"之期，作为辛亥老兵，十力也曾是反孔派——辛亥革命之前，"海内风气日变，少年皆骂孔子、毁六经，余亦如是"（《论六经》，页761）。

换言之，共和精神与尊孔实不相容：正统儒家是千年帝制的奠基者和拱卫者，反帝制必反儒家正统。但在"新文化运动"风头之时，十力幡然"自悔其浅妄"：倘若全盘否弃本国固有文化，共和革命岂不同时了结了国人精神？倘若如此，国人靠什么来自立精神？十力面临又一个抉择：要么放弃反帝制的共和理想，要么坚持反儒家正统到底。

十力的聪明才智使他摆脱了这一两难，他看到，既坚持共和精神又保全儒家正统，不仅应该，而且可能。"新文化运动"对中国传统文化的攻击虽然大而化之，毕竟显得抓住了要害：

> 清季迄民国，后生游海外者，其议国学之根本缺点，略有三。一曰，无科学思想。……二曰，无民主思想。……三曰，持论无系统。（《原儒·绪言第一》，《全集》卷六，页329）

熊十力是过来人，"此等议论，吾侪当清季已熟闻，且与之同调"。可以说，熊十力走向问学之路的时候，心目中就已经有了思想之敌：反驳"新文化运动"对中国传统文化的攻击。尽管就崇奉科学和民主思想而言，十力与"游海外者"或承接海外新思想者的志向一致，但在以何种思想立国立人这一大是大非问题上,十力与这些革命同志产生了分歧:科学和民主思想无需求诸海外,中国固有文化传统中就有。① 在随后的十余年生涯中,十力不仅发掘出儒家科学思想,而且发明了儒家的自由民主思想。就持论系统而言,建言书《论六经》在十力学述中堪称最为全面。

下笔建言书时,十力心里清楚,共产党的政治哲学衍自"新文化运动",就反封建帝制而言,十力的革命之志与共产党的政治哲学并无扞格,不合处仅在于"新文化运动"持反孔立场。在建言书中,十力没有回避这一难题,他写道,

> 余以为马列主义毕竟宜中国化。毛公思想固深得马列主义之精粹,而于中国固有之学术思想似亦不能谓其无关系。(《论六经》,页772-773)

既然儒家是"中国哲学思想之正统",马列主义的中国化就当是儒家化;既然马列主义宜儒家化,就得抛弃反儒家正统的"新文化运动"立场。十力同样清楚,"毛公思想"已得马列主义"精粹",但"毛公思想"中是否已有"中国固有之学术思想",十力自己并无研究,但他的确期盼新生的共和国学术能够在"毛公思想"与"中国固有之学术思想"之间建立起言之有据的内在联系。

十力的期盼并非没有根据,因为毛泽东已经提出,要

---

① 十力自述说:"余年四十后,深感民国以来唾弃固有学术思想,一意妄自菲薄,甚非自立之道。吾国古代科学思想发达已盛,虽古籍沦亡,而汉人已言八卦与《九章》相表里,是《九章算术》发明在鸿古代,岂非奇迹!"(《论六经》,页763)

"批判地继承"(十力称为"评判接受")中国的传统文化,十力深表钦佩——"毛公评判接受之训,无可易矣"(《论六经》,页773),十力还为此不易之论信手拈来比量学证明。也许,正是基于毛泽东已经宣示的对待中国固有文化的立场,十力才热情地写下《论六经》,为新共和建言。

在《论六经》结尾时,十力甚至具体建言:"批判地继承"说来容易做时难,"政府必须规设中国哲学研究所,培养旧学人才",并由政府出资,扶持民国时期已有的三所民间书院,分别是欧阳竟无所创内学院,马一浮所创复性书院,梁漱溟所创勉仁书院……由政府设立的中国哲学研究所最好招收八十名研究生,若眼下财力不支,也总得有三四十名——早在抗战时期,十力就已经有这样的想法:符合共和精神的政府理应建立"中国哲学研究所"。国民政府虽早已成立中央研究院,却一直没有哲学研究所,仅有历史和语言研究所,明摆着排斥哲学,唯重考据。① 十力没有忘记,清末革命党志士"实未有以反己之意去研经史者",学问"无救于国、无救于其自身",得归咎于清代

---

① 抗战期间,十力在陪都重庆时就曾建议"设一哲学研究所,遴选各大学哲学系卒业有志行者,令其寻玩经义"——当时迁到重庆的中央大学按十力建议开设"哲学院",由于学生过少,"未一年而罢"(《读经示要》卷二,《全集》卷三,页739-740)。《读经示要》出版时,十力仍然念念不忘建哲学研究所的心愿,"自序"落款地为"陪都北碚火焰山麓中国哲学研究所筹备处"(《全集》卷三,页557)。抗战结束后,十力应邀回到北大(1947年),本想向胡适博士建言,在北大建立"中国哲学研究所",由于他深知提倡考据之学的胡适博士对哲学没兴趣,最终作罢。参见《十力语要初续》,页210。

"考据学风之为害烈"（《十力语要初续》，页211）——十力不称民国为"共和"，原因之一想必也是：民国学术接续清季考据学风，引进西洋实证主义方法后变本加厉，使得哲学和文学变成考据学问，国家缺乏精神和思想……

提出由新共和政府建立"中国哲学研究所"，万言绰绰有余，十力上书何以长达七万言？十力上书的重点其实并非在于建立研究所及招收研究生，而是用什么指导思想来研究"中国固有之学术思想"。在共和革命精神引导下，十力研究"中国固有之学术思想"已经有成：1945年出版的《读经示要》已经提出了一套完整的关于"中国固有之学术思想"的看法。现在十力需要表明，自己关于中国传统思想的看法完全切合新共和国"自立精神"的时代需要。他不便明言的仅是：早在毛泽东提出"批判地继承"传统文化之前，他已经富有卓识地完成了"批判地继承"儒家正统这一艰巨之业。

写建言书时，十力并非不清楚，马列主义－毛泽东思想是新共和的指导思想，这种思想同样有自己的形而上学基础。唯物论世界观与十力所凭靠的心性形而上学并不相容。十力自感很难另起炉灶，重新建立一套"批判地继承"儒家正统的学说。因此他建言，政府如果建立"中国哲学研究所"，当要求研究人员或研究生"只须对于新制度认识清楚，不得违反"，不必强求规定都得信奉唯物论，"有能在唯心论中发挥高深理趣"者，应该"任其流通"。十力为此提供的理由是，"凡高深理趣之影响于人类生活，恒在无形中，无形也，故久乃大"（《论六经》，页773）。

当然，凭靠唯物论世界观同样可以"发挥高深理趣"，唯物论形而上学对人世生活的影响同样"恒在无形中"。如果唯心论仅仅在政府设立的"中国哲学研究所"内"任其流通",并无问题,毛泽东实际上做到了这一点。但十力期望的并非是自己的新心学仅仅在"中国哲学研究所"内"流通",他还期盼影响中国人的立人和立国。这就需要十力说明,自己的新儒学与马列主义－毛泽东思想在政治哲学层面并无冲突;如果可能的话,十力还得尝试沟通《大易》本体论与唯物论世界观——对于十力来说,这当然是新课题。① 下笔建言书时,十力已经有把握的是,他的《新唯识论》和《读经示要》所确立的新儒学与马列主义－毛泽东思想并无扞格,至少就反帝制、反封建和走向自由民主的大同世界而言,十力自以为有同声相求的一致。因此,在建言书中,十力能够畅所欲言。

建言书上呈之后,随之由大众书局刊印,《论六经》不仅是给新共和国领导人看的,也是甚至更是给关心共和国精神和文化建设的所有读书人看的。

---

① 晚年寓居上海时,年过古稀的十力先生还关心西方物理学原子理论(参见王元化回忆文,《全集》附卷,下册,页1482)。熊十力晚年私淑之一,著名易学家潘雨廷先生对现代理论物理学的进展相当熟悉,似乎对打通易学与西方现代自然科学理论颇为在意。参见张文江辑录《潘雨廷谈话录》,见刘小枫、陈少明编,《经典与解释》第24辑至第28辑:第24辑《潘雨廷谈话录》(一),页228、240;第25辑《潘雨廷谈话录》(二),页282;第26辑《潘雨廷谈话录》(三),页196、页200-201、页212-213、页219、页227、页230-231、页233-234、页237;第27辑《潘雨廷谈话录》(四),页214、页217、页253;第28辑《潘雨廷谈话录》(五),页160。潘雨廷《敬论熊十力师的思想结构》,也不同凡响,见潘雨廷,《易学史发微》,张文江整理,上海:复旦大学出版社,2001,页419。

二　发孔子微言

就篇幅而言，《论六经》是名副其实的长函。[①] 在长函前面，我们首先见到一段"赘语"，长达六页，像是十力写完长函后的补笔。既然十力把"赘语"放在了前面，"赘语"就不是多余的话，反倒是十力觉得非常重要的话。倘若如此，"赘语"显得是《论六经》的导言。

十力有阳明风范，擅长口传，向来直抒胸臆，并不在意文章修辞。对六经的看法，十力早已烂熟于胸。《论六经》以与友人谈儒家六经的形式落墨，虽是笔谈，并未精心剪裁，行文质朴，怎么想就怎样说。长函一开始，十力就直奔主题，逐一分述儒家六经大旨，显得心潮澎湃。如果要让读者更好地理解自己对六经各经的具体看法，十力本来应该先让读者了解他对六经的总体看法，但长函一开始并没有提供一个简明扼要的"六经总论"。用了近一百页篇幅说完六经各经大旨后，十力才对六经有一个总的概说（《论六经》，页757-761）。

也许这时十力才意识到，他需要事先说明自己对儒家六经的基本看法，于是补写了长达六页的"赘语"。虽然"赘语"行文明显有些凌乱，但如果与长函临近结尾时的那段六经总说合在一起看，我们的确可以获得十力对六经性质的完整看法。既然"赘语"是十力认为关于六经的总体

[①] 在《全集》本中近120页（卷五，页657-775）。

性质需要特别强调的东西，我们就得注意十力在这里强调的是什么。

"赘语"首先让我们关注的是众所周知的影响中国文史的一大事件：秦政焚书坑儒。十力恰切地告诉我们，要了解儒家六经的性质，必须了解这一事件与六经的关系。对中国经学史稍有常识的读者都知道，秦政焚书坑儒直接涉及儒家六经的真伪问题：由于秦始皇焚书坑儒，儒家经书都被烧光了，刘氏建立政权后，儒生凭记忆把师徒口传的经书用当时的书写字体（隶书）记下来，才又有了儒家经书。可是，后来有人从孔子家宅的墙壁中发现了未遭秦火的经书。这些经书用的是秦以前的书写字体（古籀），史称"古文经书"，汉代儒生用当时的字体复记的经书史称"今文经书"。如果仅是字体差异，经书就只有字体转写的问题，但"今文经书"与"古文经书"还有若干篇章差异（主要见于《尚书》），于是就出现了哪个经书为真的争议。这一争议持续了两千多年，的确堪称中国文史第一奇案。[①]今天的我们会觉得奇怪：从孔子家壁中发现的经书既然更早（字体是首要证据），当然更可靠，有什么好争议哩。这种看法表明我们的头脑简单、幼稚，没有考虑到一种可能：万一从孔子家壁中发现的所谓"古文经书"是汉代某些个儒生用古书写体伪造的呢？

即便如此，哪个经书为真的争议不过如今所谓版本真

---

① 晚清今文家为"今文经书"辩护时说，今文博士手中的经书仍然是古籀体，出于当时的教学需要才转写为隶书。参见皮锡瑞，《经学通论》，周春健校注，北京：华夏出版社，2011，页79-80。这一说法使得"古文经书"的权威根据被釜底抽薪。

伪问题，没有什么太大意思啊……如果我们这样想就错了，哪个经书为真的争议关涉到中国政制的依据这一重大问题。晚清时期，康有为作《新学伪经考》（1891），就是要为"改制"提供理论根据：

> 《新学伪经考》的逻辑很简单。康有为首先假定：清朝尊信的儒家经籍，大部分不是孔子的本经，而是刘歆为帮助王莽篡汉编造的"伪经"；清儒服膺的汉学，也根本不是孔子的真传，而是刘歆替新莽统治寻找合法依据，变乱孔子之道的"新学"。①

其实，秦政焚书已经涉及中国的政制选择——秦始皇34年（公元前213），始皇设宴召集群臣讨论政制问题：恢复旧的封建制还是另立新的郡县制。有法家学养的李斯认为，重新统一的中国不能再搞分封式的封建制，必须创设行政式的郡县制，否则诸侯割据称雄的国家分裂局面还会重演。李斯的观点让始皇觉得蛮有道理，却遭到其他文士批驳。李斯看到，好些文士头脑过于简单，却自以为是，因为他们都善于引经据典，于是干脆建议烧掉坊间流传的各类图书（卜筮、医术、种植类除外），免得把有些人的脑子搞坏。

但焚书与坑儒是两回事情：如果说焚书起因于政制建设的选择，坑儒则是一场误会。秦始皇信方术，要求方士为他寻找长生不死之药，方士找不到仙药，只好想方设法蒙骗始

---

① 朱维铮，《求索真文明：晚清学术史论》，上海：上海古籍出版社，1996，页221。

皇。秦始皇35年（公元前212），方士侯生和卢生知道最后没法蒙骗过关，干脆溜之大吉。始皇得知两位方士逃走，便大事搜捕儒生，治以妖言惑众之罪，下令将经审定符罪的四百六十多位儒生押解咸阳，处以死刑——挖坑活埋。

倘若如此，坑儒事件本是方士惹的祸，儒生成了替罪羊，堪称大冤案。但儒生们不这样看，他们认定，这是法家出于改制目的对儒生的政治迫害，因此焚书与坑儒有内在联系。用今天的话说，儒生是保守封建旧制的保守主义分子，为秦始皇新政效力的法士们（法家）则是激进改革派。

回顾这些基本史事后，我们才能理解十力关于六经的说法所具有的革命性意义。十力说，秦政是中国封建帝制的开端，焚书坑儒与建立封建帝制有紧密关系，这一事件决定了传统儒学的品质：中国的封建帝制延续两千多年不衰，与传统儒学有内在关联——所谓传统儒学具体指汉儒，因为封建帝制是汉代建立起来的。既然汉儒建立的儒家经典统绪向来被视为"儒家正统"，共和革命要彻底推翻延绵两千多年的封建帝制，就必须彻底推翻旧的"儒家正统"，另立新的儒家"正统"。换言之，共和革命的理想要真正获得实现，必须陶甄六经。这就是十力论六经的出发点，或者说，《论六经》体现了十力对共和精神的忠贞不渝。

在"赘语"中，十力首先强调，以反封建帝制为原则来建立自己陶甄六经的辩证逻辑——我们马上就感到困惑的是：汉承秦制建立的是行政式中央集权政制，这一政制与旧的分封式封建制刚好相反，何以十力说汉承秦制建立的是封建帝制？倘若十力所谓的"封建帝制"与秦政所革除的封建制不是一回事，他想要推翻的"封建帝制"与汉承秦制所建立的中央帝制也未必就是一回事。

不过，这仅仅是我们在阅读时产生的困惑，我们不能设想，著有《佛家名相通释》（1937）的十力先生竟然会搞错政制名相问题。我们必须努力理解十力的观点——关于秦政焚书坑儒与六经的关系问题，十力的说法有两个要点。首先，秦政焚书之后，七十子传授的孔子六经"真本毁灭殆尽"；其二，秦政对儒生的迫害，使得儒生们在帝制建立后仍然心存恐惧，为了避免再遭迫害，儒生们不得不伪造六经，"又窜乱之以媚帝者"——十力依次提到《春秋》《易》《诗》《乐》《礼》《周官》《尚书》诸经（《论六经》，页657-659）。

但十力又说，《易》在当时被视为术数书，未遭焚运。在十力眼里，《易》并非术数书，而是中国的形而上学大典，① 正如《孔子十翼》虽有术数家添加的东西，也并非术数书。如此看来，术数书的外观使得中国的形而上学原典得以逃过封建帝王一劫。十力还说，《诗经》"古说以民间讽诵故得全"，也逃过焚运，唯孔子《诗》传遭秦火。对于六经在秦火中的命运，哪些凭"古说"，哪些不凭"古说"，十力明显有自己的取舍，并不一味盲从，取舍的标准是：是否有封建思想。比如《乐经》，十力说，也遭秦火，仅在汉儒伪造的《小戴礼记》中存有本属《乐经》的《乐记》。《礼经》也遭秦火，《大小戴记》都是汉儒伪造，因为其中"杂入封建思想亦不少"。不过，十力说《礼记》仍然

---

① "《易经》为囊括大宇、包罗万象之哲学大典，虽完成于孔子，而实由羲皇本之数理以造其端，岂不神哉！"（《论六经》，页763）

非常重要，因为其中多少保存了孔子微言。① 十力的说法并未顾及自己的全称论断：由于专制的秦政，六经"真本毁灭殆尽"。十力写长函时已经年过六旬，我们不应该苛求老当益壮的哲人，而是应该努力理解十力的思想意图。

十力说，《周官》在后世最具争议，要么被"信为周公手订"，要么被"诋为刘歆伪造"，在十力看来，这两种观点都是"迷谬"之说，"不悟此经与《春秋》同是孔子为万世开太平之书"，因为，"《周官》之社会主义与民主思想本与《春秋》同一体系"（《论六经》，页658）。十力最后说到最惨的《尚书》，"毁灭几尽"，比《春秋》还惨。但十力凭靠自己的心"悟"推知，"《尚书》立义必与《春秋》有相关联处"——既然"《春秋》遥瞩万世，理想高远"，《尚书》也想必如此。读到这里，我们才恍然有悟：为何十力在"赘语"中概述六经时首先提到的是《春秋》，而且仅提到汉初公羊寿及其弟子胡毋生著于帛书的《公羊春秋》。换言之，十力的六经概说以《公羊春秋》始、以《尚书》终，是因为"《尚书》立义必与［公羊］《春秋》有相关联处"——十力的六经概说绝非信口开河，而是有深切的理据。②

---

① 相比之下，《读经示要》中的说法要含混得多："大小《戴礼》与《周官》皆孔子微言大义。七十子后学，传授不绝。"（《读经示要》卷一，《全集》卷三，页584）——究竟是"微言"还是"大义"，并不清楚。

② 《读经示要》第二讲说："夫儒学之为正统也，不自汉定一尊而始然。儒学以孔子为宗师，孔子哲学之根本大典，首推《易传》。而《易》则远绍羲皇。《诗》《书》执礼，皆所雅言，《论语》识之。《春秋》因鲁史而立义，孟子称之。"（《全集》卷三，页747）这段说法近似一般经学教科书，与《论六经》中的说法截然两样。要么十力变得更为激进，要么因为十力学述多口传，前后有变不足为怪。

按清末公羊家的看法，唯有《公羊春秋》存孔子微言，十力不提《左传》和《穀梁传》完全可以理解；以《公羊春秋》统摄六经概说，也符合公羊学家法。但十力同时又说，《公羊春秋》也"必非其先世口传《春秋》真相"（《论六经》，页657），因为《公羊传》也是为封建"统治阶级"服务的——这就让我们坠入云雾之中了：倘若如此，《尚书》立义岂不也必与封建统治阶级有关联？

我们的学力不及十力沈闳，我们的心志也肯定不如十力高远，如果我们在阅读十力学述时有坠入五里云雾之感，恰恰表明我们需要悉心阅读，用心体会十力的为学精神。十力对儒家古传经典的扼要概述显得凌乱，我们必须理解，因为他毕竟是在给新共和国领导人写信，不是写论文。何况，从这段概述中可以看到，十力的经学观并非不成条贯。对了解经学史常识的人来说，十力观点的革命性显而易见。

首先，儒家经典的要著在于《易经》《春秋》《周官》（归入《礼经》一部分），《易经》是形而上学，《春秋》和《周官》是政治哲学——"《周官》一经，包络天地、经纬万物，堪与《大易》《春秋》并称员舆上三大宝物。实行社会主义，尤须参证此经"（《论六经》，页669）。①

第二，甄别六经真伪凭靠的是革命标准：是否有"社会主义与民主思想"，是否反封建专制。

第三，具体辨识不是凭靠"考据之技"，而是靠心

---

① 《读经示要》第三讲"略说六经大义"（《全集》本共248页，页862-1109），一半以上篇幅说《易》（共135页，页862-996），余下近半篇幅绝大部分说《春秋》（共98页，页997-1094），留给《诗》《书》的仅14页篇幅（页1094-1107）。

"悟"——心"悟"的前提是,得有圣人之心,因为,孔子是圣人,六经皆出孔子之手。由于秦火使得六经"真本毁灭殆尽",如今我们能看到的都是伪本,要从中看出孔子本义,就得有孔子一样的圣人之心。第四,圣人之心的标志是为万世开太平,建立自由民主的社会主义,如今要接近圣人之心,就得具有"社会主义与民主思想",有了这种思想就不难从汉儒伪造的经书中看到孔子的本义。

"社会主义与民主思想"不是现代才有的东西吗?十力这样讲是否在迎合新共和的政治理念呢?如果我们这样想,那就错了。自抗战以来,十力就已经在宣讲《论六经》中所陈述的观点,如他所言,在重庆北碚梁漱溟的勉仁书院,他已经"以《大易》《春秋》《周官》三经教学者"(《论六经》,页775)。如果有人说,"社会主义"的提法明显是在迎合新共和的政治主张,也会言过其实,因为,

> 晚清文化史早已证明,至迟到本世纪(引按:二十世纪)初,对于关注西方思想文化的中国学者来说,"社会主义"已非陌生名词。……本世纪的开端,关于西方社会主义理论的中文译介,已有多种。其中防止资本主义社会弊病的议论,很快引起苦于中国社会的前近代顽症难以消除的年青学人的共鸣。①

何况,新共和之初的建国方针仍然是"新民主主义",十力在《论六经》中大量用到"社会主义"提法,至多可以说

---

① 朱维铮,《求索真文明》,前揭,页246。

超前,绝对说不上迎合。应该说,十力用"社会主义与民主思想"来甄别六经真伪,实际上是用他心目中的辛亥革命理想来辨别六经真伪。"陶甄百氏"当然需要一个尺度,人们至多可以说,十力的尺度与毛泽东的"批判继承"和"古为今用"的新文化原则不谋而合,但绝非接受毛泽东的"指示"所得,也绝非迎合。① 理解十力如何"陶甄百氏",不是为了探索十力的经学思想与毛泽东思想的关系,而是为了更好地理解十力的良苦用心。

我们看到,十力在《论六经》中为研究中国哲学的新生学子规定的读经原则是:吸取符合民主革命理想的成分,祛除封建思想糟粕。半个世纪以来,我们的确已经养成这样的阅读习惯,只是一直不知道这也是十力倡导的结果。我们知道,十力的几位得意弟子去到香港后开出一派"新儒家"气象,虽然在政治上与自己的老师分道扬镳,他们的解经方式仍与乃师一脉相承。

---

① 毛泽东在《新民主主义论》(1940 年 1 月,最早可能收在 1944 年 5 月晋察冀日报社编辑出版的《毛泽东选集》五卷本中)中关于清理中国传统古学的提法是:"中国的长期封建社会中,创造了灿烂的古代文化。清理古代文化的发展过程,剔除其封建性的糟粕,吸取其民主性的精华,是发展民族新文化提高民族自信心的必要条件;但是决不能无批判地兼收并蓄。必须将古代封建统治阶级的一切腐朽的东西和古代优秀的人民文化即多少带有民主性和革命性的东西区别开来。"《毛泽东选集》,第一版,北京:人民出版社,1952,第二卷,页 679。这一原则有两个要点:1,剔除封建专制因素、吸取民主精华;2,为树立民族自信心服务。我们很难证实十力的主张受到毛泽东这一"批判地继承"原则启发,因为无从考证十力读到或何时读到过毛泽东的《新民主主义论》(抗战期间很可能有单行本在陪都重庆发行)。比较稳妥的推测是,两者不谋而合。

六经皆为孔子所作，是传统今文家的观点，但十力把孔子"作"六经说成"作"反封建专制，就不能算今文家的传统观点了——十力说《公羊传》也为封建"统治阶级"服务，传统今文家肯定没法接受。十力几乎全盘推翻汉儒成就，甚至斥之为"奴儒"，凭据的理由是：由于害怕遭受封建专制迫害，汉儒不得不篡改孔子的"社会主义与民主思想"。① 如今能够看到的六经都由汉儒编订，我们该如何找回孔子反封建专制的社会主义思想呢？十力为我们作出了解答，这就是他在"赘语"中希望我们注意的第二个要点——读经必须讲究区分大义与微言。微言大义是今文家传《春秋》经的古老家法，②

十力对这一家法作了革命性改造。首先，微言大义的区分适用于所有六经，而非仅仅适用于《春秋》经，从而成了甄别六经真伪的一般原则；其二，微言大义的区分实质在于反封建专制与献媚封建专制的区分：所谓"大义"指汉儒用来支持封建帝制的成说，诸如"随顺时主，名尊卑贵贱之等，张名分以定民志，如今云封建思想是也"

---

① "两京之儒皆畏祸而不传"孔子本义，史公在汉初，还"能言其大旨，而亦不敢详说"，董子、何休"略存孔子微言，其变易本义者当甚多"，至于"《穀梁》直全变为史评之书"（《韩非子评论》，页296）。

② "微言""大义"本是两词，合在一起使用据说首见于刘歆让太常博士书："夫子没而微言绝，七十子终而大义乖。"（《汉书》卷三十六）刘歆为古文家始祖，钱玄同据此认为，古文家何尝不言微言大义。阮芝生指钱氏"但考其名不考其实"，力辩刘歆所谓微言绝大义乖，指的正是传《春秋》的公羊、穀梁两家经师的口说当有微言大义。见阮芝生，《从公羊学论春秋的性质》，台北：台湾大学文学院，1969，页98。

(《论六经》，页 659-660）。① 所谓"微言"则是革命性的思想，具体而言，微言有形而上学和政治两义：

> 一者，理究其极，所谓无上甚深微妙之蕴（无上者，如穷究道体或性命处，是理之极至，更无有上。甚深微妙者，非测度所及故，毕竟离思议相故）。六经时引而不发，是微言也（不发，谓不肯广演理论，欲人求自得也）。二者，于群化、政制不主故常，示人以立本造时通变之宜（立本者，如《大易》《春秋》皆首明元。元者仁也，是万物之原亦治化之本。《礼运》言"天下为公"，公者治本也。《易·革》卦言信，信亦治本也。失其本，不可为治。造时者，《易·乾》卦言"先天而天弗违"是也，秦以后之儒因循不振，久失此义。通变者，民群之思想与制度过时而弊生，必革故取新，是谓通变）。如《春秋》为万世致太平之道，必

---

① 究竟何谓"微言""大义"，皮锡瑞的说法是："所谓大义者，诛讨乱贼以戒后世是也。所谓微言者，改立法制以致太平是也。"（《经学通论》，周春健校注本，前揭，页362）熊十力在《读经示要》中的说法是："大义者，如于当时行事，一裁之以礼义，家铉翁所谓之因事垂法是也。……微言者，即夫子所以制万世法而不便于时主者也。如公羊之三科九旨，多属微言。"（《读经示要》卷三）阮氏称，熊氏所言与皮氏所言大致相同，但比皮氏的说法更精当："于当时行事一裁之以礼义，即所以诛讨乱贼以戒后世也。制万世法而不便于时主者，即改立法制以致太平也。"见阮芝生，《从公羊学论春秋的性质》，同上。若对观十力在《论六经》中对"微言"的说法，与其说十力对微言的理解比皮氏更精当，不如说比皮氏更具革命觉悟。"群化、政制不主故常"意味着人世需要不断革命，革命的正当性凭靠的是最高的天理"仁"："元者仁也，是万物之原亦治化之本。"如果非哲人不能体"仁"，则可以说人世革命非哲人莫能为。

为据乱世专制之主所不能容,故孔子曰"罪我者唯《春秋》",其与弟子口相传者,亦微言也。(《论六经》,页659,引按:引十力文中圆括号内文字为十力自注,下同)

我们看到,十力所谓的孔子"微言"首先指的是心性形而上学:这就是"穷究道体或性命处"的"无上甚深微妙之蕴"。我们不能说,十力的这一说法是凭空捏造,因为孔子门下智性很高的弟子子贡的确说过,"夫子之文章,可得而闻也。夫子之言性与天道,不可得而闻也"(《论语·公冶长》)。韩非子在文章中也说过,"所谓智者,微妙之言也。微妙之言,上智之所难知也"(《韩非子·五蠹》)。倘若如此,《论语》中的孔子为何对"穷究道体或性命处"的"无上甚深微妙之蕴"要"引而不发"呢?十力告诉我们,孔子"引而不发"为的是不"广演理论,欲人求自得",绝对不可能是别的其他什么原因,比如说,人之性分有等差,并非谁都有"穷究道体或性命"的欲求,也非谁都有上探"无上甚深微妙之蕴"的能力。①

十力的《论六经》显然是要把孔子"引而不发"的微言拿来"广演理论",而非"欲人求自得"。我们当然不能说,十力这样做是反孔子而动的行为,毕竟,孔子的微言还有实际政治层面,这就是《大易》《春秋》《礼运》中所

---

① 孟子所谓以道深造自得,指的是君子,而非天下所有人:"君子深造之以道,欲其自得之也。自得之,则居之安;居之安,则资之深;资之深,则取之左右逢其原。故君子欲其自得之也。"(《孟子·离娄下》)

隐含的激进民主政治理想。不用说，在"据乱世专制之主"统治的时代，如此高远的政治见识直接危及当下政制，非常危险。由此看来，形而上学微言与激进的民主政治微言应该是性质不同的两类微言，因为前者恐怕不会有政治危险。但如果我们把两者割裂开来，那就错了——十力关于孔子微言的说法，关键在于形而上学微言与激进民主政治微言之间体用不二的内在关联：《易》在十力眼里是形而上学之书，但他突出的是其中所蕴含的支撑激进政治变革的自然哲学原理。如果我们在十力的启发下得出结论说，激进民主政治理想是从《大易》中的自然法则推导出来的，十力会说，那就对了，因为，"《春秋》言治道，依据《大易》变动不居之宇宙论"（《论六经》，页733）。

既然如此，我们也就未尝不可以说，民主政治理想的形而上学义据并非《大易》中本来就有的，而是十力赋予的。因为，既然孔子对"性与天道"的形而上学"引而不发"不是因为会招致政治迫害，而是需要人人去"求自得"，《大易》中的民主政治理想的宇宙论义据就有可能是十力自己的所求"自得"。反过来看，汉儒用"大义"文辞篡改"性与天道"的形而上学，也就不能被理解为害怕受到封建专制主的政治迫害，只能理解为他们还没有在形而上学上狠下功夫。明白这个道理之后，我们才能够理解，十力在"赘语"中说到的第三个需要我们重视的东西，为什么会是靠"慧眼人于伪本中深心抉择"孔子本义（《论六经》，页659）。

显然，十力不仅对今天、也对古代读经者提出了很高的智性要求——心性形而上学的要求：必须是慧眼人。"慧眼"是佛家用语，十力告诉我们，"佛说有五眼，而慧眼居一焉，治经者,其可无慧眼乎?"十力说,汉儒"伪经表面上几皆大义,微言隐而难知"(《论六经》,页660),但只要有"慧眼"就不难"寻究"六经伪本中的微言。佛法在东汉时才传入中国,要求早期汉儒具有佛家"慧眼"显然是强人所难。我们生活在佛法已然普及的今天,有无"慧眼"不再是可不可能的问题,而是怎样练就一双"慧眼"的问题。我们应该感到幸运的是,十力毫无保留地向我们传授了自己的问学经验:"慧眼"来自佛家,历练也得靠佛家。①

现在我们当能体会到,《论六经》前面的这段"赘语"的确有如当头棒喝,非常有助于我们把握十力随后阐发六经微言的大旨。十力"批判地继承"孔经的目的是把孔子微言揭橥于世:首先,"穷究道体或性命"的"微言"现在需要"广演理论",因为,中国人本有"特殊精神","其广大渊深微妙之蕴首在于《易》",孔子正是"本此精神而演为学术"(《论六经》,页664);其次,需要本着《大易》形而上学来揭示《春秋》这部"民主法典"中的自由民主微言。② 既然六经"大义"是汉儒应付封建专制的文辞,六经"微言"是孔子的"社会主义与民主思想",我们可以理解,十力问学的"立志责志"就是让孔子的民主政治微言大白于天下。

---

① 《读经示要》第二讲"读经应取之态度"仅仅提到心性形而上学修炼对于读经的必要性,《论六经》提到"慧眼",使我们得知,心性形而上学修炼与佛家有隐深的内在关联。

② 抗战期间十力已经提出民主法典莫妙于《春秋》经——《读经示要》卷三取《礼运》大同说疏释《春秋》,又采何注井田制,明其为集体农场之良规,皆属董理《春秋》民主法典(参见《韩非子评论》,页296)。

六经提法最早具体见于《庄子·天下篇》，其顺序是《诗》《书》《礼》《乐》《易》《春秋》，在《论六经》中，十力陶甄六经以《天下篇》为据，但颠倒了原文述及的六经顺序，把本来排在最后的《易》和《春秋》提到前面，《诗》《书》挪到最后。显然，十力要阐发的六经要旨是他的"慧眼"自求所得：为了开出"社会主义与民主思想"的太平世界，十力以自己的形而上的性命之理把六经"演为学术"。

《论六经》说《周官》最详，占长函几近一半篇幅（页681-738），若仅算直接论及六经的部分（页664-757），则远远超过一半篇幅。如此偏重《周官》是因为，《读经示要》已经详述《大易》形而上学和《春秋》历史哲学要旨，三大要经中唯有《周官》社会主义"无暇发挥，俟之异日"。① 如今，新共和已经建立，为了共和之路不失方向，十力觉得阐发《周官》的时机迫在眉睫：

> 推翻统治，纯为民主，使其融己入群，会群为己（《周官》之乡遂政制，其精神即在不许小己得孤立，必融合于大群之中），故其经济制度与政策完全化私为公（《礼运》主张天下为公），而小己在大群中，乃得各尽所能，各足所需，以成大均、至均之治，此《周官》全经宗趣也。（《论六经》，页708）

十力提醒我们，"汉以来今古文家并是考据之技，不能

---

① 《读经示要》卷三，《全集》卷三，页1109。

究此经意蕴"(《论六经》，页658)，近两千年来唯有他看到了自汉代以来一直蔽而未明的《周官》"宗趣"。我们可以推知，倘若不是因为十力凭靠自己的心性形而上学"慧眼"有所"自得"，《周官》"推翻统治，纯为民主"的"宗趣"还会继续蔽而未明。现在我们可以明白，《论六经》的真正建言其实并非结尾时提到的由共和政府设立"中国哲学研究所"的事情，而是依据《周官》经的社会主义蓝图建设新共和。今天的我们难免会觉得，十力对《周官》"宗趣"的解释显得蛮有共产主义觉悟，似乎有附会新共和政党理念之嫌。

十力料到我们会这样想，他预先告诫我们，"《周官》建国之理想在成立社会主义之民主国，以农工为主体。此非附会之词……"(《论六经》，页729)——但十力也不讳言，马列主义"遥契于《周官》经者似不少"(《论六经》，页773)。由此看来，十力不称民国为"共和"，根本理由可能更在于，民国并不以《周官》社会主义"宗趣"为指引来完成辛亥大业。在《读经示要》中，十力虽未能详说《周官》，的确已经多次提到《周官》的社会主义"宗趣"，尤其结尾时所说，"《周礼》首言建国。其国家之组织，只欲其成为一文化团体。对内无阶级，对外泯除国界。非如今世列强，直是以国家为斗争工具"(《全集》卷三，页1108)，已属共产主义性质，振聋发聩。① 可惜，民国智识

---

① "共产主义本为全世界无产大众求均平，其宗在此，与儒家思想并无甚不合处。"(《韩非子评论》，页314-315)此书在香港出版时，十力尚未接到来自北京的邀请电。

分子仅知道追慕西方的自由民主,没有谁愿意听。①

可见,在十力心目中,按《周官》社会主义"宗趣"建国,才是辛亥革命的正确走向和最后完成。当然,推翻帝制后要真正实现《周官》社会主义理想,还得经历一场经济和教化革命。现在,十力终于可以畅快地向新共和领导人建言:

> 唯政治民主,使芸芸之类易散为群、化私为公,故经济制度一本于均平之原则以建立,文化方面,如学术思想,无曩时帝者愚民政策之毒,任其自由发展,尽有评判接受之益。(《论六经》,页 709)

十力向新共和领导人表明,如今我们只要"广演"孔子"微言",以《周官》"宗趣"为指引,就可以为建设具有中国气派的社会主义式自由民主共和国确立精神之本——建议新共和政府设立"中国哲学研究所",其历史意义仅在于此。

---

① 眼见民国智识人仅知道追慕西方自由民主宪政,十力心急如焚,一再告诫,公羊三世说已经"寓意"自由民主:"升平日进,人民自主自治之权能日高,君主但拥序号而已。今称英国为虚君共和之制,盖《春秋》之理想,实现于彼矣。"(《读经示要》卷三,《全集》卷三,页 1048)十力引征董仲舒"君人者,国之证也,不可先唱,感而后应"来说明何谓自由民主的虚君共和制。所谓"国之证"意思是,"皇帝仅于内政外交诸大文件用玺印而已,此外无一毫作用,故曰证";所谓"不可先唱"意思是,"虚君之国,其君必不能有所唱导,唯任群众之所共趋,随群智之所唱而已";所谓"感而后应"意思是,"群智、群力开其先,君但随感而感之耳,不能反群众"(《与友人论张江陵》,页 578)。

三　革命与唯识

为了更好地理解十力的良苦用心，我们必须沿着十力提供的理路去理解他的思想。在努力这样做的时候，我们首先遇到的理解上的困难是"封建专制"与孔子微言的关系。困难并非在于，秦政焚书坑儒本来针对的是执意保守周朝封建旧制的儒生，何以秦政反倒成了封建专制的肇始者。因为，我们其实都清楚，十力所谓的"封建专制"是"新文化运动"前后的"游海外者"们带回来的，与秦政拒绝沿用的封建旧制不是一回事。"新文化运动"所说的"封建专制"的对立面是民主政制，秦政所拒绝的天子封建制的对立面是中央一统帝制。十力显然不能说，秦政要创建的中央一统郡县制刚好与现代意义上的共和政制吻合。作为民主政制对立面的所谓"封建专制"，严格来讲既指天子封建制，也指中央一统帝制。民主共和政体的首要诉求是：政体既无天子也无皇帝。倘若如此，十力把孔子的民主政治理想仅仅与秦汉建立的中央帝制对立起来，就令人费解。

> 秦以后儒者，以帝制思想释经，全失孔子之旨，遂令二三千年间夷狄盗贼迭起，得假君权以宰制中夏，民德民智民力每况愈下，黄农虞夏之胄永不可振，实自秦政肇开衰运。（《韩非子评论》，页302）

我们的困惑在于：如果天子封建制与孔子"微言"并

不相符,"微言"与"大义"之分究竟是孔子所为,还是汉儒所为?如果六经中的"大义"文辞(亦即十力所谓"封建思想")是秦汉建立封建帝制的结果,在孔子亲自写下的本经中就并没有"大义"文辞。十力的确十分有把握地说,"余以为孔子所修之六经,无非微言"(《论六经》,页660),可见孔子所作六经并无"大义",汉儒为了避免遭受政治迫害,才伪造出"封建思想"的文辞——说到底,"封建思想"是政治迫害的结果。

反过来看,孔子作六经"无非微言",绝无"封建思想",孔子必然不仅胸有高远的民主共和理想,而且不像后儒那样害怕遭受政治迫害。毕竟,孔子身处天子封建制时代,按"新文化运动"的"游海外者"们带回的观念来看,孔子与汉儒一样身处"封建专制"之治的时代。说到底,我们的困惑在于:要么孔子胸中并无高远的民主共和理想,因此对他而言并不存在政治迫害问题,要么孔子胸中确有民主理想,这样的话,孔子就与汉儒一样难免面临政治迫害问题——情形究竟是怎样的呢?

当然,还有一种可能性:《周官》并非孔子所作,而是周公所订——十力也不免说,"《周官》不必为孔子手撰,而其高远之识、深密之思,非大圣不克逮此"(《论六经》,页733)。倘若如此,确有高远民主理想的大圣就不是孔子,而是周公,如果要实现《周官》社会主义"宗趣",把孔子视为"封建思想"的代言人痛加批判,也就顺理成章。因为孔子至少与汉儒一样,为了避免政治迫害也不得不高谈封建"大义"——反过来说,批孔绝不意味着全盘否弃华夏文明传统，因为批孔并不等于批周公。①

可是，十力排除了这种可能性，他明确告诉我们：孔子胸中的确有高远的民主理想——在解释《论语》中的"老者安之，少者怀之"一语时，十力说，孔子之志"明是社会主义，以养老、育幼由公共团体负责，与《礼运》不独亲亲子子适合。尧舜禹汤本为小康世之圣王，《礼运》称美之词恰如其分"（《论六经》，页678）。十力紧接着还说，孔子不仅是民主思想家，还是民主政治的实行家，因为孔子见到当时有人"以农民之长（古者大夫家臣），叛大夫、谋革命，而孔子皆欲往，可见孔子已有实行民主、废弃统

---

① 尊孔子抑或尊周公，乃中国思想史上的一大争议，亦成为中国政制选择上的一大分野——争议的关键即在孔子或周公与六经的关系，这是皮锡瑞《经学通论》"序"文挑明的唯一问题。"孔子所以贤于尧舜，为生民所未有，其功皆在删定《六经》。《孟子》称孔子作《春秋》，比禹与周公，为天下一治，其明证矣。汉初诸儒，深识此义，以《六经》为孔子所作，且谓孔子为汉定道。"由此可见，孔子作六经并非孟子的说法，而是汉儒今文家的说法——皮锡瑞引证司马迁《孔子世家》"言六艺［《六经》］者折衷于孔子，可谓至圣"的说法，以及董仲舒奏武帝之《举贤良对策》，并得出结论说，"故其时上无异教，下无异学，……此汉代人才所以极盛，而治法最近古……"。但"后汉以降东汉以后，始有异议，不尽以经为孔子作"（皮锡瑞没有提到这一时期华夏文明遭遇的一大变局：佛法入华）。

自此以后，六经大多归在了周公名下：文王作《易》之《卦辞》，周公作《易》之《爻辞》，《春秋》虽为孔子所作，但《凡例》出自周公，《周礼》《仪礼》则皆为周公手定，《诗》《书》二经的编订亦与孔子无关。到了唐代，周公被尊为"先圣"，孔子则降为"先师"，"配享从祀"（皮锡瑞，《经学通论，周春健校注，北京：华夏出版社，2011，页1-2）。十力主孔子作六经之说，显然只能沿袭汉儒经文家，但他却说汉儒今文家大多是"奴儒"。

治阶层之志",但考虑到"农民之长""不足与图大事"才作罢。

孔子与传统圣王的关系自古是一大问题,今文家称孔子为"新王"[新圣王],以有别于尧舜禹汤,十力沿用这一说法,但赋予了更为明确的含义:新旧王之别是自由民主世的圣王与小康世的圣王之别——"孔子志在进世太平,期全人类抵于群龙无首之盛,则尧舜禹汤只是小康时代之圣王"(《论六经》,页678)。《周官》经对于区分新旧王之别的意义在于,"《周官》一经,创明社会主义与民主主义,是与据乱世之群俗群制无一毫沿袭处"(《论六经》,页735)。既然孔子的民主"微言"仅仅由于秦汉建立封建帝制才变成了封建"大义",逻辑的结论便是:一旦推翻封建帝制,汉儒们所畏惧的政治迫害自然也不复存在——反过来说,由于辛亥革命推翻了延绵两千多年的帝制,十力也才得以无需畏惧封建专制的政治迫害,把"微言"广演为理论。由此可以理解,十力觉得奇怪——我们也会觉得奇怪,辛亥革命之后,何以学人还舍近求远,"游海外"苦寻民主政制模式。

秦政焚书坑儒"其罪名则为是古非今",在十力看来,其实是封建专制君主畏惧儒生们"皆持《周官》以抗暴秦"(《论六经》,页737)。倘若如此,孔子时代还没有封建帝制,因此孔子作《周官》不会是以抗暴政,从而不会害怕什么政治迫害。可是,十力又说,孔子所作"《周官》之政制,已推翻王权而为民主共和政体"(《论六经》,页708),这无异于说,孔子作《周官》已经算得上深切著明的沙盘革命行动。所以,当涉及《周官》究竟是周公亲订还是刘歆伪造这桩历史公案时,十力断言,"《周官》本孔子为万世制法之书,实非周室旧制,但恐见嫉于时,故托于周公耳"(《论六经》,页737)——孔子也"恐见嫉于时",岂不是说孔子本人也害怕某种政治迫害?

要么孔子自相矛盾,要么十力的说法自相矛盾——但我们深玩十力的论说,最终发现自相矛盾的是我们自己。因为,十力所谓孔子"恐见嫉于时",并不等于害怕遭受政治迫害。孔子胸怀彻底改制的革命大志,既然如此,就不能说具有革命精神的孔子会害怕什么,或者说,既然志在革命,难道还害怕掉脑袋。问题在于革命也需要等待时机,等待时机不等于害怕政治迫害。十力告诉我们,汉儒何休把《周官》视为"六国阴谋之书"虽然是胡扯,仍然"不无所见",因为,"《周官》之制,正所以革除据乱世之群制群俗,乃突化而不守其故也。突化者,革命所本也"(《论六经》,页735)。何休的可笑仅在于,自己不识"革命而诬以阴谋",可见"习于苟偷以媚帝者无所不至矣"——我们读到这话必须自省,切莫以为与自己不相干:如果我们不具备民主革命意识,别说很容易落为"苟偷以媚帝者",至少无从读懂六经。

比如,我们难以理解,《诗》《书》都是周代礼教文迹,何以孔子可通过"作"《诗》《书》表达民主革命大志。十力告诉我们,我们之所以感到难以理解,是因为我们不能明白胸有民主革命大志的孔子非常注重革命时机。的确,《尚书》记载了禹、汤、文、武、成王、周公"六君子之礼教",也就是于据乱世得致小康的政制理想——"小康之世正是封建思想,其礼教即以上下尊卑之名分为主旨"(《论六经》,页745)。孔子生当致小康之世,还没有离开据乱世,或者说还置身于封建制度之世,因此不便明言自由民主政制理想。孔子删订《尚书》以存六君子政绩,仅仅供将来实现自由民主理想的后来人"有所考鉴"。①

这次十力明确说,孔子删订《尚书》时也搞"大义":"大义者,即六君子在据乱世而能致小康之礼教也。"(《论六经》,页746)只不过孔子存六君子政绩,不是以六君子之礼制为后世立法,证据就是孔子删述《诗》三百:"孔子正乐删诗,而甚注重贫民怨诗,弘阐革命大义,此天理之极则,人情之大公。"(《论六经》,页741)这无异于说,孔子删订《尚书》是作"大义",删述《诗》三百则是作微言。

凭什么这样说呢?因为孔子有《诗》传。十力的证据来自史称多为怪异之论的纬书:虽然汉儒所造纬书的确"文义多不雅驯",但这是由于汉儒畏惧焚坑之祸,故意把文义搞得非常怪异,以便保全自己的性命,实际上"其中有孔子微言,至可宝贵,如《诗》含五际、午亥之际为革命,此必孔子《诗》传之义,《诗》传毁绝,赖《纬》存之,功亦巨哉"(《论六经》,页743)——反过来说,孔子的《诗》传毁于封建专制的秦燔,足以表明《诗》传已经具有民主革命精神,孔子删订《尚书》搞"大义"不过是等待革命时机而已。虽然《诗经》是继《尚书》而作,《春秋》继《诗经》而作,但《春秋》已是革命之书。《书》和《春秋》虽然都是纪事书,性质已经有天壤之别,关键在于,中间隔着具有革命精神的《诗》传。因此,存六君子

---

① 在评论韩非的"法后王"说时,十力称赞他在这里所说的小康封建社会:"吾侪由《尚书》帝典详玩唐虞时政教文物,可谓盛矣。"(《韩非子评论》,页352)

政绩的《书》，势必被《春秋》革命之。这意味着，小康封建社会的理想被自由民主大法革命之。

> 家天下与封建制度，自禹始奠之，至成王、周公而盛已极，极则不可以不革也，故《书》终于周公、成王，而《诗》始康王，发抒革命思想，《诗》《书》二经终始之脉络可寻也。（《论六经》，页751）

我们已经看到，十力再次明确说，封建政制建于周朝，与他反反复复说封建政制始于秦政明显自相矛盾。但同时我们也看到，自相矛盾仅仅对于没有民主革命情怀或精神的人来说才会存在，这种人只会死守"考据之技"甚至拘泥于基本史实，不懂得何谓"精神"。我们终于明白，所有汉儒都在伪造，程度有所不同而已，其实并非因为秦政以后中国进入了封建帝制时代，而是因为他们缺乏民主革命精神——毕竟，孔子作六经时，与我们一样还没有离开据乱世。由此我们可以理解，十力何以会发出如此痛切的感叹：

> 《周官》一经，几于旷三千年而无能读者。秦汉以后，思想界何故如斯固陋？帝者诚有罪，而学人不自爱，尤可痛也！（《论六经》，页732）

由此看来，十力论述六经时的顺序与《庄子·天下篇》的顺序截然相反，绝非任意所为，的确大有深意。细玩《论六经》，十力果然明确告诉过我们，他为何要从《易》出发读六经，而且随之必须是《春秋》，为何得把《诗》

《书》挪到最后：

> 《春秋》之本在《易》，不通《易》未可言《春秋》，不真知《春秋》，必不知《周官》为《春秋》创制之书，必不信《周官》源出孔子，三经俱晦而儒学名存实亡。中国停滞于封建社会者二千数百年，非经之毒，有经而不求通故成毒也。（《论六经》，页735-736）

接下来的问题是：何以才能像孔子那样具有民主革命精神？这个问题把我们带回到十力的从学经历："推原《大易》"——这意味着，民主革命精神来自形而上学思辨。反过来说，我们要想具备民主革命精神，首先必须"穷究道体或性命处"的"无上甚深微妙之蕴"，练就形而上学"慧眼"。我们知道，皮鹿门以后，儒家经学大变，现代学潮中涌现出各类才学之士，以各种方式施展"考据之技"，把传统经学变成实证史学：顾颉刚的史学、钱玄同的史学、侯外庐的思想史、周予同的经学史，无一不缺乏一股子"精神"……相比之下，十力经学显得无比大气——自"推原《大易》"练就形而上学"慧眼"之后，十力"寻究阐发"《六经》伪本中的孔子微言，于抗战期间讲述《读经示要》，解救儒家经学于生死存亡之际，开创了经学革命化的先河，如其门人徐复观等在"《读经示要》印行记"中（《全集》卷三，页553）所言："方今群言淆乱，得此书出，挥鲁阳之戈，以反慧日，负太行之石，用截横流，岂曰小补之哉？"

如果人们熟悉晚清以来经学史，又会觉得这样的赞语未免夸张,因为,十力的经学观会让人们想起康有为,尤其康子在辛亥革命之前主张改制共和时的文辞。人们难免会问,十力所要彰显的孔子微言与康子有何不同?如果相同,为什么十力要另起炉灶?在《论六经》中,十力回答了这样的疑问,他说,自己早在清末就已经读过康有为的《大同书》:

> 余在清末阅其书,辄击桌而叹曰:凡一伟大学派之创说,其思想必有根底,否则无可成说,无可启导民群,大同何以可能?当有无量无边义据,岂是专凭叫苦得来?(《论六经》,页679)

十力说自己在"清末"就读过康子《大同书》当为笔误,因为康子写下《大同书》后一直没有发表,十力说的很可能是康子的《新学伪经考》(1891)和《孔子改制考》(1898)。① 我们需要时时体谅,十力是在写信,不是做大论,更重要的是,对于十力这样的思想奇才,我们不应该在意这类小瑕疵,而应从大处着眼,否则我们不可能从这位思想高人那里学到东西。何况,严格来讲,十力的说法也不能算笔误,因为他的确感到,后来才读到的《大同书》

---

① "康有为的《大同书》,以及它的雏型《实理公法全书》,作为康有为早期的社会学说的代表性著作,在晚清学术界几乎无人知晓,因为二书在那时从未刊布",虽然不少人已知康有为怀抱大同之志,"直到一九一三年,《大同书》才在上海刊行的《不忍》月刊上,以连载的形式,初次面世",当时康子仍在国外。当他在"这年秋末重入国门以后仅月余,《大同书》也在杂志上消失了,只发表了全稿十部中的甲乙两部"。朱维铮,《求索真文明》,前揭,页231-232。

与自己的想法最为契合。十力的感叹让我们看到,他深感惋惜的是,康子的"大同"学说未能成为"伟大学派之创说",言下之意,"大同"学说应该成为"伟大学派之创说"。毕竟,宋儒胡文定最先将《礼运》中的"大同"理想与《公羊春秋》三世说相印证,属于中国固有思想,使得"大同"说有可能成为一种历史哲学,并非因应西方政制挑战而发。

当然,康子在清末政衰之际张扬三世说,使得湮没已久的"文定之旨"重见天日,功不可没。十力注意到的并非是,辛亥革命已经推翻封建专制,康子为何仍然要秘而不宣保守"大同"微言。作为一个革命家,十力不可能会而且也没必要应该想到,"大同"微言与封建帝制无干,倒是与人世的政治性质相干。十力想到的是,康子发明"大同"微言本身堪称伟大,可惜没有能够使得微言"广演"为理论。

对于康子失败的原因,十力总结出两条教训。首先,康子"学术浅薄",思想缺乏根柢,没有确立"大同"理想的学理依据,没有看到《礼运》中的"大同"理想根本源于《大易》和《春秋》,有其深隐的形而上学义据(《论六经》,页679)。反过来说,如果十力要让"大同"微言变成"伟大学派之创说",就需要先有一番艰苦的形而上学探索——的确,十力在《读经示要》第三讲中已经让世人看到,他如何凭靠阐发《大易》形而上学及其与《春秋》经义的关系,为大同说确立了"无量无边"的形而上学"义据"。

康子失败的第二条教训是:一种学说要成为"伟大学派之创说",除了需要坚实的形而上学根柢,还必须能够"启导民群"——我们再次看到形而上学与政治事功的直接链接。"大同"说是一种关涉人世生活方式的学说，或者说关于政治制度的学说，十力要求这样的学说既要有形而上学根柢，又要能够"启导民群"，使得形而上学、政治理想与共和革命的实际需要建立起直接关联。康子并未以大同说"启导民群"，使得他与"伟大学派之创说"失之交臂。通过十力对康有为的评价，我们得以看到十力经学如何超越康子经学——既然康子经学不仅缺乏形而上学根柢，还蒙蔽"民群"，十力经学的立志和责志便是：不仅要深入形而上学，而且要用自己探究得来的"无量无边""义据""启导民群"。

用形而上学"启导民群"是西方启蒙思想的志向，这一志向有其深远的思想史渊源和深刻的形而上学理由。如果可以假定，十力对这些渊源和理由都缺乏了解，那么，他的"启导民群"的志向就只会来自"中国固有思想"。问题是，"中国固有思想"中有这种志向的思想史渊源和深刻的形而上学理由吗？仅仅启发我们想到这一问题，十力也足以名垂思想史。

冥思形而上学的爱智者难道必然会有强烈的"启导民群"的启蒙心志？从十力的自述中我们已经知道，他固然从小喜欢读书，但这并不等于他对冥思形而上学问题有近似天生的兴趣。读过维新派文章就决定投军，可见十力天生极富血气。十力一再提到，他转向形而上学是为了共和革命，既然如此，他的形而上学就不会不带有血气。世间的形而上学有很多，有些会泯灭人的血气——比如十力眼里的道家和佛家形而上学，有的形而上学则会为人的血气"给力"。一个天生血气旺盛的青年遇到何种形而上学，往往取决于机遇。十力幸运的是，他首先遇到的是儒家心学

——这是一种堪称奇妙的形而上学,其难以言传的奇妙品质就在于,这种形而上学能把一个读书人的血气引向与天为一的体认境界,然后又把这种体认变成一种实际的现世行动,从而养成超强的启蒙心志。辛亥革命推翻帝制之后,第一共和总统袁世凯竟然倒行逆施,弃民主政制重返封建帝制,其理由之一是直到今天有人还会持有的论调:国民的教育程度尚不足以施行民主。十力认为,这固然是袁世凯为窃国找的借口,但"民众自治自主之力必须扶持诱导,则不容忽视"(《韩非子评论》,页335)。

十力能够看到,国民教育尚不足以施行民主这种观点本身并不反对推行民主政制,而是强调实现民主政制需要以"启导民群"为前提——说到底,十力很清楚,民主政制并非民群自发的诉求,而是某些智识人的创见。辛亥革命之后,共和政象败迹丛生,康有为考虑的是,共和革命是否搞错了,是否值得回到君主立宪,以至于悔其当初的政制改造主张。[①] 在同样处境中,十力考虑的是使得半途而废的共和革命最终得以完成须具何种条件。十力经学比康有为在辛亥之前的经学更为激进、更具革命性,不仅因为他有了深切的形而上学"义据",而且因为十力要求形而上学具有革命行动能力:共和革命是否能够成功,关键在于是否能够搞一场普遍的人心革命。我们没法设想,还有比灵魂深处的大革命更彻底、更为一劳永逸的革命。

要进行这样一场革命,必须先靠某些有智性天赋的个人作一番艰苦卓绝的形而上学"寻究"。即便十力从小"眼

---

① 参见曾亦,《共和与君主:康有为晚期政治思想研究》(上海:上海人民出版社,2010)。

神特异",天生有不凡的智性天赋,他也为此付出了罕见的艰辛,的确不是"专凭叫苦得来"。他在《论六经》中告诉我们:

> 余于《周官》经野之政夙所究心,自四十岁左右,急于整理中国玄学(形而上学),由宋明而上溯佛法,又上溯晚周儒道诸子,苦思过度,大病十余年,几致不起,遂无暇阐述《周官》。(《论六经》,页686)

《周官》经是古传记载周代具体政制安排的重要历史文献,在十力眼里,这部经典已经全面而又具体地呈现了自由民主共和政制的制度安排,堪称孔子的"大同书"。但要理解这部古传经典,必须先澄清诸多形而上学问题,否则无从索解。十力在抗战之前就认识到,战国时期的韩非子"从本体论上寻得极权或独裁之依据"(《韩非子评论》,页325),既然如此,如今要立自由民主政制,首先也得在本体论上站稳脚跟。在《论六经》中,十力说自己才第一次全面阐述了《周官》经,1945年的《读经示要》也没有能够实现夙愿——我们在《论六经》中的确可以看到,十力已经能够圆融自如地将《周官》政制理想与《大易》形而上学熔为一炉(参见《论六经》,页732-737)。看来,为了奠定自由民主共和政制的形而上学基础,十力认为自己必须事先在形而上学方面付出巨大努力,的确极富见地。

出于首先在哲学上为共和革命打基础的宏愿,十力"勇于孤往"深入形而上学洞穴,还有另一个重要的时代语境的原因:康有为盛年之时,中国读书人感受到的主要是西方民主政制的压力,与此不同,戊午觉悟时的十力感受到的是"新文化运动"积极引进各种西方形而上学所产生的压力。"新文化运动"倡言科学和民主,这两样东西都是西方的发明,中国自古没有。出于恪守民族精神的抱负,十力立志击碎唯西方才有科学和民主的"新文化"论,的确显得富有睿见。若非如此,即便建立起民主共和,中国也由夏变夷、以文换质。由于在西方科学观背后有形而上学,十力当然必须面对西方形而上学的挑战。在十力学述中,我们可以看到大量西方形而上学的基本术语:宇宙论、本体论、知识论、人生论等等。

在《论六经》的"赘语"结束时,十力加了一个颇长的"附记"(占"赘语"四分之一篇幅),其中特别提到,民国以来,喜欢哲学思辨的中国学人一谈到知识论就"只求之西洋",对中国儒家和印度佛家大乘中的知识论视而不见。尽管中国传统故书中没有西洋人那样的知识论大著,但以儒佛两家为代表的"东方哲学"的知识论"神解超脱",远比西方知识论高明。十力的学术断言从来有理有据,绝无学无根柢的狂肆之辞。他断言东方知识论比西方知识论高明的理由是,西方知识论"自封自束","东方哲学"的知识论却能在西方知识论看不到问题的地方看到"极大问题"所在——十力称此为"儒佛两家第一奇迹"(没有提到道家),并自认为东方哲学界迄今还没有第二人能够看到这一点。既然如此,喜欢哲学思辨的中国学人在知识论上"只求之西洋",实在没有什么好奇怪。

十力所谓在形而上学方面迄今尚无"二人"之说,绝非"自封自束"的自负,他毕竟在中西方形而上学方面亲自下过大苦功,耗费多年光阴研究量论(即西方哲学所谓"知识论"),"取西洋知识论与佛氏《大般若》、儒家《大

易》参研并究"(《论六经》,页660)。在《论六经》中,十力简扼叙述了自己"勇于孤往"深入形而上学洞穴的经历和心得:

> 初治宋明学,总有拘隘偏枯之感;进求之老庄,喜其玄解,而终有所未满;又求之大乘空有二宗。余于佛家浩浩三藏无量无边义蕴,窮欲蔽以一言,曰观空不证而已。学究其极,理穷其至,莫大于观空,莫难于观空不证(空非空无之谓,但以无形无象、无作意故、无惑染故,名之曰空,此非一切知见安足处。观者,关照,非妄识猜度故,名之为观。不证二字,深微至极,难以训释,强随俗解,只是不取空相,不取犹云不执)。彻了诸法如幻而不取幻相(此云诸法,犹云宇宙万象),彻了众生如泡影而不舍众生,于寂灭海而兴大悲(寂灭有二义:一者,一切惑染灭故,名寂灭;二者,宇宙万象无暂住故,生而不有,未尝不寂故。大悲者,与众生同体故),是谓观空不证。此与《易·系辞传》"穷神知化,德之盛也"同一无上甚深境界。(《论六经》,页762)

十力的形而上学探玄从宋明心学起步,心学未能让十力感到满足,看来是由于心学的纯粹思辨成分不足,因为十力随后在老庄那里才找到更为纯粹的思辨愉悦。由此我们得知,十力的确有好思辨且能思辨的天赋。在老庄那里,十力的思辨天赋仍然得不到满足,他进一步求问佛门——在唯识宗那里,十力的思辨天赋才获得最终满足。的确,唯识宗纯粹思辨之绵密繁复,中国传统玄学实难望其项背,西方学界喜究形而上学者也对唯识学崇敬有加。通过深玩《大般若经》"空观"之旨，十力不仅体会到一般人难以获得甚至难以承受的思辨愉快，而且获得了一个认识论上的洞识："古往今来治哲学者"，无不妄自虚拟出一个"宇宙实相"（西洋哲学所谓"本体"），思辨来思辨去，"如蚕作茧自缚，如蛛造网自封"。《大般若经》气魄非凡，一举扫除所有［西方］本体论的"推度虚见与戏论习气"（《论六经》，页661）。十力深入佛家唯识学，的确探得唯识论底蕴：唯识看起来纠缠于繁复绵密的认识论思辨，实际上最终目的是在扫除思辨——这让我们想起明清之际的一些著名色欲小说的观空法：极尽能事渲染色欲，目的是让人到头来悟到色欲即空，只有天资不够的人才会执色相不能自拔。

十力深入唯识学练就了思辨的过硬功夫，为他随后建立自己的形而上学理论奠定了基础，以至于今天我们足以把十力学述与西方现代知识论大宗师的学说对勘。[①] 可是，深入老庄玄学和佛家唯识论之后，十力为什么又要出佛归儒呢？既然"观空不证"与《大易》境界是"同一无上甚深境界"，归宗释家或道家或儒家不都一样吗？

在《论六经》中十力回答了我们的困惑，同样简明扼要，直指要害（《论六经》，页754-755）。固然，佛老"二氏之学，勇于孤往"，探形而上学"玄极"已达至境，但二氏"游玄"之学"不无耽无滞空之病"。所谓形而上学"玄极"指"更无有上"的终极实在，"是万理之所会归"——

[①] 参见张庆熊，《熊十力的新唯识论与胡塞尔的现象学》，上海：上海人民出版社，1995。

西方哲人会想起他们的亚里士多德所说的第一推动者，因为"玄"的意思是"其理无定在而无所不在"，"极"就是"至"的意思。佛老二氏的"玄极"是"空寂"和"虚无"，用现在的话说，宇宙的终极本体是"空寂"和"虚无"，反过来说，大虚空就是终极本体。

与此不同，儒家的形而上学"玄极"是"乾元性海"——"乾"训为"健"，"元"训为"原"，"乾元"的意思是"万化之原，其德至健"，活泼泼健动不已。换言之，儒家的宇宙本体与佛老的宇宙本体的根本差异，仅在于"空寂""虚无"与"其德至健"截然不同。宇宙本体与人性的终极规定一致，这很好理解，因为人之本性与宇宙本体本为一体："乾元"既是"万物之本命"，又是"人生之真性"，所以又称为"性海"——"性"指人的本性，"海"形容"性体广大，无量无边"。用十力的话说，"乾元"和"性海"是复语，这意味着人性本体与活泼泼健动不已的宇宙本体是一回事（《论六经》，页754）。

我们一般人很难理解这个命题，或者说很难理解人的"性体"与宇宙本体是同一个东西，是因为我们不能理解这里所谓人之"性"指人之"心"：心体即性体——这不是儒家心学的观点吗？从儒家心学出发，最后又回到心学，十力岂不回到了自己原来出发的地方？如果我们这样看就错了，因为，心学是儒门为了与佛门争夺世间灵魂而得来的斩获，心学本身深深浸润着佛门血脉，倘若没有经历过深入形而上学洞穴的思辨，就不可能真正习得心学气魄。正因为十力有过十年唯识思辨，其心性之学才足以貌睨宋明儒。

宇宙论与人性论的一致引出的结论是：既然佛老二氏的"玄极"是"空寂"和"虚无"，其人"性"的终极规定也就是"空寂"和"虚无",必然难免"耽无滞空之病",缺乏或不能激发人性血气,十力把这个根本痼疾称为"人生观缺乏创化"——"佛氏以大雄力趣向度脱而反人生,老氏柔退,其下流至于委靡"(《论六经》,页755)。由此可以推知,凭靠佛老二氏的本体论和人性论,不可能开出有血气的政治哲学,遑论开出民主共和的万世太平政制。虚无空寂的"玄极"不能"发育万物",不能发扬人的"参赞化育之功",如果依傍佛老,十力要为民主共和革命找到足够的心力支撑的意图就会落空。

十力不厌其烦地告诉我们,他深入形而上学洞穴不是为了单纯满足自己纯粹的思辨偏好,自乐自娱,而是为了解决共和革命党人心力不济和心体不纯的实际问题,佛老二氏的本体论和人性论无论多么绵密玄远,也不能满足十力的革命心志。但在儒家《大易》形而上学中,十力却看到,儒家的"玄极"既有虚无空寂的性质,又"生生化化而健动",既有"无上甚深境界",又"其德至健"。如果让人的心志与佛老二氏的"玄极"为一体,结果是人的心志"耽无滞空",如果让人的心志与《大易》的乾元"玄极"为一体,就能发扬人的"参赞化育之功",建立自由民主的共和政制恰恰需要这样的"功能"。

所以,在"赘语"的附记中,十力说,儒家《大易》"含藏万有":不仅有佛老二氏的虚无空寂"玄极",也有量论[知识论]的源头,甚至还有西洋哲学的经验知识论——《说卦篇》就有"小辨于物"。《大易》形而上学不仅含藏西方所谓的经验认识论,而且不像西方哲学那样有"徒逞思辨"之病,因为,《易·系辞传》有"知周万物"一说,这里的"知"即西洋所谓"知性"。但西洋哲学所谓

"知性"得自经验起始,"知周万物"则告诉我们,或确切地说,十力告诉我们,这话表明,"知性本自周通万物,非纯由经验而始有知"(《论六经》,页661)。

显然,我们必须懂得,十力所说的"知性"其实指"心"之"性",因为他告诉我们,儒佛两家尤其儒家绝非不会思辨功夫,而是在此功夫之外"更有修证功夫"——西方哲学缺乏的正是这种功夫。十力合参中西印各路形而上学得出的结论是:佛家的认识论思辨堪称天下第一,但本体滞空,西方形而上学的本体实相是虚相,因为其认识论思辨不离经验知识,儒家既无佛家的毛病,也没有西方哲学的毛病。十力承认,他不通西文,不能直接阅读西方哲学的知识论书,只能读中译本。这的确不能算缺陷,甚至遗憾也算不上,因为,国人通西文能直接阅读西方知识论书者不在少数,却罕有十力先生的眼力。在"赘语·附识"中,十力凭靠佛氏"于一毫端见三千大千世界"的眼力说,对于西方的知识论,他"察其所持,推其论之所必至",也就知道西人的知性思辨到哪里去了(《论六经》,页662)。由此十力"探究"出了自己脑子里本来就有的东西:

> 《大易》不以虚见为贵,而贵以其周物辨物之知实现之于人生日用,上下与天地同流,及万物皆备于我之践履中。所谓"裁成天地,辅相万物",方是知行合一究竟境界。(《论六经》,页661)

思辨必须是"我"的体认,体认必须是"我"的修行,修行必须是"我"的践行——说到底,哲学就是从"我"的修身养性到治国平天下。这就是十力所谓东方哲学最为重视的"极大问题",而西方哲学知识论竟然不以为问题。靠西方哲学看不到这一点,关键在于不懂"哲学为思修交尽之学"(《十力语要初续》,页212)。① 哲学对于人世的意义在于人的修身养性,进而"裁成天地,辅相万物",这意味着现世行动同样是哲学的参证功夫。"深究宇宙实相",目的是发现自己的"真性",发现"真性"则为的是"启导民群":

> 人生真性,不能不有赖于哲学。若夫社会政治各种问题,高瞻远瞩,察微洞幽,数往知来,得失明辨,为群众之先导,作时代之前驱,励实践之精神,振生人之忧患,此皆哲学所有事。(《读经示要》卷二,《全集》卷三,页822)

由此看来,十力对我们重新认识"中国固有思想"的重大启发在于:中国自有哲学"启导民群"的思想史渊源,

---

① 心学成为十力的哲学救亡的最后支撑点,理由是:西方哲学把本体悬为外在的"最高之理想世界,为其奔赴之的(凡向外探求本体者,即是虚悬一可追慕而不可实得之理想世界)……吾侪反己,而自得本体,即自我便是独立无匹(无匹者,绝待义),便已超越物表。出有限,而寓诸无穷,当下即是。此乃智证境界,不由推度(证者证知,非知识之知,言性智之自明自了也)。西学之未至乎是,盖信任量智太过也"(《读经示要》卷二,《全集》卷三,页751)。因此十力断言,西方哲学缺乏修养功夫:"西学向外求体,故偏任理智与思辨。儒学在反己而实得本体,故有特殊修养功夫,卒以超越理智,而得证量(证量,即本体呈露时,炯然自明自了之谓)……"(《读经示要》卷二,《全集》卷三,页752)。十力的这一睿见后来成为新儒家的哲学基石,在牟宗三的哲学书中得到进一步发挥,实现了十力一再感叹无暇发挥的遗愿。

启蒙哲学不待外求，追求"知行合一究竟境界"的心学即为启蒙哲学。"体用不二"是十力思想的标志性主张，如果仅仅从形而上学层面来理解这一主张，很可能就误解了十力，因为，这一主张的实质是对形而上学性质的重新规定：形而上学必须具有"启导民群"的性质，或者说形而上学必须成为宗教。既然"穷理、尽性、知命，方是哲学之极旨"，形而上学就"可以代替宗教，而使人生得真实归宿"（《读经示要》卷二，《全集》卷三，页731）——按我们的常识，并非人人都能从事形而上学思辨，或者说不能从这种思辨中获得幸福，而宗教所提供的福祉则理应泽及所有人，所以形而上学不是宗教。按十力的主张，形而上学"可以代替宗教"，意味着形而上学能够为所有人提供福祉。

形而上学本身"是学术"，并非宗教，但"可以代替宗教"。为什么要用形而上学代替宗教？首先因为，宗教是迷信，需要被取代——十力不仅接受了现代的民主政制观念，也接受了现代的科学观念。佛家的宗教信仰在十力看来多是"荒诞思想"，他深入佛学仅仅因为其中有极为艰深的思辨。[1] 不过，佛学既是形而上学，又是宗教，十力深入佛家所得，绝非仅有形而上学思辨。佛家大乘的宗教精神对

---

[1] 《读经示要》卷二（《全集》卷三，页796、798）有言："佛家于物理人事，许多荒诞思想，如其言色界、无色界及诸天，却是视为事实，非如庄子寓言。其于人间贫富及种种不平，亦均以业报或因果说明之。故政治经济等问题，非佛家所措意。实由其宗教之出世精神，足为求知之障故耳。然佛家毕竟重理智思维，而不偏尚信仰，此所以虽为宗教，而富有哲学精神也。……印度佛学，以宗教而包含哲学。虽不免有流于空想幻想之弊，然能穷大极深，境界甚高。其于真理，确有发现。则凡治哲学者所不可不深究也。"

于十力的思想形成具有决定性的意义：

> 大乘欲改正小宗趣寂之谬，而言无住涅槃，不舍世间，不舍众生。此固大乘之所以为大。然未证知体用不二。夫就体言之，则举体成用，譬如大海水，全成众沤，不可离用觅体。就用言之，则用即是体之现。譬如众沤，即是大海水之现。(《读经示要》卷二，《全集》卷三，页 792-793)

如果我们可以把"众沤"恰当地理解为"众生"，中国自有用哲学"启导民群"的思想史渊源就得追溯到大乘佛学，或者说，启蒙哲学的中国式形而上学的深切理由得自大乘佛学。是否如此，我们需要通过细玩《读经示要》前两讲获得答案，这里不能充分展开讨论。无论如何，就思想史而言，众所周知，儒家心学的"知行合一"论与佛家确有内在关联。

四　革命与心性

《新唯识论》是十力深入形而上学洞穴所得，此书甫一问世，即遭佛家高僧批评，指十力歪曲《大般若经》智慧，引发长达十余年的思辨纠纷。[①]现在看来，这场纠纷是一场误会，因为佛家高僧致力要理解的是《大般若经》智慧，而非要理解十力的智慧——要求佛家高僧体贴十力心志，也难免强人所难。反过来说，十力的《新唯识论》已经不是早年在北大授课时两次刊印的《唯识学概论》讲义（1923/1926）——晚清有旧军也有"新"军，新军具有革命性质，后来成为共和革命的火种。十力的"新唯识论"之"新"就在于，十力写的是革命的唯识论。

十力一再强调，他之所以深入形而上学洞穴，为的是完成辛亥革命大业，如果不忽视十力的这一宣称，我们就得考虑：十力要让形而上学成为宗教或启蒙哲学，也可能出于救亡的理由。当然，中国读书人面临救亡之危或感领亡国之痛已经不止一次：明儒和清儒对亡国之痛的反省，都是思想史上的著名学案。换言之，救亡是否必然成就启蒙哲学，仍然是思想史上蔽而未明的问题。不过，无论明儒还是清儒，都没有像现代中国读书人那样面临以夷化夏的政制变更问题。十力却并没有面临这样的问题，因为，

---

①　1948年，印顺法师发表反驳《新唯识论》的文章，可见教中高僧长期看不到十力"新论"大乘般若智慧的妙处，参见《全集》卷五所收弟子黄庆记述的《摧惑显宗记》。

十力从一开始就接受了民主政制与封建专制的二元对立观——整个人类从古至今仅有这两种政制选择，孰好孰坏明摆着。他的救亡哲思的出发点是：为何中国有长达两千数百年的封建专制，而西方却并非如此。

十力给出的答案对于我们理解他的革命形而上学非常富有启发：西方自古希腊就有哲学，而且未曾中断，从而"直启现代文明"；反观中国"诸子百家之微言碎义，如名、墨、法、农、道等等，持较希腊，似未见两方路向有甚隔截处"（十力没有提到儒家，必有深切用意），却因"暴秦吕政之世，一蹶不可复振，此岂有他谬巧哉？"（《读经示要》卷二，《全集》卷三，页754）这无异于说，中国哲学思想因封建专制而窒息两千多年，直到辛亥革命推翻封建专制才得以透口气。反过来说，若无暴秦吕政搞封建专制，中国哲学与希腊哲学一样，早就"直启现代文明"，开出现代民主政制。十力先生"学贯古今，融会中西"，他的论断尽管常常过于简单，我们不必多疑。这段说法不仅让我们得以理解他何以能够勾销自汉代至清代的全部中国哲学（虽然他在《读经示要》中同时又盛言程朱阳明船山之学，令我们颇为费解），更重要的是，我们得以深切理解：为何十力陶甄经子的出发点是革命，何以反封建专制会成为"陶甄百氏"的政治正确原则，为何"知"形而上的"玄极"与共和革命之"行"的合一在十力那里会成为"知行合一"的现代样式。

倘若如此，我们需要进一步理解的是，十力深入形而上学洞穴所获得的形而上学"玄极"与反封建专制的政治正确原则如何达成"知行合一"。完成革命形而上学"玄极"建构之后，十力随之践行的是思想上的"裁成天地，辅相万物"之"行"："陶甄百氏"的《读经示要》成于抗战后期，随后的《论六经》进一步申论了《读经示要》未能充分阐发的要点，而且要言不烦，对于我们把握《读经示要》的主要睿见也颇有助益。十力的"行"始终仅仅是思想上的，我们要学习十力的"行"，只能看他的学述言辞——就哲人而言，言辞是行动。

《论六经》首先论及《易》（见《论六经》，页664-666）——十力简要解释了《庄子·天下篇》中"《易》以道阴阳"这一说法的意蕴："太极是一，阴阳为两"，阴阳相反而生变，"变成而顺于一之正"，这就是"和"。《易·乾》彖言"保合太和，乃利贞"，据此十力解释说，《易》的宇宙论原则在于"冲和之蕴，非斗争之府"，换言之，《易》的形而上学究极境界是"冲和"，而非斗争——西方学人听起来会觉得与他们的古希腊自然哲人赫拉克利特的究极原则判然有别。为了证明自己的形而上学见识不虚，十力提到两个人物：第一位是老子，所谓"冲和"是老子的说法，十力认为，此言来自"保合太和"，意思是说，道家的形而上学"玄极"本于《易》。第二位人物一下子跳到宋代的张横渠，我们知道，他是理学太极论大师——十力单单提到这两位人物，似乎意在告诉我们，道家玄学和儒家理学是中国固有思想中最具形而上学思辨成分的学说，而它们的源头都出自《易》。

"冲和之蕴"是《易》的宇宙论最高原则，当然也应该是人世生活最高境界的规定。我们记得，在"赘语"中十力已经提到《易》的革命论要素，现在我们得知，革命论不是《易》的终极之说，因为十力接下来就告诉我们，"革命既成，必息斗争而为太和，顺人性之正，确然无疑也"

(《论六经》，页665）。反过来说，在革命没有真正完成之前，或者说，在没有最终抵达"冲和"至境之前，革命斗争不能止息，必然不逝革命，继续革命。如果革命就是斗争，斗争就是政治，那么，在未来的"冲和"之境中将彻底消除政治：

> 儒者用斗争为去不平以求平，或去暗以求明时，不得已而从权以济，决非以斗争为正常之道，此义万不可忽。（《论六经》，页767)

倘若如此，的确可以说，十力的政治观与西方自由主义的政治远象相契合。我们显然不能因为，为了达到彻底消除政治的"冲和"之境而坚持不断革命或继续革命，就否认不断革命论的目的最终是抵达自由的"冲和"之境。虽然十力倡言革命，却并非终极革命者，而是追求终极自由的革命者。《论六经》中对《易》的两次解释虽然不同，却已经让我们看到，《易》包含终极自由的"冲和"之境和革命过程两大要义。共和革命为的是走向自由民主的万世太平——自由主义的终极境界就是消除人世间的一切政治冲突。我们不能因为十力倡言革命，就否认十力是自由主义者，否则我们也没法解释在他的学述和语要中频繁出现的"自由民主"。充分理解十力所理解的"自由民主"，才能公正对待十力的思想。

随后，十力按《天下篇》"《春秋》以道名分"一语来解说《春秋》大旨（《论六经》，页666-670)——所谓"道名分"，按我们的常识来理解，就是尊卑有序，这显然是封建专制等级思想的反映。按十力在"赘语"里的说法，

《春秋》是反封建专制的革命之书,我们会以为,这明显与《天下篇》的说法相抵牾。十力却不是这样看,他的智慧的确要高明得多。他告诉我们说,"秦以后奴儒"们为了"维护帝制",才把"正名定分"解释为"上下尊卑",与汉代公羊家对《春秋》的解释完全不同。董仲舒明明说过,"《春秋》贬天子、退诸侯、讨大夫以达王事",这话经司马迁传出来,明确表明《春秋》要旨:

> 曰贬、曰退、曰讨,则革命之事,所以离据乱而进升平,以几于太平者,非革命,其可坐而致乎。①

按我们的常识逻辑,我们又会觉得,这一说法与"赘语"中的论断明显矛盾,在那里十力明明说,包括公羊家在内的汉儒都是"奴儒"。其实,明显矛盾的是我们的常识逻辑,而非十力的形而上学辩证逻辑,因为,十力在这里明确告诉我们:要理解《天下篇》何以说"《春秋》以道名分","不可不通三世义"。如果用公羊三世说来理解,所谓"《春秋》以道名分"仅仅指的是三世说中的第一世(据乱世)。言下之意,《春秋》之所以"道名分",隐含的微言是革除名分。我们不能不叹服十力聪明,叹服之余,我们还应该明白,如果我们有了公羊三世说的信仰,常识逻辑就再不会妨碍我们理解十力的解经——进一步体会:所谓"知行合一",在十力

---

① "《春秋》贬天子、退诸侯、讨大夫,决不许居上位窃大柄者以私意制法而强民众以必从,其尊重人民之自由而依其互相和同协助之公共意力以制法而公守之,此《春秋》本旨。"(《韩非子评论》,页296)

那里意味着用公羊三世说信仰取代常识逻辑。

十力又引征老子"始制有名,名亦既有,夫亦将知止,知止可以不殆"——然后引王弼注:

> 始制为朴散,始为官长之时也。始制官长不可不立名分以定尊卑,故始制有名也。过此以往,将争锥刀之末,故曰名亦既有,夫亦将知止也。遂任名以号物,则失治之母也。故知止所以不殆也。(《论六经》,页667)

十力告诉我们,王弼堪称"庶几远瞩万世"的"齐圣"之才,因为他对老子句的解释已经道出公羊革命论的要核——王弼注的意思是:太初之世本来人类没有什么名分之分,"社会淳朴……后世朴散而智伪出",才有了"始制官长、立名分",于是有了统治者与被统治者的划分。接下来的阶段是,统治阶层必然剥削下层被统治者,用今天的流行观念来讲,凡统治者就是坏人。"统治者与小民"不平等,当然就是封建专制,但"不平之祸深,物穷则变,此其时也"——这意味着,按公羊三世说来理解,"《春秋》以道名分"暗含的意思是:小民推翻统治阶层的革命必将到来。

按我们的粗浅学力读来,王弼的注说的是,立名分之后难免会引发你死我活的剧烈冲突,居上者得悠着点儿,没准儿哪天居上居下会翻过来。换言之,王弼并非在教诲下民起来革命,而是教诲居上者得有节制,凭名分统治要适可而止("亦将知止,知止可以不殆")。十力告诉我们:没错,王弼毕竟是玄学之士,"道家之学,以守静为极、放任为要",缺乏儒家"裁成天地,辅相万物"的精神,因此,

"不教下以革命","虽诵法《春秋》,而无力反帝",自在情理之中,因此"为儒氏之枝流"。尽管如此,王弼的老子章句毕竟已经"达群变之端,期于夷阶级、去侵剥",仍然有可取之处(《论六经》,页666–667)——我们不能不说,十力的论证智慧的确让我们开眼界。

在王弼注的基础上,十力进一步说,"当群品未进"时,统治阶层必须用"立名分"来"整肃众志,使其安于处卑而无出位之思",因此,"名分为封建社会思想之中坚",封建文化和典章制度无不与名分攸关,使人们"心有所思、口有所议"不可"超于其时众所共守之名分"。中国封建帝制延绵两千多年,主要原因之一就是"名分之束缚吾人",历史上仅有极少数大哲人可以摆脱这种束缚。

十力提到两位人物,都是战国时期的大哲人:一个是"振弱小余气,扶人道于将倾"的孟子,一个是"独与天地精神往来,脱名分之桎梏,将使万物各畅其性"的庄子。十力的这个论证显得精辟,值得细嚼。

首先,如果"立名分"为的是"整肃众志,使其安于处卑而无出位之思","立名分"就是对各类人的安顿,但真正的哲人其实并不会受到名分约束——我们可以体会到,"心有所思、口有所议"必须"出位"才算得上哲人。

再有,消除名分解放的并非是对追求"独与天地精神往来"有兴趣的人,从而我们可以体会到,十力所理解的自由民主,就是鼓励心性不高的人"心有所思、口有所议",而且不受任何束缚。所以,十力最后凭据司马迁所谓《春秋》旨在"贬、退、讨"把《天下篇》的"《春秋》以道名分"解释成"破除"名分:

> 其道名分，所以破除之也，名分破而后小民解缚，去奴行则养之以同德（同德者，与众同休戚，不自私故），扫陋习则诱之以求知，励勇任（勇于任事也）则安之以乐利。（《论六经》，页 668-669）

十力让我们看到，他如何凭靠公羊三世说把"《春秋》以道名分"解释成了启蒙革命号召。在结束论说《春秋》时，十力表示，他"确信全世界反帝成功后"，以《春秋》革命论为核心的"孔子六经之道当为尔时人类所急切需要，吾愿政府注意培育种子"（《论六经》，页 670）。

十力的解释堪称绝妙，我们的确没法达到这样的精神高度，即便理解起来仍有困难，也不便提出疑难，否则就有维护封建专制、反民主理想之嫌。只是，按照十力的论述逻辑来看，让人费解的是，孟子庄子都是战国时人，还没有进入秦始皇肇端的封建专制时代，这两位大哲何以也成了反封建名分的英雄。无论如何，用十力教我们的政治正确原则来看待古典故书，对我们来说的确有困难，除非我们不顾及学问常识。

当然，对于十力这样有心性形而上学信仰的大哲，如果纠缠于诸如此类的"考据之技"，我们会一无所得，尽量从十力的解经方式中学到东西，才会有所得。严格来讲，十力所说的名分与封建专制的关系，我们都清楚，不仅清楚，对我们来说也已经是新常识。反封建专制、倡民主大同，也是我们都清楚的普世道理。但究竟何谓自由民主，十力的理解恐怕与我们的理解还不太一样，或者说，我们对自由民主的理解还达不到十力的信仰高度。这就是我们值得从十力那里获得启发的东西——在十力心目中，所谓自由民主的意思很可能是：小民个个都应该成为孟子庄子一类哲人。十力的思辨逻辑也许是这样的：正因为"群品未进"，统治者才可能用"立名分"来"整肃众志"，一旦"群品"一律上进，统治者也就无从以"立名分"来使得小民"安于处卑而无出位之思"了。

问题因此而仅仅是："群品"如何得以上进？按十力的说法我们可以推知两个条件：首先，得有孟子庄子一类哲人偶然地被生出来，因为得靠他们破除名分，让"小民解缚"，祛除已经养成习惯的"奴行"；第二，小民不仅愿意而且能够成为"独与天地精神往来"的哲人。这又需要另外两个条件：一则，要求哲人放下自己的心性，与小民同休戚，用自己的心性滋养小民，不然的话，人间万品中的极少数哲人就太过自私了；二则，要求哲人扫除小民陋习，用求知来诱导小民，然后再鼓励小民勇于担当任事，当然也需要用"乐利"来安顿小民的心——何谓"乐利"十力未予解释，但我们可以设想，经过启蒙以后，小民对"乐利"的看法应该不会与孟子庄子不同，否认，就不能说已经成功扫除小民的陋习。由此来看，十力举例时仅仅提到孟子和庄子，可谓用意深远：前者"振弱小余气"，后者"独与天地精神往来"，启蒙就是"振弱小余气"使之"独与天地精神往来"。

十力与其说是在解释《春秋》大旨，不如说是对何谓启蒙作了精妙绝伦且极为清晰的说明。十力让我们看到，他所理解的"自由民主"，就是消除人性差异，让小民也能成为哲人，达致心性平等的自由——可是，十力的自由民主革命实际上又基于自然的心性不平等：孟子之所以要"振弱小余气"，表明我们这些小民的心性气力"弱小"，毕竟,要"独与天地精神往来"得凭靠极大的心力。消除一切心性差异的启蒙革命基于心性的自然不平等,这绝非史事或文献上的矛盾,而是一个哲学矛盾。勇于且精于思辨的十力不可能意识不到这一矛盾——果然,在随后对《乐经》的解释中,十力勇敢地面对并力图解决这一矛盾。

接下来十力论说《乐经》要旨(《论六经》,页670-674),他采用的方式仍然是解释《天下篇》中的文辞:"乐以道和"——由于前面有了对《易》的解释,这里的"和"让我们马上会想到,所谓"乐以道和"的"和"是否就是太极之"和"。

古人说,《乐经》早佚,十力说,《乐经》没有全毁,《礼记》中的《乐记》就是《乐经》中的一篇,理由是,《乐记》"究天人之际,著万物之理,非圣人不能作也"。因此,《乐记》文辞当是七十子后学所记,有如释迦弟子所记《阿含经》一类——十力的论证逻辑可以简化为:心性形而上学是圣人的印记,由于《乐记》中有心性形而上学,《乐记》必定是圣人微言。① 既然如此,我们不妨信任十力的陶甄逻辑,把《乐记》当作"非圣人不能作"的六经之一来看待。《乐记》篇幅不长,我们还可以预先看看《乐记》,再看十力怎样解说《天下篇》中的"乐以道和"的说法。

《乐记》以音律和乐曲与人心的关系开篇,很快就说到先王如何施行统治,以至于《乐记》一开始就显得有股肃

---

① 《读经示要》说《乐记》在第一讲"经为常道不可不读"(《全集》卷三,页607-615),绝非偶然,因为这一讲实为心性形而上学概述。关于《乐记》的文献史研究,参见王祎,《〈礼记·乐记〉研究论稿》,上海:上海人民出版社,2011,页19-214。

杀之气：

> 是故先王慎所以感之者。故礼以道其志，乐以和其声，政以一其行，刑以防其奸。礼乐刑政，其极一也；所以同民心而出治道也。
>
> 凡音者，生人心者也。情动于中，故形于声。声成文，谓之音。是故治世之音安以乐，其政和。乱世之音怨以怒，其政乖。亡国之音哀以思，其民困。声音之道，与政通矣。……凡音者，生于人心者也。乐者，通伦理者也。是故知声而不知音者，禽兽是也；知音而不知乐者，众庶是也。唯君子为能知乐。是故审声以知音，审音以知乐，审乐以知政，而治道备矣。（《乐记》）

我们看到，《天下篇》中的"乐以道和"与这里的说法在文辞上相符。但与《天下篇》仅仅说"乐以道和"不同，《乐记》将"礼乐刑政"并举，说明乐与礼、刑、政具有相同的政制作用，意思要明确得多。用今天的话来说，"礼乐刑政"都是统治者（"先王"）统治人民的工具，在上的王者凭靠"礼乐刑政""同民心而出治道"。换言之，《乐记》讲的是统治法理，统治者非常重视"乐"，不是因为王者关心形而上的"和"，而是关心政治秩序的"和"。"礼乐刑政"可以说是四种统治方式或四种政治形式，但各自有不同的性质和作用，礼和乐显得是积极的具有滋润作用的政治形式，刑和政显得是消极性的具有压制和规范作用的政治形式。经文明确告诉我们，这四种政治形式对于"治道"来说缺一不可，"四达而不悖，则王道备矣"。

随后经文两次用"凡音者"起句，将乐与政象类比，并告诉我们，"声音之道，与政通矣"。第一次"凡音者"起句后提到三种政象：和谐的政象、不和谐的政象、国家已经不复存在的政象——经文起头的音和乐与人的心象的类比，与乐与政象的类比并置，让我们难免想到，人心叵测和政象难测一样，都是让统治者极为费神和忧心的事情。幸好乐既通深不可测的人之心象，又通难以预料的政象，因此王者"慎"之，让乐起到类似于法的作用（"先王之为乐也，以法治也，善则行象德矣"），完全可以理解。

第二次"凡音者"起句更进了一层，把乐与伦理联系起来，确定了《乐记》通篇的基本题旨：礼乐并说——礼的作用在于区分贵贱上下等级，乐的作用在于调和各个等级。第一次"凡音者"句之后，经文已经提到等级差异："宫为君，商为臣，角为民"——看到这些语词，我们应该以十力为楷模，马上以高度革命觉悟判定，这是典型的封建专制文辞，当属后儒伪造。① 第二次"凡音者"句之后，

---

① 《孔子家语》中有孔子曰："圣人治化，必刑政相参焉。太上以德教民，而以礼齐之。其次以政导民，而以刑禁之。化之弗变，导之弗从，伤义以败俗，于是乎用刑矣。"——十力判定"《家语》伪书"，因为"其言似谓德礼穷，而后继以政刑"。按公羊三世说来理解，德礼与政刑不可同日而语："夫德礼为本，则政刑皆本德礼之义，以运用之。其精神与作用，自与专尚政刑者不同。故德礼中，自有政刑，非穷而后有之也。若夫德礼之治，底于极隆，万物各正。则刑措不用，行所无事，而政刑之名不立矣，此《春秋》之所谓太平世欤！"（《读经示要》卷一，《全集》卷三，页 600）我们不难体会到：在据乱世，德礼中自有政刑，在自由民主的太平世，政刑之名会自动消除。由此可以推知，在走向自由民主的升平世，就得逐渐削减政刑——第一步是废除对十恶不赦者的死刑。

经文再次提到等级差异：禽兽、众庶、君子——这样的文辞没有问题，因为，十力自己也多用到这种等级区分，只不过在他所设想的自由民主社会中，众庶都已经成为君子，当然不会再有人间禽兽。经文说，"唯君子为能知乐"，一旦十力的自由民主理想得以实现，这句经文就成了谎言，"是故审声以知音，审音以知乐，审乐以知政，而治道备矣"也至少成了废话。十力说《乐记》"究天人之际，著万物之理，非圣人不能作也"，看来的确如此。不过，我们会感到困惑的是，经文说"先王之制礼乐也，非以极口腹耳目之欲也，将以教民平好恶而反人道之正也"，明确以统治者与被统治者的区分为前提，何以可能与十力说的"群龙无首"的民主理想相一致？

十力对《乐经》的论述一上来就绕开了经文给定的前提，直接从经文中间取出一句来解释——十力的如此解经方式自有其理由：首先，他需要祛除封建糟粕，抽取民主精华；再有，十力相信自己有独到的形而上学眼力。我们并不具有十力的眼力，因此应该心悦诚服地相信十力的解经。十力解释的经文是：

> 君子乐得其道，小人乐得其欲。以道制欲，则乐而不乱；以欲忘道，则惑而不乐。是故君子反情以和其志，广乐以成其教，乐行而民乡［向］方［道］，可以观德矣。（《乐记》，引按：引文中方括号内文字表训释，下同）

这段经文仍然基于人的心性类型区分：不仅区分了"君子"与"小人"，还区分了君子与"民"——君子乐道，然后以乐施行教化，使民人的生活向"德"。经文开头的两次"凡音者"句先后提到君、臣、民的划分和禽兽、众庶、君子的划分，君、臣、民的"君"究竟指君王还是君子，不清楚。现在说君子"广乐以成其教"，如果前面的君、臣、民划分的"君"指君王，那么，除了君王、臣、民的划分，还有君王、君子、民的划分；如果君、臣、民的"君"指君子，这里的君子"广乐以成其教"就表明，君子和臣与民的关系既相同又不相同。相同在于，君子和臣对民都具有支配性的统治权力，不同在于，两者的权力性质不同。联系到"礼乐刑政"，也许可以说，臣凭靠刑和政施行统治，君子靠礼和乐施行统治，当然，两者的统治权力都来自[先]王。

倘若如此，我们需要问，君子凭什么具有对民的支配权力。这段经文要求君子"广乐以成其教"其实预设了一个前提，即人的心性差异，因为，能"以道制欲"方可成为"君子"，小人并不能做到"以道制欲"。民人显然不等于小人，但明显也并非都是君子，否则君子也就没有必要"广乐以成其教"——这仅是我们多少有些笨拙地死贴原文读经文获得的感觉，是否如此，还得反复阅读经文。覆按经文，我们果然骇然读到：

> 天尊地卑，君臣定矣。卑高已陈，贵贱位矣。动静有常，小大殊矣。方以类聚，物以群分，则性命不同矣。在天成象，在地成形，如此则礼者天地之别也。（《乐记》）

君子有君子之乐，小人有小人之乐，民人也有与君子之乐不同的乐，关键原因在于"性命不同矣"。用现在的话说，按英美自由主义主张，君子、小人、民人之乐各不相同，各有各的自由，不可强求一律，只要不妨碍他人，各类性命之人都可以自取其乐，而且受到"刑政"的保护。这段经文显然不能用来为英美式自由主义的"治道"作证，否则只能证明英美式自由主义缺乏教化，因为《乐记》经文预设了"以道制欲"的正当性，价值自由论维护各种"欲"的自由，在《乐记》作者看来当然是缺"德"。但这段经文预设的前提，也不能用来为十力的自由民主理念作证，因为经文预设的人之心性差异等于预设了人的天性的不平等。

有了这些阅读准备之后，我们再来看十力对这段经文的解释，就会获得切实的甚至举一反三的教益。与我们的笨拙读法读出的经文理解不同，十力说，这段经文说的是，人人（指众庶）都可以达到"以道制欲"的境界。十力的论证是这样的：首先，我们应该知道，"君子乐得其道"的"道"，意思是人心起念时的"照察"，如此"照察"指示人心应当还是不应当让此念变成实际行为，也就是抉择应当还是不应当去做。十力告诉我们，佛家把这"照察"叫做"觉"，儒家心学大师王阳明称为"良知"，术词不同，意思是一回事。

但为什么经文用"道"这个字呢？那是因为，人人天性上与生俱来都有这个"良知"，这"良知"既是我们每个人的"本性"，又是"天地万物同有的"本性，或者说，"道"既是宇宙本体，又具体地是我们每个人的本"性"……十力说，谁只要"深深参究"一番，就不难体知这"道"理。可是，我们从经文中看到，"民有血气心知之性，而无哀乐喜怒之常，应感起物而动，然后心术［心境］形焉……"（《乐记》）——这意思是说，民人之性含血、气、心、知（智）等杂然情性，因此会有喜、怒、哀、乐无常心象。在具体物境的触动下，民人会产生不同的心境。经文随之具体描述了六种不同的音象，分别对应六种民人心象：思忧、康乐、刚毅、肃敬、慈爱、淫乱。正因为民人情性杂然，经文随之说到先王为何制礼作乐："是故先王本之情性，稽之度数，制之礼义。"

既然经文并没有说民人的心性具有哪怕是"良知"或"觉"的潜能，我们就可以说，《乐记》作者的心性远不及十力的心性高，还没有经过一番"深深参究"的功夫，因此这位圣人还理解不到自己所说的"君子乐得其道"的"道"就是"良知"。反过来看，十力把"君子乐得其道"的"道"说成"良知"，无异于在教导《乐记》作者，要把"良知"这一心性形而上学观念变成人性的普遍规定，以便勾销君子与民的心性在本体论上的差异。可以理解的是，唯有从形而上的自然本体论高度勾销君子与民的性情差异，十力才可能否弃《乐记》中的封建等级秩序。

可是，经文作者说，先王制作"礼义"同样依据的是自然法则，因为，乐必须蕴含的"亲疏贵贱、长幼男女之理"，出自"生气"和"五常"之则：

> 合生气之和，道五常之行，使之阳而不散，阴而不密，刚气不怒，柔气不慑，四畅交于中而发作于外，皆安其位而不相夺也；然后立之学等，广其节奏，省其文采，以绳德厚。律小大之称，比终始之序，以象事行。使亲疏贵贱、长幼男女之理，皆形见于乐，故

曰:"乐观其深矣。"(《乐记》)

从经文来看,古代的君子是从礼制中培育出来的,既然十力已经把先王制作的"礼义"判为封建专制,他就必须更改自然法则,另外设计一条培育君子的道路。十力接下来就解释君子"反情以和其志":所谓"反情"意思是"反己而察其情"。既然君子"以道制欲",反己照察的功夫当然就是反省自己究竟是"以道制欲"还是"以欲忘道"。十力特别提醒我们,不要以为"以道制欲"就是"禁欲",所谓"制欲"仅仅指的是"节制其欲,勿流于私"——用我们曾经有过的经验来理解,就是必须"狠斗私字一闪念"。通过如此"反情以和其志",君子就能成就自己,"志定于中而不失其和"。十力对具有关键意义的"志"未作解释,也没有对"德"作出解释,直接引下面的经文来证明自己的解释:

> 德者性之端也。乐者德之华也。金石丝竹,乐之器也。诗言其志也,歌咏其声也,舞动其容也。三者本于心,然后乐气从之。是故情深而文明,气盛而化神。和顺积中而英华发外,唯乐不可以为伪。(《乐记》)

依据这段经文,十力说"乐者乐也之乐,有如佛氏涅槃四德之乐。人性本无不乐也"(《论六经》,页671)——十力用佛家和心学的定义取代了经文中对人的"性命"的区分,进而用心性形而上学思辨取代先王用来培育君子的"礼义",或者说,用哲学取代"礼义"。不过,十力让自己显得所说的这一切无不来自经文:在这里,他又从经文中拈出"乐著太始"和"乐者,敦和率神而从天"两句来支撑自己的论断。十力让我们看到,他的解经方式实际上是这样的:先用自己的心性形而上学观念解释经文,然后再引经过他解释的经文来证明自己的形而上学观念。

我们早就听说,有一种解经方式名曰"六经注我",据说这是受佛学影响而形成的解经方式。但"六经注我"实际究竟是怎样的一种解经方式,我们一直不甚了了。现在十力让我们看到:所谓"六经注我"可以恰当地理解为用"我"的形而上学观念来解释经文。我们的读经能力不及十力,说到底就是缺乏某种形而上学观念——难怪《读经示要》第一讲要我们首先树立的是心性形而上学,否则没法读经。可以设想,如果有一百个十力,就会有一百种《乐记》解读。然而,这种设想是不可能的,因为能够深入形而上学洞穴获得某种形而上学观念者,历来属于罕有之人。

十力首先用经文"乐著太始"来证明"乐者乐也之乐,有如佛氏涅槃四德之乐"的论断,他说,"太始谓万化之原,以其在人而言之,即人之本性也,人性生生而和畅,故云乐著乎太始"。然后,十力再用经文"乐者,敦和率神而从天"进一步证明自己的论断:

> 神者,本心之异名,本心无私无邪,故和。常率顺乎此,即不失其本性,是云从天。天者,本性之名,非别有神帝,此与乐著太始同义。(《论六经》,页671)

十力以此解决了前一段经文中"君子"与"小人"的区分:"小人为失德者,非谓其穷而在下也,君子指成德之人，亦不以位言也。"换言之，从本"性"上讲，没有谁天生是"小人"一个，因为，只要做到"反情以和其志"的良知呈现功夫，谁都能做到"情深而文明，气盛而化神"——我们这才明白，自心学诞生以来，为何读书人只要经过一番心性形而上学浸润，一个比一个"气盛而化神"。由于这种人同时显得"情深而文明"，如此"气盛而化神"还让人不能不感动、景仰、膜拜。

如果十力仅仅是在解释君子与小人的差异，我们理解起来并不困难。我们的困难在于，十力本来需要解释的是君子与民的关系，也就是需要解释君子"广乐以成其教，乐行而民乡［向］方［道］"，而经文的意思似乎并非说，成德之人的君子与民的关系"不以位言也"。我们难免会问，可以从本体论上抹去君子与民人的心性差异吗？

十力毕竟比我们聪明，他已经先替我们想到这个问题。他假设有人会说，"圣人常养其性之和"，所以，"诚中发外，惟圣人能之而已"，但民人难以做到啊……十力回答说，谁这样说就表明他不明白一个根本道理：一旦众庶有"志"，"众庶与圣人，其性一也"（《论六经》，页672）。通过这个假设性提问，十力不动声色地把"君子"换成了"圣人"。圣人的身位显然比君子要高很多，在我们心目中，君子与众庶有别，圣人与众庶在心性本体论上的差异更大，大得来几乎不可能设想能够消弭，否则何以只有孔子可以称圣。君子"反己而察其情"进而"以道制欲"，即便心性修炼功夫到家，也难以成为圣人，即便有可能，众庶也可能吗？

在十力看来，问题不是有否可能如此，而是是否应该如此。前面十力已经证明，"乐"呈现了"万化之原"，"人性本无不乐",这无异于说,具体的每个人的本性与"万化之原"为一体。君子或圣人有乐,意味着君子或圣人拥有自己的与"万化之原"一体的本性。众庶之所以还没有成"乐",与其说是尚未成乐,不如说是"失其乐",也就是失掉了自己与"万化之原"一体的本性。为什么会失掉呢?十力告诉我们,那是由于"欲"。经文说,"君子乐得其道,小人乐得其欲",现在十力说众庶因为"欲"障而"失其乐",岂不把众庶当成了"小人"?

难怪思想史上有人曾告诉我们,启蒙哲人看似看重众庶,实际上骨子里看不起众庶,否则不会要求众庶改变自己的生活方式,向形而上学家看齐。我们当然不能这样来推论十力的说法,因为十力说他所说的"欲"指的是众庶"维护其自身生存之欲,此欲最深切"。既然如此,"制欲"就不可能是祛除众庶赖以为生的"欲"。

十力并非不知道,"欲"之于人生必不可少,但"贪"这"生存之欲"就并非人生必不可少。十力借用佛家语汇"自体贪"和"资具贪"来说明这一点:"自体"和"资具"意味着,"欲"是人身带来的,有如"自体",而且得凭靠此"欲"存活(所谓"资具"),但贪"自体"和贪"资具"就不应当了。我们也许可以这样来理解:如果"自体"和"资具"地"欲"就是众庶,如果贪"自体"和贪"资具"就成了小人。因此,对于众庶来说,只要"人生得遂其欲,而导之于正,则可全其本性之乐"。

可见,众庶成为圣人的前提是:众庶与君子或圣人有相同的"志",否则,众庶经君子或圣人"导之于正",或者说接受启蒙何以就能因恢复、存有其本来面目(性)而享有"常乐"?要求众庶"全其本性之乐",无异于用君子或圣人之"志"置换众庶之"性"① ——说到这里，十力告诉我们，孟子所谓"人皆可以为尧舜"，释迦所谓"一切众生皆有佛性""诚非妄语"。结尾时，十力引入公羊三世说为他所解释的《乐记》大旨作总结：

> 世离据乱，大道行而天下为公，群龙无首，含生并遂，其时必无众庶与圣人之异，将皆有以全其性之和，通天地万物为一体，交畅无患，如此则乐达矣。乐者，导养灵性生活之具，故圣人重之，而作《乐经》焉。其言万古常新也，孰谓可废乎？（《论六经》，页 673）

"天下为公，群龙无首，含生并遂"是十力反复申说的"自由民主"定义，我们看到，民主的前提是"通天地万物为一体，交畅无患"的自由，自由的前提则是"无众庶与圣人之异"的平等，大同理想可谓无论三教九流"皆有以全其性之和"。"乐"既是人之所应抵达的最高生存境界，"有如佛氏涅槃四德之乐"，又是"导养灵性生活之具"——十力在此贯彻了自己的心性形而上学"体用不二"原则。读完这段文辞，我们难免会激动……激动之余，我们兴许会想起经文中说的"如此则乐达矣"：

---

① 十力在《读经示要》卷二（《全集》卷三，页 704）中教导我们："通圣人之志者，必自有其志者也。所以者何？一言乎志，则众人与圣人同也。同而后可以相喻。由志同故，其量之无所不涵也同。其智之无所偏蔽也同，其思之无所不运也同，其仁之无所不周也同，其力之无所不注也同。……众人而有志，则众人亦圣人也。虽去圣人千岁之遥，万里之远，而相喻如一体也。众人而无志，则众人只是众人。"

> 暴民不作，诸侯宾服，兵革不试，五刑不用，百姓无患，天子不怒，如此，则乐达矣。（《乐记》）

《乐记》企望的"王道备矣"看来比十力的理想低太多：虽有武警驻扎，但不必使用，虽有警方巡逻，但仅仅是逛逛大街小巷而已。经文期待的仅仅是"百姓无患，天子不怒"，并没有指望"政刑之名不立矣"，毕竟，"礼乐刑政四达而不悖"，四种政治形式缺一不可。如果礼乐搞得好，刑政当然可以存而不施……如果礼乐搞得不好，刑政就难免变得残酷起来。但经过十力的解经，"王道备矣"的境界提升为众庶与圣人无异，"将皆有以全其性之和，通天地万物为一体，交畅无患"，刑政当然可以废除了。显然，十力的"王道备矣"并非出自《乐经》，而是出自他的公羊三世说的历史哲学。①

正是基于这样的历史哲学，十力用自己的心性形而上学先剔除"礼乐刑政四达"中的三达，或者说剔除经文中的政制层面（这些显然属于封建糟粕），然后依据"君子乐得其乐"向形而上学"玄极"推衍，推论出"乐著太始"，再把"乐"说成人的普遍本性。经上说"乐"与"礼"两

---

① 在《读经示要》卷一（《全集》卷三，587页）中我们可以读到："《春秋》言治，天下之大，人类之众，将使人人有士君子之行。士君子之行者，即能自得于性分之内，而其见之躬行，不至纵欲败度。所以为成德之人，而名为士君子之行也。苟非人人有此行，而徒进之以知能，则诈伪日多，乱将滋甚。纳之于法纪，齐之以度制，行之一国，犹可苟安，要非至计。"

不离，礼乐教化以贵贱上下之分为前提——"礼义立，则贵贱等矣；乐文同，则上下和矣"句表明，人性的本体论差异，在古人看来是最大的政治。十力凭靠自己的心性本体论从形而上学的"玄极"高度勾销众庶与君子甚至圣人的本体论差异，等于勾销了政治。

这番道理是否成立，不是我们能够思考的问题，因为这个问题涉及"万化之原"，过于玄乎，我们还没有到达十力所要求的"贵乎好学深思，心知其意"的境地。① 我们能够想到的仅是，在实际生活中，众庶真的能个个做到像君子那样"以道制欲"？难道十力深通心性之学，却不谙何谓实际的政治生活？绝无可能！十力来自革命斗争第一线，我们不能说他对何谓实际政治没有认识。在《全集》卷五中，我们可以看到两篇直接论及政治的长文，何况，十力明确说过，众庶成为圣人毕竟还需要圣人对众庶的"欲望""导之于正"。可以确定的是，十力的"乐"论必然推导出心性革命论：如果众庶中有谁不能做到"以道制欲"，就得强制做到……从而，《乐经》的心性形而上学之"知"就为推行教化革命之"行"提供了正当性论证。

情形是不是这样呢？十力先生的《韩非子评论》回答了我们的困惑。

---

① 在《读经示要》卷一（《全集》卷三，页 607 - 608）中我们可以读到十力对《乐记》中礼乐关系的论述："乐出性情之和，礼本性情之序，故礼乐之原，一而已矣。知道，即知性。知性，则知所以陶情。（注意）知性情，则礼乐之全体大用，不待烦言而喻矣（圣人礼乐之用，合政治与道德为一。但欲礼乐之原，须证见本体始得。政治道德合一，此乃儒者精神。世界如期大同，非由此道不可）。夫言礼乐者，贵乎好学深思，心知其意而已。"

五 有道与极权

十力说完六经各经大旨后，对六经有一个总说（《论六经》，页757-761），与前面的"赘言"内容相合。随后，十力简明扼要地点评了纵贯两千多年的诸子百家（《论六经》，页761-772），评判的基本原则与陶甄六经的原则一样：维护还是反对封建专制。"批判地继承"这一原则，十力不仅用来陶甄六经，也用来陶甄诸子百家乃至整个中国思想史——必须再次强调，这并非响应毛泽东的号召，早在抗战期间讲授的《读经示要》已经如此。

中国的封建专制始于秦汉之际，"吕政禁绝学术，诸子百家一切废弃，不唯毁灭儒学"，因此，用维护还是反对封建专制为评判尺度陶甄秦汉以后的中国学术，至少在逻辑上有道理。但用这一原则来陶甄吕政建立封建专制之前的先秦诸子，显然有困难。十力并非没有顾及这个我们已经一再遇到的常识性困难，他在《韩非子评论》中告诉我们：封建专制的学说并非封建专制君主制造出来的，而是先秦诸子中的"伪法家"韩非制造出来的。①

这意味着，在吕政之前的战国时期，中国思想界已经出现了倡民主还是倡封建专制的思想斗争——十力的

---

① 坊间关于韩非子的书可读的极少，大概与韩非被视为封建专制论的第一理论家有关。廖群的《韩非子趣读》（石家庄：花山文艺出版社，2000）可读且值得一读，兴许恰恰因为不过"趣说"而已。

这一观点自有其道理，尽管并不符合史实，因为秦政施行中央集权制革除的恰是封建制。这里出现的也许仅仅是名相上的错位：秦政要废除的封建制在十力的语汇中叫做"联邦制"，秦政要建立的中央集权制在十力的语汇中叫做"封建制"。我们不能说，十力的思想逻辑有问题。毕竟，十力是根据现代的共和革命精神来重审中国历史和思想，你可以不同意他的立场，却没法否认他的逻辑能够自圆其说。因此，我们应该按十力自己的思路来理解他对韩非的评论，这样我们才能从他那里学到应该学到的东西。

《韩非子评论》（以下简称《评论》）是十力评议先秦诸子百家最见系统、篇幅也最长且唯一单独成书的文字，全书共九节，系弟子胡哲敷抗战之前在杭州向十力问学《韩非子》的听讲记，抗战期间整理成文，原题"述熊正韩"。1949年，十力亲笔"反复修改"定稿，删掉书名中的"述熊"，年底在香港出版时改用"韩非子评论"为题。这篇讲记看起来非常学术化，或者说颇为严谨，其实仍然葆有"语录"风格——《评论》首先说到韩非之学的来源：韩非所学来自荀子，荀子出于道家，后来归儒，因此，韩子"乃原本道家"，但韩非没有跟从自己的老师归儒，而是用道家思想折衷申不害和商鞅的法术论成一家之言。

弟子记叙说，十力的这一见解让他听来耳目一新，非常独到，不禁"叹其创见之明"，"立说之不可易也"（《评论》，页292）——弟子的如此说法明显言过其实，司马迁早就说过,韩非从学荀子,"归本黄老"。① 弟子自己后来也想起这一点,十力亲笔"反复修改"时没有改掉这类明显的笔误,大概因为时间仓促,或者在十力看来这类笔误无关紧要,我们不必在意。我们应该在意的是,关于韩非之学,十力的独到见解其实在于:韩子并非法家正统,只能称为"法术家"。

为了证明这一点,十力引用了《韩非子》中的《难三》(原文误为《难四》)的一段话,这是《评论》所引韩非书的第一段文辞,我们应当注意学习十力怎样释读原文:

> 法者,编著之图籍,设之于官府而布之于百姓者也;术者,藏之于胸中,以偶众端而潜御群臣者也。故法莫如显而术不欲见。是以人主言法,则境内卑贱莫不闻知也[不独满于堂];用术,则亲爱近习莫之得闻也[不得满室]。(《韩非子·难三》,见《评论》,页293,引按:方括号中的文辞十力未引)

---

① 《韩非子》一书校勘一直未善,著名的王先慎本仍有不少校勘舛误。"文革"前陈奇猷的《韩非子集释》(北京:中华书局,1958;上海:上海人民出版社,1974)和梁启雄的《韩子浅解》(北京:中华书局,1960)也存有不少问题。现今最善的校注本成于"文革"末期,即南京大学校注组的《韩非子校注》(南京:江苏人民出版社,1982)。这部有工人、士兵参与的集体成果实际由著名文史学家周勋初主持,新版修订本由周勋初独立修订(南京:凤凰出版社,2009),附有《史记》中的《韩非子列传》注释。本文所引《韩非子》及其释读,主要依据这个《韩非子校注》修订本,并参考陈奇猷《韩非子新校注》(上海:上海古籍出版社,2000)。

如果我们自己翻开《难三》从头读下去，直到结尾处才会见到这段话。《难三》的篇幅不短，韩非开篇就讲历史故事，接连讲了六个，最后引出管仲的两段涉及治术的文辞，以评议管仲之言的方式提出自己的主张。上面这句话是就管仲的一句文辞而言的："言于室，满于室；言于堂，满于堂：是谓天下王。"大意是说，君王统治国家应该让自己的声威遍及每个角落，就像一个人在内室或堂屋说话，满室或满堂都听得见。韩非反驳说，"人主之大物，非法则术也"——言下之意，管仲把君王统治国家的事情说得过于简单，似乎有声威就行，其实不然。对于王者来说，重要的与其说是声威，不如说是法和术："法"有如今天所谓成文法，由官府编订，百姓遵守，因此"法莫如显"；"术"则是君主用来统御群臣的，因此"术不欲见"。

韩非先一连串讲了六个历史故事，最后才引出这个政治实践的道理，要搞懂韩非为什么得出这个政治道理，恐怕需要悉心琢磨他在前面讲的六个历史故事。其实，韩非所讲的每个故事都引出了一个政治实践道理，要把握其间的内在关联已经不容易，更不用说每个故事与最后所评议的两段管仲之言的内在关联。比如，第一个故事是鲁穆公与子思和大夫子服厉伯的一段简短对话。孔子的孙子子思是君子，当鲁穆公问他是否看到坏人坏事时，他说自己没在意，因为"君子尊贤以崇德，举善以观民"，老盯住坏人坏事并随时向上举报，是小人行为。

与此相反，子服厉伯对坏人坏事明察秋毫，当鲁穆公问到坏人坏事时，他能一一列数。可是，鲁穆公看重君子子思，不看重大夫子服厉伯，结果国内发生作乱的事情，鲁穆公竟然很久都不知道。韩非由这个故事引出一项政治实践原则："明君求善而赏之，求奸而诛之，其得之一也。"（《韩非子·难三》）

如果把这个故事与《难三》最后关于法和术的说法联系起来，可以看到，韩非对君王的劝诫是：君王必须悦善恶奸并举，而非仅仅悦善而不知恶奸。换言之，韩非并不认为，君王要治理好国家仅靠君子"广乐以成其教"就够了——这让我们想起十力对《乐记》中君子"广乐以成其教"的解释。事实上，《乐记》也没有这样认为，否则就不会有"礼乐刑政，其极一也"之说。

无论如何，对我们来说，要读懂韩非这篇文章实在不容易，因为我们没法扔掉韩非所讲的故事，仅仅拈出哲理式的文辞妄加评说。比如，第一个故事所展现的鲁穆公与君子和大夫的对话，就显得与最后所评议的两段管仲之言有对应关系，因为这两段文辞分别涉及君子和法术，似乎韩非要君王明白的道理是：治国得凭靠法术，而非凭靠君子。毕竟，即便像曾参、史鱼这样的君子，他们在公开场合的言行举止固然让人肃然起敬，但在"宴室独处"时情形如何，就难讲了——言下之意，君子本人是否已经成德都难讲，又怎么可以信任君子为政的品德。韩非劝告君王：

> 观人之所肃[敬]，非行情[行为的真实情况]也。且君上者，臣下之所为饰也[在君主面前，臣下往往善于表现自己]。好恶在所见[君主仅凭自己的所见定好恶]，臣下之饰奸物[经过掩饰的奸邪行为]以愚其君，必也。明不能烛[察照]远奸[坏人]，见[发现]隐微[隐藏的坏

事],而待之以观饰行［凭靠臣下在自己面前经过掩饰的行为来对待身边的臣下］,定赏罚,不亦弊乎?(《韩非子·难三》,引按:方括号中的训释为引者据周勋初《韩非子校注》所加,下同)

用今天的话来讲,韩非对君王讲的道理近乎常识:上级不应该仅仅凭下级在自己面前的表现来判定国情,但在上的统治者也不大可能做到具体掌握底层的坏人坏事,因此上级需要法和术。十力并没有理会韩非文章的谋篇布局,仅仅拈出《难三》结尾的一段话,再从《孤愤》中摘出一句文辞,就作出论断说:韩非虽然主张统治者必须兼持法和术,实际上更重术,因此,韩非是"法术家",与单纯的"法家"有所不同——"其全书精神毕竟归本于任术"(《评论》,页294)。

我们不得不说,就像不少人赞叹的那样,十力具有"直凑单微"的特殊能力,这得自他具有的非凡的形而上学眼力,的确令人佩服。但十力是形而上学大家,我们不是,如果我们也这样对待韩非,就是东施效颦。① 好在眼下我们要理解的是十力的思想,而非韩非的思想。十力对韩非的理解是否恰切、是否经得起覆按文本,既然十力自己都不在意,也不应该是我们的关注所在。为了更好地从十力那里学到东西,我们应该致力于关注十力在评论韩非时所表达的自己的思想。比如:凭据从《难三》和《孤愤》

---

① 十力在《读经示要》中告诫我们,"凡人绝无自存自立之道,而欲以东施,效西子之颦,则未有不败者也"(《读经示要》卷二,《全集》卷三,页738)

中引用的两段文辞，十力判定韩非不是法家正统而是法家旁门左道，这样的正名究竟是什么意思？可以想到的原因是：讲"法"治当然是好人，因此，真正的"法家"不会与封建专制有什么瓜葛。① 但向王者推荐"术"治就邪门了——法是公开的，术则必须藏而不露，崇术庶几等于崇尚阴谋诡计。

十力没有这样简单地看，或者说十力的头脑不像我们这样简单。十力认为，韩非崇法术的关键在于，法和术两者都操在君王手中，由此十力引出对韩非的第二个论断：韩非是中国"极权主义"鼻祖——这一论断成为十力评论韩非的基础。

> 通观韩非书，对君主制度无半言攻难，对君权不唯无限制，且尊其权极于无上，而以法术两大物唯人主得操之，人主持无上之权，操法术以统御天下，将使天下之众如豕羊然，随其鞭挞之所及而为进止，人民皆无自由分，何自主之有？（《评论》，页 295）

判定韩非为"极权主义"者的第一条理由会让诸多先秦诸子难堪，因为，要说无半言攻难君主制度、不限制君权，先秦诸子大多有份，岂止韩非一人。第二条理由也让我们感到费解："操法术以统御天下"何以必然会推导出"将使天下之众如豕羊然，随其鞭挞之所及而为进止"。

---

① 在《读经示要》卷二中，十力的确说过，"余意法家正宗，必与西洋民治思想有遥合者"（《全集》卷三，页 746）。

何况，韩非要求君王操法术为的是扬善锄奸，换言之，法术论以保障国家的德性为前提，何以成了君王鞭挞"天下之众"的工具……但这仅仅是我们的常识脑筋才会有的困惑，十力会认为，如果我们有这样的困惑，不过因为我们还没有在心目中树立起自由民主精神。我们已经知道，十力不仅有自己的一套形而上学观念，而且有自己的共和革命信念。不仅如此，在十力那里，形而上学观念与共和革命信念是一体的，或者说是"知行合一"的，具有"体用不二"的关系。因此，十力告诉我们：

> 韩非书不言民主，无所谓民意，其非法家正统……于社会组织等法制及维护人民自由等宪章皆未有半字及之，是何足为法家。（《评论》，页297）

"民主""民意""法制及维护人民自由等宪章"无不是辛亥共和党人的语汇，不仅韩非，所有先秦诸子甚至圣人孔子听了都会一头雾水。但我们没有必要认为，这是在用现代西方人的政制设计要求先秦诸子，而是应该从中看到十力区分真伪法家的依据——十力的意思很清楚，所谓"法家"就是讲"民主""民意""法制及维护人民自由等宪章"。十力还告诉我们，他在《读经示要》卷一已经说过，法家重"法"是针对君主的，《淮南子》中有"法原于众"语，表明"法籍礼义者，所以禁人君使无擅断也"

(《评论》，页296)。① 韩非崇法明显针对的是众庶，而非君主。现在我们可以明白，十力之所以说韩非不是真正的法家，而是"法术家"，根本理据并非在于韩非"毕竟归本于任术"，而在于韩非没有民主思想——我们难免会反过来想，为了施行民主政治，任用藏而不露的术是否就在政治道德上清白了呢？

"法原于众"听起来的确十分切合现代民主政制的立法原则。但如果说法家体现了民主思想，就会让儒家难堪，因为我们凭学术常识都知道，儒法两家是对立的。从逻辑上讲，如果说法家体现了民主思想，就没法说儒家体现了民主思想。但十力的思想不会出现这样的逻辑矛盾，他在《论六经》中告诉我们，儒家仍然需要用"法"来规导天下众庶，"使众庶明于法意而知其不可触，不幸而触明法，则有刑罚随之，如是则民将习于守法而治道可成矣"(《论六经》，页702)。

倘若如此，儒家就与十力说韩非崇法明显针对众庶似

---

① 按十力的指引查阅《读经示要》，我们看到，十力在那里甚至把《淮南子》比作卢梭的《民约论》(《社会契约论》)，的确极富启发："考《淮南书》中所引，法原于众，及法籍礼义者，所以禁人君使无擅断等语，其义宏远，法原于众，似与《民约论》相近。要之，法必由人民公意制定之，非可由在位者以己意立法而箝束民众，此实民治根本精神"(《读经示要》卷二，《全集》卷三，页746)。由此我们得知，十力心目中的西方哲学乃是近代的启蒙哲学。按此说法，十力就不能说，西方"从事于哲学者"大多不过所谓"探求真理而已"，唯儒学"非仅事探求，而必归趣实现。实现，谓己身即是真理之实现者。易言之，即己身已超脱小我，而直与真理为一"(《读经示要》卷二，《全集》卷三，页752)。卢梭作《民约论》表明，他并非"仅事探求"，同样"必归趣实现"。

乎没有什么差别。何况，我们很难设想，儒家用来规导天下众庶的"法"会源于众庶。不过，这样的矛盾不是十力的观点自相矛盾，而是我们自己还没有全面掌握十力的思想时产生的矛盾。当我们产生这样的矛盾时，十力告诉我们，儒家的"法"比法家的"法"要高明玄远得多：《春秋》才是孔子为人民所作的自由民主法典。十力还提醒我们，早在《读经示要》卷三中，他就已经通过用《礼运》"疏释"《春秋》彰明了《春秋》经的自由民主法典性质。晚周法家正统派的主张其实原本《春秋》，"法原于众"一语之所以"实含无量义"，是因为"深得《春秋》之旨"（《评论》，页296）。因此，韩非不是正统法家，根本原因在于他偏离了《春秋》这部自由民主的根本大法。

《春秋》这部根本大法的第一要义在于对"王"者的理解，十力说，"王者，往义，天下人所共向往之最高理想与最适于共存共荣而极美备之法纪制度，是《春秋》之所谓王事"（《评论》，页296）——如果我们仔细琢磨，这一"王者"定义有两点要义：首先，王者是"天下人所共向往之最高理想"的化身；第二，王者指理想的"法纪制度"本身。但这一定义最后说，这就是"《春秋》之所谓王事"，换言之，十力对"王"的理解并非自上而下的统治君王，或者说，不是某个为"王"的个人，而仅仅是一项事业。但"王事"必然是王者所做的事情，"天下人所共向往之最高理想"是一项事业，也仍然得有一个"王"者带领，因此，这个定义仍然包含这样的意思："王"者是带领"天下人"自下而上走向高级理想社会的领路人。

倘若如此，理想的王者与天下人仍然有领导与被领导的关系。在我们尚且简单的头脑看来，这与韩非的思想不是有些异曲同工之处吗?"法纪制度"出自理想的王者,与韩非所推荐的君王得把法术操在自己手里有什么实质区别呢?十力会说,区别实在太大,因为,韩非笔下的君王并无天下人所共向往之最高理想,也不可能追求最适于共存共荣而极美备之法纪制度。

反过来说,如果儒家的自由民主大法也要规导天下众庶,就得"使众庶明于法意而知其不可触,不幸而触明法,则有刑罚随之"——换言之,如果众庶有谁不愿意走向自由民主的大同世,带领天下人共往自由民主理想的领路人就应该且必须对他们绳之以法。这样看来,为了达致自由平等的大同世,民主圣人的极权很有必要,毕竟,自由平等的大同世基于人人成德,而十力并不相信"庸众"会自觉成德。①

所以,如果我们把十力的主张想成与韩非的极权论是一回事,就大错特错。错在哪里?十力告诉我们,错在搞混了两种"法"的性质:《春秋》的自由民主大法是为了人民的,韩非的"法"是针对人民的,至多是为了国家:"韩非纯是国家主义,其鞭策人民于耕战,与今世霸国戮力生产与军备如出一辙,但不惜禁锢人民思想,摧抑人民节概

---

① 在《读经示要》卷一(《全集》卷三,页 622-623)我们读到:"彼无所抑于此,此无所抑于彼,是谓人皆平等。人人各以己所欲,度他所欲,自遂,而无损他,是谓人各自由。如是则为至治矣。然此事谈何容易,必全人类共勉于道德,而后可能耳。……然必谓人类进德,有加无已,吾则不能无疑。就个人而言,从来圣哲,其一生之中,日新其德,而不退转者,盖诚有之。就全人类言,则圣哲不世出,而庸众则滔滔皆是也。庸众之道德,发于自觉者少,依于习成者多(吃紧)。习之所成,内无其源,而期其日进无疆可乎?"

……"(《评论》,页297)。现在我们才明白,十力论点的要害在于:人民是有"思想"的。既然如此,儒家的自由民主大法用来规导天下众庶,无异于用"人民思想"来管制人民——当然,我们不能用"管制"这个语词,而应该用"规导"。十力告诉我们,应该看到,"细玩韩非思想之全体系,并无人民参政机关,其求言之法"与"设告坐而责其实"别无二致,无异于"劫持""民意机关","使人心术日习于猜忍疑忌"。十力顺便还告诉我们,韩非的这一套是从他的老师商鞅那里学来的……商鞅更坏,"商鞅之法,用今俗语表之,可谓侦探政治(亦云特务政治)"——商鞅韩非师徒俩"其害之中于国家民族者,二三千年而未拔也"(《评论》,页301-302)。

我们的疑惑接下来自然会是:"人民"是谁,众庶吗?倘若如此,我们难免就会想,众庶有"思想"吗?十力不是说"庸众之道德,发于自觉者少",怎么"庸众"又有了"人民思想"?十力指斥韩非"禁锢人民思想",依据的是《韩非子》中的《八说》篇,为了更好地理解十力,我们最好还是翻阅一下《八说》。文章一开始,韩非就列举了颠倒黑白的八种社会声誉。比如,为老朋友枉法徇私叫做"不弃(够交情)",用国家财产施舍叫做"仁人"(做好人),轻视俸禄看重自己叫做正人"君子",违法袒护三亲六戚叫做"有行"(有品行),为私交玩忽职守叫做"有侠"(讲义气),逃避现实躲开上级叫做"高傲"(为人清高),罔顾法律私斗不休叫做"刚材"(有骨气),施恩行惠笼络民众叫做"得民"(得民心)① ——用今天的话说拥有民意。

看来,韩非的这篇文章是要针对国家风气败坏发一通议论,可以推想,这通议论针对的并非"人民",至多可以说针对的是有智识的政府官员,他们是治理国家的少数人,肯定不能代表人民。从《显学》篇来看,在当时,这些有智识的政府官员主要毕业于儒家学派和墨家学派:墨家重智辩,儒家重仁义。如果君王重用这样的智识分子来治理国家,国家肯定会被搞得颠倒黑白、正邪不分。因此,韩非劝告君王必须小心用人,这就是韩非所说君王应该掌握的"术"之一:

> 任人以事,存亡治乱之机也。无术以任人,无所任而不败。人君之所任,非辩智则修洁也。任人者,使有势也。智士者未必信也,为多其智,因惑其信也,以智士之计,处乘势之资而为其私急,则君必欺焉。为智者之不可信也,故任修士[修洁之士]者,使断事也。修士者未必智,为洁其身,因惑其智;以愚人之所惛,处治事之官而为其所然[自以为是对的事],则事必乱矣。故无术以用人,任智则君欺,任修则君事乱,此无术之患也。(《韩非子·八说》)

这段文辞的意思是说,君王不可重用毕业于墨家的智士和毕业于儒家的修士,因为智士能够明察的事情,众庶却多不能明察,修士能够做到的德行,众庶却多不能做到

---

① 参见《韩非子校注》,周勋初修订本,前揭,页522。

("察士然后能知之，不可以为令，夫民不尽察。贤者然后能行之，不可以为法，夫民不尽贤")。看来，韩非的见识基于少数智识人或有修养的君子与众庶的区分：即便少数人可以通过教育达到多智善谋或洁身自好，但没可能指望所有人都成为这样的人。何况，即便受过高等教育，少数人也很难是完人，多智善谋者未必同时能做到洁身自好，洁身自好者未必就是多智善谋者。因此韩非建议：君主必须推行法治，不能指望靠人治。即便这些人多智善谋或能够做到洁身自好，也不能让这些智士修士来引导众庶，用自己的"思想"武装众庶——这就是韩非著名的"息文学而明法度"的主张。不能让智士修士引导众庶，意思是不能让他们诱导众庶人人都向往过学问生活、做学问人，不然的话，国家的基本秩序必然会乱。这一主张的前提是：众庶的生活方式与少数有智识天赋的人不同，从事的行业也不同，不可能指望所有人都成为智士修士。

> 错[措]法以道[导]民也，而又贵文学，则民之所师法也疑；赏功以劝民也，而又尊行修，则民之产利也惰。夫贵文学以疑法，尊行修以贰功，索国之富强，不可得也。（《韩非子·八说》）

很清楚，韩非的意思是，君王不可能一方面用鼓励事功、赏罚分明的法律来规导民人，另一方面又"贵文学"（鼓励众庶都去搞学问）。搞学问（"贵文学"）需要闲暇，倘若全民都搞学问，就得为全民提供闲暇，这样一来，国家何以能够"富强"起来——我们会觉得，韩非说的简直是过于普通的常识，这样的常识难道还需要申说？韩非为什么要申说常识呢?

这仅仅是我们自己阅读《八说》时的疑问,但十力的眼力不同,而且的确非常敏锐。他说,韩非的意思实际上是要禁诸子百家之学,而诸子百家之学庶几相当于如今理工科知识和人文社会科学(尤其哲学):天文、算学、音律、医药、蚕桑、工程、机械,"皆科学也",儒道名墨法农"皆哲学也"(《评论》,页301)。韩非反对的是所有人都去搞儒墨一类的哲学(在《五蠹》篇中儒墨占两蠹),并没有反对极少数人去搞哲学:人人"博习辩智如孔、墨,孔、墨不耕耨,则国何得焉?修孝寡欲如曾、史,曾、史不战攻,则国何利焉"(《八说》)——十力说韩非要禁诸子百家之学,显然言过其实,但我们可以理解,十力的意思其实是:所有人都应该去搞儒家哲学,因为儒家哲学不仅最高明,而且与工农兵群众的生活息息相关:"其言高远,玄悟极于穷神知化,治道究于太平大同,吉凶与民同患,其于劳工劳农共休戚可知也"(《评论》,页301-302)。

现在我们可以明白,十力说韩非"禁锢人民思想"的说法并不准确,应该说,韩非是要禁止儒墨之士使得人民成为有思想的哲学家。无论如何,韩非主张禁儒墨的时候,人民还没有思想,因此他禁的仅仅是儒墨之士要引导他们有"出位之思",去想"独与天地精神往来"的事情——用今天的话说,韩非是个反启蒙分子。反过来看,十力实际上也承认人民还没有思想,否则他向新共和政府建言以六经立人民精神就成了多此一举。因此,所谓"人民思想"其实指哲学家的思想与人民结合。十力与韩非的分歧看来在于:是否应该普及哲学——这让我们联想到当年雅典城邦与斯巴达城邦的差异:斯巴达严禁普及哲学,以至于主张普及哲学的智术师们都跑到自由民主的雅典去了……韩非笔下的智士修士就像是雅典城邦里的智术师。

韩非的主张也的确有点儿像斯巴达的立国之道,因为他推崇"尚力"的"强力"政治,以举国之力搞耕战。十力告诉我们,韩非的"尚力"论源于荀子的"法后王",立论根据是世道的变迁。在《八说》篇中我们的确读到,韩非接下来说:上古时候,国家人口少,相互之间容易亲熟,因此先王用"行揖让,高慈惠,而道仁厚"来推行政治;如今是"大争之世",国家之间"争于气力",兼并激烈,不能再仅靠推行仁义治国——所谓"仁义用于古,而不用于今也"。但我们感到困惑的是,十力反对韩非"息文学",却不反对韩非主张"尚力"政治。这时他要我们同情地理解韩子:韩非主张"尚力"政治是为了国家利益,在"列强竞争剧烈之世"不得不如此:

> 韩非生于危弱之韩,故其政治思想在致其国家于富强以成霸王之业,其坚持尚力,吾国人当今日,尤当奉为导师。……当列强竞争剧烈之世,总有崇尚霸术者兴,霸术者必重国家权力,而不免抑人民以听命于国家,乃易富强其国而便于制敌,韩非之思想,古今中外竞争之世所必有也。然重国轻民要不可太甚,太甚则民质被剥而国无与立。(《评论》,页 297-298)①

---

① 十力还肯定了韩非两点:首先,韩非生于"危弱之国,而于外交则斥尽当时合纵连横二派之术,乃一以自恃而不恃人为国策"(《评论》,页 333);其二,"韩子思振危亡之韩国,首以治吏为政本……"(《评论》,页 334)。

由此十力找到了韩非不取《春秋》这部自由民主大法的根本原因："韩子愤韩之积弱，思以强权振起，强权不便于民主，故韩子于《春秋》民主思想弗受也。"（《评论》，页314）——对此十力表示不能同意韩非。在十力看来，推行民主理想同样必须采用强力，或者说，任何政治都需要强权，关键在于强权服务于什么样的政治目的，或者说强权掌握在谁手里：无道者尚力叫做行暴政，有道者尚力叫做致太平。十力举例说，韩非的老师荀子就不同，他"由道家而归于儒，以礼辅世，是秉正义以自强，亦以强而达其义也。强力以行义者，人性之正，人道所由致太平也"（《评论》，页305）。

所以，十力进一步告诉我们，孔子也要用智、仁、勇"三达德"教七十子，三德必须结合，不可分离，"仁而不智不勇，是阴柔之德"。由此看来，韩子"毁德反智而一以尚力为主"，仅仅错在其时正好遇到秦始皇这样的坏人，不然"韩非之书恐亦徒托空言耳！个人乘势而显其特殊力量，无论为善为恶，其足以影响世运，固历史时有之事也"（《评论》，页304-305）。言下之意，如果韩非当时遇到一位带领天下人走向"共向往之最高理想与最适于共存共荣而极美备之法纪制度"的圣人，韩非的"极权主义"就会用对地方——我们不能不说，十力颇懂辩证法，善于一分为二地看问题。

"强权"当作如是观，权"术"亦然。所谓"强权"指的是为了让国家成为有军事、经济实力的国家而采取的强制性政治措施，所谓权"术"指统治者为了实现国家理由而采取的柔软政治手段。十力说，《韩非子》一书"千言万语一归于任术而严法",任术为主,言法为辅——《韩非子评论》全书分九节,七、八两节篇幅最长,分别辩"术"和"法"。既然"术"比"法"更重要,十力先陶甄韩非的"术"论(《评论》,页311-336)。

十力说,《难三》(原文再次误作《难四》)中的"术不欲见"一语是理解韩非权"术"论的关键。"术"掌握在人主手中(《说疑》:"凡术也者,主之所以执也"),既然"术不欲见",所谓人主手中"执"术的"执",意思是既握在手上又让人看不见。十力打比方说,有如"纳万众视听于剧场之一幕,天下莫逃于其所藏之外,亦眩且困于其所藏之内,而无我可自择自动也"(《评论》,页311)——我们知道,十力其实也知道,韩非的"术"是君王用于臣的,而非用于民的,十力用"纳万众视听"来比喻"术"的作用,让我们难免亦眩且困。然而,只要我们能耐着性子读下去,就会解惑:说到这里,十力把"术"与"道"加以类比——恰切地说,他看到韩非把"术"与"道"加以类比:

> 道在不可见,用在不可知。虚静无事,以暗见疵。见而不见〔看见了好像没看见〕,闻而不闻〔听见了好像没听见〕,知而不知〔知道了好像不知道〕。知其言以往〔以后〕,勿变勿更,以参合阅〔察〕焉。官有一人,勿令通言,则万物皆尽。函掩其迹,匿其端〔头绪〕,下不能原〔探寻〕。去其智,绝其能,下不能意〔揣摩〕。保吾所以往〔向往〕而稽同〔考核、验证〕之,谨执其柄〔权柄〕而固握之。绝其望〔窥伺〕,破其意〔觊觎〕,毋使人欲之。(《韩非子·主道》)

十力断言,这段文辞是韩子"极权主义"铁板钉钉的明证——因为,"道"是形而上的"玄极",韩非用来说明"道",或者从"道"引出"术"的性质,使得"极权主义"的"术"上升到形而上学高度,"极天下之险阻幽深而不测",连希特勒也望尘莫及(《评论》,页313)。说到这里,十力禁不住击节感叹:

> 余读韩子之书,想见其为人,庶几近之矣!韩子雄奇哉!惜其思想误入歧途,致启秦政暴力,遗害天下万世;使其无逞偏见而深究儒术,则经世之略当有为孟荀所不逮者。(《评论》,页314)

十力为什么那么激动?因为"道"是形而上的"玄极",他见到"玄极"就禁不住激动。反过来,由于韩非把"术"类比作"道",十力也彻底转变了对韩非的"极权主义""术"论的看法:要是这样的"术"能用于搞"民主运动"该有多好!

> 使韩非于儒家《春秋》经之民主思想有得,而以彼之能用术,戮力向当时七国民众作真民主运动,则秦自商鞅、孝公以来之兼并政策必自毁无疑。(《评论》,页314)

十力惋惜韩非的思想才华用错了地方,相反,孟子倡民主思想,却"无韩非之术",不是个"实行家",结果一事无成。十力感叹"韩非之言术,可谓致广大极深微",因为"道"可谓"致广大极深微",禁不住逐句疏解《主道》篇起首从"道者,万物之始,是非之纪也"至"臣有其劳,君有其功,此之谓贤主之经也"一段,然后得出结论说:

> 韩子虽主极权,并非昏狂之徒所可用,亦非阴鸷沉雄、机智深阻、狡变不测者遂可行使极权而无害……韩子极权之论,必有道而后可行……(《评论》,页319)

换言之,韩子的"术"既具有极权性质,同时又有"致广大极深微"的形而上学性质,因此,智力平平之人没法用,只有两类人可以用:要么是"阴鸷沉雄、机智深阻、狡变不测"的奸雄,若这类人用上的话,就会祸害苍生;要么是带领天下人走向自由民主的圣人,若这类人用上韩非的极权术,就会造福人民。我们记得,十力在前面曾经把韩非的"极权主义"比作"侦探政治":

> 侦探政治必人君有雄武阴鸷非常之资者有术以运用之,而可操纵自如,以内修其政、外制其敌。(《评论》,页301)

按照现在的说法,我们可以理解,"侦探政治"也"必有道而后可行"。因此,现在十力转过来设想,如果一个民主圣人用上韩非之术应该怎样做。首先,"有道之君"要放弃自己个人的智慧("自去智"),"用天下之智以断事";同时,天下所有人也要放弃自己的个人之智,"同赴"有道之君"所执之宗与的",这就叫有道之君的"极权"之

"术"——"天下之贤、勇共集于君所执之宗与的之前,无可二心而易向也,此韩子之极权主义也"(《评论》,页319)。

基于这一点,十力现在尽力去体会韩非的极权之"术"究竟是什么含义。经十力"详玩之",他所得的体会有三义:所谓"术"就是宗主、谋略、机变。"宗主"的含义是,"倡导某种主义及某种政策,用以唤起群众者,此术之宗也"——我们现在更能理解,十力在前面为何反对"禁锢人民思想"。至于谋略、机变两义,与"宗主"比较起来就简单得多了,不过是"术之随时随事运用不穷"。

我们应该注意到,在十力看来,"机变"不是邪术,只要用之"达于正当之目的"就是好的(《评论》,页319)——想必"谋略"也如此。由此看来,极权之"术"的含义关键在于"倡导某种主义"。韩非将"术"与"道"类比,基于两者的一个共同表征:藏而不显。"道"是形而上的玄极,属于十力在《论六经》"赘语"中说到孔子微言两义中的第一义:"理究其极,所谓无上甚深微妙之蕴"。如果从韩非的角度来理解微言,就不是十力说的那样,孔子"引而不发"为的是"欲人求自得",反倒是不让天下人去理究其极欲求自得,这与韩非禁止普及哲学的主张相一致。

反过来看,十力一再批判韩非"禁锢人民思想",与他主张让本来藏而不显的"无上甚深微妙之蕴"成为"人民思想"一致。由于十力所探究到的"无上甚深微妙之蕴"与自由民主政制理想有"体用不二"的关联,他的心性形而上学本身就是一种"主义"。倘若如此,我们可以恰切地说,极权之"术"的"宗主",就是他用来"唤起群众"的自由民主"主义"。

这样看来,我们缺的就仅仅是一位率领天下人走向自由民主太平世的圣人——孟子当年已经大倡民主,但十力说他没有"韩非之术",又不是"实行家"……我们可以想到,十力比孟子进了一步,因为他已经吸纳了韩非之术。但他也不是"实行家",要"唤起群众",仍然得有待一位"实行家"的圣人:十力仍然只能徒托空言。接下来十力从《扬权》篇中挑选出涉及"权"和"圣人"的文辞加以疏释(页320-322),似乎自己虽然不是"实行家",至少可以用自己的思想为有道圣人的极权作准备,毕竟,十力需要尽可能做到"知行合一"——他告诉我们,"凡思想家之说,往往见采用于同时或异时甚至百世下之人,其本人即居位,亦不必能为实行家也"(《评论》,页295)。

《扬权》堪称一篇赞颂君权至上的哲理诗,主题是"圣人"颂,但这是道家的"圣人"颂,而非儒家的圣人颂——儒家的圣人都史有其名:尧舜文武周公,他们都是王者。韩非笔下出现过诸多具体的"圣人",但都不是王者:伍子胥、伊尹、百里奚、绕朝……①在《扬权》中,韩非并没有提到具体的圣人,仅仅在赞颂理想的圣人,这个圣人首先显得是个精于形而上学玄极的哲人。倘若如此,一个深通"道"之"玄极"的哲人在实际政治中如何表现自己,或者说,按照这一理想,伍子胥、伊尹、百里奚、绕朝何以堪称圣人,就是一个颇为有趣的问题。

不过,这是我们读韩非书时可能会产生的问题,而非

---

① 关于韩非笔下的圣人与儒家圣人的对比,参见周勋初,《〈韩非子〉札记》,南京:江苏人民出版社,1980,页308-315。

十力想到的问题——十力的问题是什么呢？前面他已经说明，韩非所主张的"极权"之术由于有形而上学"玄极"而极其高明，并非坏东西，关键看掌握在有道的圣人还是奸雄手里，总之，"极权"之术已经凭靠形而上学免除了道义上的负担。现在的问题是，何谓有道的圣人。《扬权》篇所赞颂的道家圣人固然"有道"，却不符合十力所信奉的"道"。因此，十力的问题是，如何把道家版本的圣人论陶甄为儒家版本的圣人论，以便完成自由民主圣人的"极权"论，这意味着十力需要以自己的圣人论去修改韩非的道家圣人论。

如何修改呢？十力与弟子一起读《扬权》，对弟子讲解其中的义理。表面看来，十力是在与弟子一起读原典，实际上是在陶甄韩非的圣人论。如果我们也跟随十力一起阅读，不仅可以得知他如何陶甄韩非的圣人论，还可以学到他读原典的方式。如果我们也同时翻开《扬权》，就会发现，十力看似在顺着《扬权》篇文辞对弟子逐句讲解，其实仅选取了一些在他看来足以证明自己观点的段落，而且仅对在他看来特别重要的文辞加以疏释。《扬权》以一句显得明哲保身的话起头：

> 天有大命［必然趋势，普遍法则］，人有大命。夫香美脆味，厚酒肥肉，甘口而疾形［对身体有害］；曼理［细嫩皮肤］皓齿，说［悦］情而捐精［耗损精力］。故去甚去泰［过度］，身乃无害。

这话讲的是道家圣人的常识，十力撇开这句，直接拈出下面一句：

权不欲见，素［本色］无为也。事在四方［天下、地方］，要［机要，关键］在中央。圣人执要，四方来效。虚［虚静］而待之，彼［四方臣民］自以之［施展出才能］。四海既藏［包藏（于胸中）］，道［由］阴见阳。左右［文事武备］既立，开门而当［打开耳目接受］。勿变勿易，与二俱行。行之不已，是谓履理也。（《韩非子·扬权》）

十力选取的这段文辞的关键在于，韩非把圣人说成必须手握天下大权的王者，却又说圣人"无为"，显得令人费解——十力告诉我们，"素无为也"的"素"指"心无所着"的"空"，"无为"并非真的不作为，而是指"人君不以一己之私智或小智而为作，使群工各举其职而万物皆作焉"（《评论》，页320）。在十力心目中，儒家的圣人正是如此，而且是民主作风的标志。这样一来，"虚［虚静］而待之，彼［四方臣民］自以之"的句义自然也就明朗了，指的是"臣民则各自用其能"。十力让我们看到，他对韩非的圣人权术作了民主圣人论的解释。

接下来十力又告诉我们，"左右既立，开门而当"句表明"韩子主极权之治，君独裁于上"；但既然如今的圣人是带领天下人走向自由民主的圣人，他的极权就是有道的极权，因此，十力不再抨击，转而给予肯定。他解释说，"勿变勿易，与二俱行。行之不已，是谓履理也"的意思是，既然圣人已经民主地把天下人才集中起来，人才们就"不得变易君所执之宗与的"，而他们实际上也"无敢怀异志"。这样一来，民主圣人领导的民主运动就会走"上轨道"，这就是所谓"履理"(《评论》,页320-321)——通过这一妙解,我们的确多少能够明白,何谓民主的"极权"。

随后,十力跳过"夫物者有所宜,材者有所施,各处其宜,故上无为。……"一段,拈出这段结尾的"上下易用[上代下任,下操上权],国故不治"句,继续读下去,并与随后"用一[形而上的道]之道[方法],以名[名义]为首"起始的一大段文辞连在一起。通过对前面一段的绎读,十力已经达成了自己的解读目的,为何还要读下去?我们还感到困惑的是,"上下易用……"句属于前一段,与后面一段非常抽象的文辞当有分段,为什么十力要把属于前一自然段的"上下易用,国故不治"与属于后一自然段的"用一之道,以名为首"连在一起呢?十力会为我们解惑——他说,"用一之道"的"一"指"主权,主权不可分,是谓一",从前的训释都错了。十力让我们明白,王者"持大权以御下",不可"上下易用",这就叫"用一之道"。

我们会想到,这不就是所谓的"极权"吗?十力会说,的确如此,但"用一之道,以名为首"正是要说明如此极权的道理,这句的意思是:"上持大权以御下,其道何由?"于是,我们这才明白,十力把属于前一自然段的"上下易用,国故不治"与属于后一自然段的"用一之道,以名为首"连在一起,为的就是让我们看到,民主的极权"其道何由",或者说让我们看到,他如何为民主的极权"正名"。经十力这么一开导,我们的阅读目光很可能就会随之变得明亮起来,与他一道读韩非随后的文字,就会觉得句句是在讲民主政治之"道":

名正物[事物、事功]定,名倚物徙[名随物变]。

故圣人执一以静［虚静无为］，使名自命，令事自定。不见其采［文采］，下故素正。因［依据］而任之，使自事［为］之；因而予之，彼将自举之；正［清静］与［以］处之［意为虚静以待］，使皆自定［自为］之。上以名举之，不知其名，复修其形。形名参［多方验证］同［符合、一致］，用其所生［所产生的结果］。二者诚信，下乃贡［献出］情。谨修所事，待命［文首"大命"］于天。毋失其要，乃为圣人。圣人之道，去智与巧，智巧不去，难以为常［常规］。民人［与"主"相对的臣民］用之，其身多殃；主上用之，其国危亡。因天之道，反［回复，推及］形之理［具体事物的法则］。督［察］参鞠［究］之，终则有始。（《韩非子·扬权》）

十力对这段文辞作了疏释——他说，"圣人执一以静"的意思是"圣人守道以静，静则心虚明，无有私意私欲"。这样的话，臣下就会"守素而趋正"，不会搞歪门邪道；臣下办事成败都在自己，圣人仅仅审察，表彰善事者、惩罚败事者，不要颠倒黑白混淆是非就行。只要做到"名实不乱"，臣下就"不敢欺上"。十力强调说，这表明圣人去掉"智巧"的含义并非不用"智"，而是正确地用智。对于"因天之道，反形之理。督参鞠之，终则有始"句，十力说，旧注统统错了，去掉智巧的意思是穷究"天道"："上因天道，更反而究事形之理，督考参验鞠尽之，其事之终如此，必有所从始，非无因而至也"，因为"天道为体悟所及，非知识考验之事"（《评论》，页322）。

于是我们看到，十力为韩非的"极权"之术正名，凭靠的仍然是心性形而上学。在他看来，韩非要求圣人用术首先基于心性形而上学的探究:"韩子言圣人去智巧,故其得力处全在因天道、究物理,此其能术之所本也"——"因天道"的"因"是关键。韩非的错仅仅在于,道家圣人的形而上学玄极有问题,或者说所"因"的"天道"本身有问题,若把道家圣人所"因"的天道换成儒家圣人所"因"的天道,韩非的"极权"之术就没有问题了。随之十力马上就说到,儒家圣人尧舜成就大业也要"术",他们"从政治、经济、文化等方面"谋求国家统一,"巩固万国共宗之王朝,此岂无术可能",汤武时群侯竞争,"非有术何能开治平之运"——这无异于说,儒家圣王当然也是极权独裁者,只不过他们的极权正当性来自"因天道、究物理":

> 汉以来儒者,只管说三代圣人以道为治,而不言圣人有术,则圣人几成笨物矣!其实圣人自有术,但其用术始终不违道,所以为圣人之治。近世列强之才,于物理知识方面确有训练,惜于天道不肯究。(《评论》,页323)

十力所评韩非这段关于"圣人之道"的著名文辞还没完,紧接着还有:

> 虚以静后[后于人],未尝用己[不用自己的主观臆测]。凡上[君主]之患[祸患],必同[赞同]其端[某个方面];信[信大命]而勿同[其端],万民一[无有二心]从[听命]。(《韩非子·扬权》)

这话的意思是，圣人治世要虚静地观察，不要处处自以为是。君主肯定地赞同片面意见往往失败；如果能做到信守天道，不轻易赞同片面的主张，民众就会一致服从君主——在我们看来，这句文辞会让十力为难，因为"虚以静后，未尝用己"恰好可能与十力的圣人带领天下人走向自由民主大同世的主张相抵牾。换言之，道家圣人恰恰反对哲人用自己的向往刻意地去打造一种超乎自然"大命"的政制。但十力告诉我们，王先慎旧注把"虚以静后，未尝用己"释读为"常当虚静以后人，未尝用己而先唱"，是按道家观点来解释，完全搞错了"老子本旨"——现在我们发现十力对弟子讲解原典时的一个特点：只要与自己的观点不相合，就说旧注或前人的训释错了。① 按照十力的解释，"虚以静后，未尝用己"的意思不是说，圣人应该虚静以待，不应该自己先声发人，全身远害，毋宁说：

> 政治、经济等等，合要大改革时，而群迷犹多不悟。有道者明知之，何忍不用己先唱？但既投身天下，当事变之冲，却要因天道、察物理，不由得一己横冲直闯去。（《评论》，页323）

因此，"虚以静后，未尝用己"指的不是逃避用世，而是在时代大变革的浪潮中善于弄涛：遇到波涛不是强行冲撞，而是以顺随波涛来驾驭波涛。十力特别提醒我们，韩

---

① 十力释解原典时经常说旧注或前人的注大错，比如在疏解《主道》篇时，称"王先慎注大误"……晁公武"未免肤泛"，参见《评论》，页312-313。

非此语是就"正为身当大任"的"大人驭世者"说的，不是"为细人藏身者"说的。问题仅在于，"大人驭世者"要会玩"术"、善于弄涛——十力又提到希特勒，说他不善于弄涛，所以"有亡国覆族之祸"（《评论》，页324），似乎希特勒的失败，关键在于没有搞懂心性形而上学。① 十力特别引《易经》中"知几其神乎"来证明自己的解释是对的，因为，要在大变革时代做到"知几"，"非虚静而不离于道者"不可。什么叫做"知几"，十力在这里没有细说，按他后来的解释，这指的是率领天下人走向自由民主大同世的圣人当懂得把握时机——这是后话，现在十力的目的是为"极权"之术正名。接下来他跳过"凡上之患，必同其端；信而勿同，万民一从"这句"极权"言辞，直接进入下一段文辞：

> 夫道者，弘大而无形；德［具体事物的本质属性］者，核理［内涵着理］而普至［普遍存在］。至于群生［天地万物］，斟酌用之，万物皆盛，而不与其宁［停息］。……故曰：道不同于万物，德不同于阴阳［事物的正反

---

① 《读经示要》卷二中曾说到圣人极权与希特勒极权的区分，对我们理解这里说的差异或许不无帮助："欲上民，必先下之。夫领导群伦者，皆自居于上也。以民为吾之所领导，则视民为下矣。希特勒之徒，束其民如机械，而唯吾之所驱，是在务上民，而不知下之者也。圣人之导民也固不如是。修己以敬，笃恭而天下平，自养其神明，黜私去智（智谓私智），裁成天地之道，辅相万物之宜，因物自然，而未尝以己宰物。是故以身下民，而民莫不率化。则以下之者，上之矣。"（《全集》卷三，页784-785）由此看来，"以下之者，上之矣"堪称圣人极权之术。

两面],衡不同于轻重,绳不同于出入,和[定音律用的小笙]不同于燥湿[乐器随气候干湿而声音有所变化],君不同于群臣。凡此六者[既指道、德、衡、绳、和、君,也指万物、阴阳、轻重、出入、燥湿、群臣],道之出也。道无双,故曰一,是故明君贵[推崇]独道之容[独擅权柄的形象]。君臣不同道,下以名[言论、建议]祷[祈求],君操其名,臣效其形[实绩,事功],形名参同,上下和调也。(《韩非子·扬权》)

看得出来,韩非的这段文辞把道家的道论与他的君权论融在了一起,因此十力说,韩非从"本体论上寻得极权或独裁之依据"(《评论》,页325)。反过来看,经过对道家之"道"的心性形而上学解释,十力已经让"君不同于群臣"的极权论获得"正名",进而从本体论上为自由民主的圣人极权或独裁寻得了依据。

六　心体与自由

十力的解读的确让人耳目一新,我们在这里没有余地去多想韩非的法术论与现代意义上的极权、专制、独裁等等是否一回事,因为我们已经习惯了韩非是中国封建专制论的首席代表这一说法——半个多世纪甚至一百年来,论及或提及韩非的论者大都这么说(跟着这么说的更多),要改过来的话,没有同样半个多世纪甚至一百年,恐怕也做不到。但我们对于韩非的封建专制性质的法术论与道家形而上学玄极的关系总不能含糊不清,不搞个水落石出。

毕竟,我们必须面对这样一个问题:倘若韩非的"道论"具有纯正的道家形而上学品质,我们就得说,道家形而上学具有封建专制的性质,至少是专制极权论的肇因,从而必须从中国固有思想中革除道家形而上学的国籍。倘若要让道家形而上学保持政治正确上的清白,我们就得说,道家形而上学本身没有政治不正确之罪,罪在韩非利用、歪曲道家形而上学——毕竟,《解老》《喻老》是我国文史上最早解释《道德经》的文本。

其实,即便没有现代式的封建专制论制造者的恶名,韩非也是中国思想史上有争议的人物。儒法之争不仅是中国固有思想中的老问题,而且是大问题。司马迁有言,"韩子引绳墨,切事情,明是非,其极惨礉少恩,皆原于《道德》之意"——显然,司马迁把韩非法术论的"惨礉少恩"归咎于《道德经》。苏东坡读罢此言禁不住深有同感地说,"事固有不相谋而相感者"。因为,苏东坡也觉得,"后世之学者,知申、韩之罪,而不知老聃、庄周之使然"。① 不过,苏东坡仍然认为,韩非的法术论仅是片面发挥老庄所得,"惨覈少恩"不当全归罪老庄:老庄非"仁义之道",为的是追求实现哲人式的生活,"泛泛乎若萍游于江湖而适相值也。夫是以父不足爱,而君不足忌。……商鞅、韩非求为其说而不得,得其所以轻天下而齐万物之术,是以敢为残忍而无疑"(同上)。

在十力那里,我们看到这个老问题在新的或者说现代的视域中重新显身——由于他既深谙儒道释形而上学,又通晓现代民主理论,他对韩非的解读不仅远远高出一般论者,而且深入到韩非封建专制论的本体论层面。十力用自己的自由民主论来释读韩非的《扬权》虽然显得意气用事,但我们应该理解他的苦心:他想从形而上学本体论层面挽救韩非法术论的极权性质。既然"韩非主独裁、主极权,其持论亦推本于道"(《评论》,页325),道家形而上学的确与韩非的极权论脱不开干系。

但十力又认识到,民主圣人为了成就民主大业也得搞极权和独裁,"极权之治,人主不可无术;无术则不能督率臣下使之各举其职"(《评论》,页325)——唯有"学术思想不可束于一途",因为,"极权之治,固须集中力量","学术思想"则应该"任其自由发展、互相观摩",以便不致"民群思想凝滞而活动力亦随之消失"。当然,十力补充说,前提是持不同政见者不必"有越轨破坏之举"(《评

---

① 引自陈奇猷辑,《韩非子旧评辑要》,见氏著,《韩非子新校注》,前揭,下册,页1253。

论》,页326)。① 韩非的极权论本身没有问题,问题仅在于其本体论层面。因此,十力必须切断韩非的极权论与道家形而上学的关联,用儒家形而上学取而代之。正因为如此,十力在建言书《论六经》中说,韩非与商鞅都是"怪杰",要是他们的才干能用于民主大业,成就不可限量。

> 以二子之才,如能抑君权、倡民主,学术思想自由,有评判而无禁绝,政治上本之以敦仁隆礼,持之以明法绝私,行之以严威实干,振六国衰颓之俗,开三代未有之运,岂不妙哉!(《论六经》,页763)

这话听起来像是在说,十力期盼自己能有这样的才能。但是,韩非的极权论有一个道家脑袋,十力必须割下这个脑袋,换上儒家心性的脑袋,他才敢期盼自己有韩非之才。倘若如此,我们当然会感到好奇:十力怎样施行换脑术呢?

十力继续摘引了两段《扬权》中的文辞,然后说,"韩子言治内之术虽多端,而要在统一臣民之思想与意志,使皆不得有异动"(《评论》,页326)——这是明显的"圣人独裁"论,由于十力心目中的儒家圣人要推行民主也得搞极权和独裁,因此他以赞赏口吻说,韩非的这一说法"颇有宗教意味",可惜被秦始皇采用了。

为了要让我们进一步明白,何以道家圣人的极权要不

---

① 比较《论六经》结尾处建议设立"中国哲学研究所"时的相同说法。苏东坡的看法与此相反:儒家圣人并不允许"异端"思想"任其自由发展、互相观摩"——"圣人之所为恶夫异端,尽力而排之者,非异端之能乱天下,而天下治乱所由出也。"见陈奇猷辑,《韩非子旧评辑要》,前揭,下册,页1252。

得，儒家圣人的极权就好，十力举了一个史例：明太祖"起寒微而陟帝位，行独裁之政"，为革旧政"污习"，防"同起草泽之枭桀"，不得不"辟以止辟"，大开杀戒。但明太祖发现，无论怎么杀人，社会犯罪仍然不减。明太祖"戚戚于心，思求其故，乃遍读五经"，仍然想不明白。最后，明太祖不得已捧读老子《道德经》，当读到"民不畏死，奈何以死惧之"……明太祖立即顿悟到："以杀使人惧死而易念，是大误也。"于是，明太祖一改"以杀为治术"的做派，转而专心致志搞"政教"。

我们读到这个史例会觉得奇怪，因为，十力赞美明太祖的这一觉悟，与他自己的意图相反，明显是在赞美《道德经》而非儒经。毕竟，若不是《道德经》的启发，明太祖继续推行"以杀为治术"，就会"社会恐怖无止境，残破无止境"（《评论》，页 326-327）。更让人感到奇怪的是，如果十力的记叙是真实的话，我们难免会觉得，明太祖不仅智力太过低下，而且缺乏治国常识。首先，为革旧政"污习"，防"同起草泽之枭桀"，要杀当然杀的是贪官污吏和草泽枭桀，而非滥杀无辜。第二，《道德经》说的是"民不畏死，奈何以死惧之"，而非说贪官污吏和草泽枭桀不畏死，奈何以死惧之——难道明太祖连"民"与贪官污吏和草泽枭桀都分不清？如果明太祖觉悟到贪官污吏和草泽枭桀不畏死就不再杀的话，这些坏人岂不更为嚣张，谁来为民除害呢？

不过，这是明太祖的智力问题，不是十力的智力问题。我们应该努力理解，十力举这个例子究竟要说明什么——这个例子的要害其实在于：治国当"以杀为治术"还是以教化为治术。按韩非的主张，对贪官污吏和草泽枭桀施行教化显然不管用，必须格杀勿论，儒家则讲究以施行教化的"政教"治国。十力想要告诉我们，明太祖的觉悟是从韩非的治术到儒家治术的转变，转变的关键在于，他领悟到"以杀为治术"是心性残酷的体现，而这种心性的基础是冷静的智慧。相反，儒家以施行教化的"政教"为治术，是心性"诚"的体现。在熊十力看来，《中庸》中的"诚"属于形而上学玄极，在道家鼻祖老子的形而上学中，没有这种玄极，只有冷静的智慧，所以，"道家下流为申韩，非无故也"。十力的结论是：

> 夫深静以窥几者，冷静之慧多，恻怛之诚少。又凡先天下而识几者，不用世则已，如用世，自有天下皆芒之感，而果于独用其明。果于独用，未有不力排异己。韩子言术不觉惨酷，亦道家启之也。(《评论》，页 327)

儒家圣人的治世以"诚"为基础，道家圣人的治世以冷静智慧为基础，从而明太祖的觉悟堪称一场心性上的幡然觉悟。倘若如此，我们难以理解，明太祖为何"遍读五经"也没有明觉"诚"，反倒充满冷静智慧的《道德经》可以启发他的心反身而诚。

不过，我们的这个困惑与前面那个明太祖为何智力如此低下的困惑一样，仍然是明太祖的问题，不是十力的问题。我们应该看到，通过这个例子，十力不过要说明：道家的形而上学本体是冷静的"智"而非"诚"，所以才会有韩非残酷的权术论。十力从《外储说右上》的"说二"中引了关于"弋者"的一段文辞，然后链接到《解老》中的一段文辞（从"聪明睿智，天也；动静思虑，人也"到"积德而后神静，神静而后和多，和多而后计得，计得而后能御万物，能御万物则战易胜敌"），以此证明韩非残酷的"弋"术说与本体论的聪明睿智有关联：韩非"用致虚守静之功以养其神，栖神于静而不忘费"养成无为功夫，"以静制动，不患无术。故韩非之术，终不免出于阴深、流于险忍"（《评论》，页329）。

紧接着十力就说，道家形而上学仅仅讲究"致虚守静"，结果导致冷静的睿智心性；与此不同，儒家虽然也致虚静，但更重"思诚"，这就是道家本体论与儒家本体论的根本差异所在——孟子所谓"诚者，天之道也；思诚者，人之道也"得自《大易》形而上学，"诚"是万化之本、万物之源，"思诚"不是不识虚无，而是在虚无处见"诚"。十力甚至现身说法，用自己的亲身体悟告诉我们，这是他的《新唯识论》"千言万语难为人说"的要害所在（《评论》，页329）。

可以看到，十力对韩非极权术的本体论改造进一步推进到心性底蕴层面，虽然心体即本体（性体），两者是一回事，心性是本体最为内在的要核，毕竟更进了一层——十力进一步说，思"诚"不仅是"尽人合天之学"，同样重要的是施行"政教"，或者说"政教"是"尽人合天之学"的制度安排。所谓"政教"在十力那里的实际含义是育天下人的教化："因人生固具之天［即所谓性］而涵养之、扶勉之，以进世界于大同太平，驯至天地位、万物育之盛"（《评论》，页330）。既然"政教"是思"诚"的政制安排，就离不了治术，因此，儒家的"政教"当然也要用"术"。由于儒家本体论的底蕴是"诚"而非单纯的聪明睿智，受这一本体论规定的政教之术就不会像韩非的极权术那样"出于阴深、流于险忍"。

十力用了一个在他看来极为"精警"的儒家名言来说明儒家对"术"的理解——"未有学养子而后嫁者也"。这话的意思是,女子嫁人之前,没谁学过如何养孩子,等到自己嫁人生子后,"养子之术至繁琐、至周密、至微妙,皆不学而自能"。为什么呢?因为女子与其子本来就是一体,女子养护自己的孩子,"一出于诚而不自知所以也,诚之至而术自出,无事于学"(《评论》,页330)。

十力的说法又让笔者感到费解,因为从这句"精警"的儒家名言中,我们并没有看到何为"术"的规定,显然不能说,"至繁琐、至周密、至微妙"就是"术"。这句名言出自《礼记·大学》,上下文谈的是"治国必先齐其家"的道理——君子当首先在家庭生活中体会到赤诚之心才能治理好国家:

> 慈者,所以使众也。《康诰》曰:"如保赤子。"心诚求之,虽不中不远矣。未有学养子而后嫁者也。一家仁,一国兴仁;一家让,一国兴让;一人贪戾,一国作乱。其机如此……(《礼记·大学》)

十力引用的这句"精警"名言说的是治国者当有赤诚之心,如果他用来证明儒家心性本体论("诚")与作为相应政制安排的"政教"之间的关联,我们会觉得十分恰切,但笔者实在看不出何以由此能推论出"诚之至而术自出"。何况,"养子术"究竟是怎样的,我们仍然不明就里。但看到接下来十力解释儒家所谓"王者为民之父母"之训,我们马上又明白过来,为什么他会说"诚之至而术自出"。我们还记得,十力在前面说过,韩非书中说"术"虽多,却"似未有定义",经十力"详玩之"才体会出"术"有宗主、谋略、机变三义,"宗主"的含义是,"倡导某种主义及某种政策,用以唤起群众者"(《评论》,页319)。女子养子之术不学自能的例子虽然不能让我们明白,养子之术何以至于有谋略、善机变,"随时随事运用不穷",至少可以让我们明白,儒术的首要之义是"倡导某种主义及某种政策"——我们已经懂得,这个"主义"可以称为自由民主的圣王主义。

首先,所谓"王"指"天下之所归往"——这个定义我们在十力的《论六经》中已经见过,这里的不同是明确说到"王"即带领天下人走向民主大同世的圣人:"圣人领导天下,故称王,非必以为君主方谓之王。"(《评论》,页330)这个圣人王是天下人的父母,天下人则是圣人的子女,父母与子女不分彼我,父母爱护子女等于"自护自爱"。因此,父母的职责是教养孩子,"尽心调顺扶导"。十力说,如果父母的孩子"非生而气质顽劣特甚者,当其受戒,立即感悟。子既长成,巍然独立,秩然自由,完其天赋之良知良能,一切不曾受损,一切无所阻遏"(《评论》,页330 - 331)。

我们看到,"诚"这一形而上的心性本体现在具体化为人的天赋良知良能及其心性自由。既然十力并没有否认有的子女"生而气质顽劣特甚",我们自然就会产生一个常识性问题:万一父母命不好,遇到自己的子女有生而气质顽劣者该怎么办?十力的回答是:当然得"严加禁戒,纳之正道"。这样一来,我们就会想到,"尽心调顺扶导"也包括一定条件下限制甚至剥夺子女的心性自由,或者说"养子之术"仍然包括"严加禁戒",这显然需要父母的极权和独裁,前提是子女中有"生而气质顽劣特甚者"。倘若如此,父母还能"养成其子的独立自由与发展其子之天赋良知良能"吗?

十力知道我们会产生这样的疑问,他回答说,当然会,因为父母的禁戒是出于爱护之心,而非"宰割劫制"之意。这意味着,就必然带有极权和独裁性质而言,父母的"严加禁戒"与韩非之术没有差别,不同仅在于是否为了子女"巍然独立,秩然自由,完其天赋之良知良能"。不仅如此,"生而气质顽劣特甚者"毕竟是例外,"诚"才是普遍的人性。因此,十力说,如果儿子是人的话,对父母的"严加禁戒"绝不会有"压抑之感,而只觉严父慈母春温秋肃气象,其感发兴起于无形,不能自明所以"——这无异于说,"严加禁戒"也不外乎是在启发"其子的独立自由"和"天赋良知良能":

> 如人不谢覆载于乾坤而以七尺昂然挺立,实由乾坤浩荡,覆而无已,载而不有,故人得昂然其间而相忘于无何有之乡也。圣人责长民者以父母之道,此为真民主自由之法治,人类如不自毁,必由此道无疑。真民主自由,今之英美何堪语是?……达到真民主自由,必如《春秋》经所谓天下人人有士君子之行,谈何容易哉?方其未至天下人人有士君子之行,则对于民群保育之功万不可无。而一言保育,则唯取法父母之道方不伤害人民之天赋良知良能与其独立自由,天地可毁,此理不可易!(《评论》,页331)

十力要说明的是，圣人作为王者与天下人的关系"非若霸者自视天下群众为自我以外之物"——说白了，王者与天下人不是统治与被统治的关系，而是父母与子女的扶养与被扶养的关系。十力的这段话让我们看到他的儒家圣人论与自由民主论的关联：真正的民主自由是"天下人人有士君子之行"。从十力的描述来看，人仅分为独一圣人与天下人民两类，因此，独一圣人带领天下人走向民主自由不可避免必须极权和独裁。

人民或天下人走向真正的民主自由的标志是，人人成为君子，这预设了一个前提：天下人与君子的生存位置有很大差异，而且是德性上的差异。从而，实现真正的民主自由意味着天下人的德性转变。我们难免会想，天下人何其杂多，"生而气质顽劣特甚者"根本没法预先统计和掌控，真正的民主自由能实现吗？的确很难，十力也感叹，"《春秋》经所谓天下人人有士君子之行，谈何容易哉"。但十力告诉我们也不要忘了，天下人是在儒家圣人的带领下走向民主自由或者说实现自己的本性，这位"民主之王"会把我们天下人视为己出的孩子，"尽心调顺扶导"我们。更何况有了这样的"诚"，"民主之王"也会有不学自能的养子之术。

不用说，自由民主圣人的养子之术不仅必须有极权，谋略、机变也不可或缺，毕竟，要让人人成为君子"谈何容易哉"。因此，儒家圣人仅仅是"终不持机诈以制驭人，要以养其天德为主"而已，相比之下，韩非用术则是"纯恃机诈以驭人，是残忍之术"（《评论》，页330）——由此可见，两者的差别仅仅在于，"机诈"是否服务于实现真正的民主自由这一目的,或者说是否立心为民。

我们难免会进一步产生的困惑是:人世间的关系并非仅有父母与子女的关系,显然还有其他关系。换言之,人世间的政治关系极为复杂,是否可以设想用父母与子女的关系来消弭一切政治关系。按照十力心目中的《春秋》大同世理想,实现真正的自由民主意味着最终消弭一切政治关系。我们会问,这有可能吗?十力告诉我们,这涉及如何看待"人性"。在分论韩非的"法""术"之前,十力曾专门检视韩非的性恶论(第六节,页306-311)——这意味着,批判韩非的性恶论是改造韩非的"术"论和"法"论的前提,因为,对人性的悲观看法或者说政治看法,是韩子法术观的前提。人性论是形而上学的一个部分,因此,对韩非性恶论的批判,是十力批判地继承其权术论的形而上学前提——他告诉我们,荀子已经主张性恶说,"韩非绍承其师之性恶说,殆由其形而上学未能融通天人"(《评论》,页306)。反过来看,我们应该知道,十力的自由民主圣人论的极权术基于"融通天人"的形而上学。

十力说,"通观韩非之书,随处将人作坏物看,如防蛇蝎,如备虎狼,虽夫妇父子皆不足信"(《评论》,页306)——他从韩非书中选取了三个例子来证明自己的论断。第一个例子是,韩非告诫君主不可信任自己的妻子甚至儿子,理由是"人臣之于其君,非有骨肉之亲也,缚于势而不得不事也",他们往往有觊觎王权之心……"为人主而大信其妻,则奸臣得乘于妻以成其私"。韩非举了历史实例来证明,君主自己的妻子孩子其实往往是靠不住的。

第二个例子涉及骨肉之恩,韩非说,在社会生活中可以看到,父母生孩子若生男仔则高兴得不行,若生女则溺杀之。韩非设问，无论生男生女，本都是"父母之怀衽"，为什么要溺杀女孩？这显然是出于"虑其后便、计之长利"。韩非得出结论说："故父母之于子也，犹用计算之心以相待也，而况无父母之泽乎！"

第三个例子是，韩非说，有对夫妻生下儿子后不太用心抚养，马马虎虎，儿子长大后对待父母也不用心，甚至不厚道，父母非常恼怒，就责骂儿子——可见，在韩非眼中，父母与子女之间也相互斤斤计较。同时韩非又说，有个主人雇用雇工耕地，精心备上好饭好菜，甚至把自己的好布匹拿去卖钱来付报酬，但他这样做显然并非因为他对雇工有父子般的感情，而是为了换取雇工卖力干活。韩非得出结论说，父子之间计较恩惠也好，主人对待雇工犹如有父子间的恩泽也好，其实都是为了自己打算（"此其养功力，有父子之泽矣，而心周于用者，皆挟自为心也"）。

十力选取的三个例子显得颇有逻辑性，似乎与他说的女子养子之术不学自能的例子形成鲜明对照——三个例子都涉及父母与子女的关系：从夫妻（等于父母）关系到父母与儿女的关系，最后到父与子的关系。十力据此得出自己的推论：这些例子"足征韩非以为人之性本无有善，凡人皆挟自为心，只知有利而已矣"——这就是所谓韩非的性恶论。

初看起来，十力的推论蛮有道理，但我们若稍微多想一下就会觉得奇怪：如果韩非要证明人之本性不善这样一个哲学命题，仅仅这些例子显然远远不够。尤其重要的是，这些例子用来证明人性恶的哲学命题绝说不上典型，更不用说"自为心"是否就等于人性"恶"。要么韩非的脑子有问题，与我们的脑子一样思维简单得可怕，竟然凭靠这些具体个例就推导出人性恶的普遍性质，要么韩非的例子并不涉及人性的普遍性，所谓韩非的性恶观其实是有形而上学眼力的人加给韩非的，反倒有可能是十力的脑子简单。①

---

① 冯友兰在 1930 年初版的《中国哲学史》中说，"法家多以为人之性恶。韩非为荀子弟子，对于此点，尤有明显之主张"（页 398）；但在 1964 年的《中国哲学史新编》中（第一册，页 564 - 565），冯友兰改口说，"韩非没有提出抽象的人性论，也没有提过荀子。但是荀子的性恶论似乎对他有极大的影响。他对于具体社会问题的见解，似乎是荀子的性恶论的极端的应用"。转引自张纯、王晓波，《韩非思想的历史研究》，北京：中华书局，1986，页 75。冯友兰连续用了两个"似乎"，可见他对这一流传的说法仍然抱持疑虑。引用这段对比的两位论者（一为韩国学者，一为台湾学者）干脆否定了韩非有性恶论的说法（参见页 77 - 78）。不过，一般论者大多仍然依据韩非的举例断言，"由于服务于新兴奴隶主的大一统专制政权的君主统治，韩非不同于《老子》的小国寡民的社会理想"，把人的一切行为、思想、观念乃至情感本身都还原为冷酷的个人利害。见李泽厚，《中国古代思想史论》，北京：人民出版社，1985，页 102。在《备内》篇中，"韩非将特殊历史时期个别人性恶的实然无限夸大为普遍的人性恶的本然甚至必然，并进而上升为理论形态，当成一种普适的统治术传授给专制君王，在逻辑上显然犯了以偏概全的错误，在实践上必然导致政治独裁和恐怖"。见俞志慧，《韩非子直解》，杭州：浙江文艺出版社，2000，页 125。

如果我们亲自翻开《荀子·性恶》看荀子自己怎么说，而非听信现代写哲学史的人怎么说，就可以看到，其实荀子也没有主张形而上的性恶论。荀子开宗明义说："今人之性，生而离其朴，离其资，必失而丧之。用此观之，然则人之性恶明矣。所谓性善者，不离其朴而美之，不离其资而利之也。"（《荀子·性恶》）这意味着，"朴"和"资"是人之本性，丧失了本性称之为"性恶"，保有本性则谓之"性善"。换言之，"善"或"恶"是道德状态，而非本性状态。在后现代的今天，即便就"文化"而言的确"其善者伪也"，但"不离其朴""不离其资"者仍不乏见。如果今天有谁认为"今人之性，生而离其朴，离其资"，我们恐怕很难否定，但我们也同样不能说，这种看法是在主张普遍的性恶论。

为了搞清究竟是哪种情形,我们不得不亲自把韩非的书找出来看。

第一个例子出自《备内》篇,这篇文章的主题是,君主不可轻信自己的下属(下臣),必须区分奸臣与守法之臣,明察奸臣之举。否则,奸臣欺上压下,社会上的贵人乘机与奸臣勾结,欺诈盘剥百姓,百姓连告状的地方都没有("是以其民绝望,无所告诉"),国家必然败坏。韩非告诫君主,不可信任自己的妻子甚至自己的儿子,是在这一语境中出现的。韩非并没有由此推论,天底下所有妻子或儿子都在算计丈夫或父亲,那样的话,韩非就明显可笑。

对比韩非的文章,我们看到,十力阅读故书是形而上学家的读法:他不必理会韩非的文章通篇在说什么。比如,他不理会韩非在这里基于"奸臣"和"守法之臣"的区分教育君王,如何防范品德不好的国家官员,而是凭靠自己的形而上学眼力看出自己所要的东西。

《备内》篇是非分明,所谓"夫妻者,非有骨肉之恩也,爱则亲,不爱则疏"的说法,为的是让君主明白,"为人主而大信其妻,则奸臣得乘于妻以成其私"。可以设想,韩非为了达到劝诫君王防备奸臣的目的,非常聪明地不是讲一通大道理,而是启发君主的利害之心。《备内》并无形而上学高调,妻子或儿子不可信的例子仅仅要证明一个对君主来说属于政治实践的道理,十力则把这个例子抽取出来,然后把例子本身变成韩非的性恶说。

第二个例子来自《六反》,此篇标题明示六种好人与六种坏人截然相反——文章一开始就平行对比六种好人和六种坏人。这篇文章谈论的主题是,君主应该亲自明察,庶民中各色人都有,有好人、也有坏人,什么样的人是好人或坏人,不能看是否在社会中吃得开,有社会声誉。

韩非把好人统称为"耕战有益之民",他列举了六种:不畏险难敢为诚信而死的人,见闻虽少却守法之人,凭靠自己的辛勤劳作而活的人,单纯质朴、正派善良的人,重视国家法令、慎重对待公务的人,"挫贼遏奸"、遵从上级的人。

相反的坏人统称为"奸邪无益之民",也有六色:"畏死远难"之人,能说会道却违法乱纪之人,靠耍嘴皮子混食的人,巧言辞令、玩弄智巧行骗之人,暴憿行凶之人,包庇盗贼藏匿坏人的人。

六种好人与六种坏人刚好形成对照,但韩非说,眼下社会风气败坏透顶,六种好人在社会上被贬低、受嘲笑,六种坏人反倒获得尊誉。更可气的是,如今坏人享有社会声誉,竟然是由于智识分子("今学者")纭纷颠倒的猖狂浮游之说所为。因为,"畏死远难"之人被"今学者"说成重视自己的生命,能说会道违法乱纪之人被说成有学问,靠耍嘴皮子混食的人被说成吃得开,巧言辞令玩弄智巧行骗之人被说成有智有谋的成功人士,暴憿行凶之人被说成敢作敢为的礁勇之士,包庇盗贼藏匿坏人的人被说成应该得到表彰的人士。①

韩非劝告君主,如果要让国家长治久安,就不能依据"今学者"的说法来判定什么是好人,必须自己分清"私恶当罪之民"和"功善宜赏之民"。不仅如此,既然社会上各

---

① 类似的颠倒黑白、混淆是非,古希腊罗马政治史学经典中也可见到,参见修昔底德,《伯罗奔半岛战争志》,卷三,82,4-7;撒路斯特,《喀提林阴谋》,52,11-12。

色人等纷然杂陈，什么人都有，总有败类，就得严明法律惩恶扬善。严法当然是针对坏人的，好人不会因为严法而觉得受到损害，反倒觉得受到保护。

韩非引古训说，为政就好像洗头，虽然会掉发，但总得洗头啊（"为政犹沐也，虽有弃发，必为之"）。如果因为舍不得掉发而不洗头，忘了洗头后脑壳变得干净会长出更多的头发，显然是愚蠢之极，不懂得权衡利弊（"爱弃发之费而忘长发之利，不知权也"）。

说到这里，韩非举了父母生孩子若生男仔则高兴得不行，若生女则溺杀之的例子，并说"故父母之于子也，犹用计算之心以相待也，而况无父子之泽乎！"可以看到，韩非用这个极端的例子要说明的是，甚至父母对自己所生的骨肉也懂得权衡利弊，比喻的要点在于前面说的"为政犹沐也"：头发虽然是自己脑壳上长出来的（有如孩子是父母自己生出来的），为了政治共同体整体的更好的利益，也必须放弃。如果韩非用这个例子是要证明普遍的人性恶，就意味着他是在用这个例子推论所有父母的本性都如此。倘若如此，我们就得说，按照韩非的性恶说，中国的人世间早就成了男儿国，甚至已经断了种，因为早就没有了源于女儿的母体。韩非真的那么夸张，抑或是我们自己夸张？

无论如何，韩非在这里并没有谈什么形而上的人性本身，而是针对十分具体的社会现实教育君王要抑制人性的劣端，对待坏人必须绳之以法，不可听信"今学者"的所谓"相爱之道"——对坏人也讲究"相爱之道"，比如，对贪污受贿戕害百姓千千万的大贪官也不得判以死刑，明显荒谬。①

韩非接下来就说，如今有公共知识分子要求统治者不顾公共利益，以所谓人道来对待坏人（"今学者之说人主也，皆去求利之心，出相爱之道"），无异于要求统治者的仁爱超越"父母之亲"。韩非没有说，把"父母之亲"理解成或引申为对犯罪极恶者的仁爱是脑筋白痴，而是更为严厉地说，这是对何谓恩德无知，否则就是心怀叵测的奸诈。

韩非告诫君王，同时也告诉"今学者"：

> 圣人之治也，审于法禁，法禁明著，则官治；必于赏罚，赏罚不阿，则民用。（《韩非子·六反》）

韩非用"圣人之治"与他在这个语境中说的"人主"拉开距离，无异于要求现实统治者效法他心目中的"圣人"。这个"圣人"显然与十力说的"融通天人"的圣人不是一个圣人。但我们也不能说，韩非心目中的"圣人"未能"融通天人"，否则我们很难解释韩非的圣人法天之说。也许可以说，韩非的"圣人"与十力的圣人都"融通天人"，但如何融通则截然两义。如果我们应该把韩非心目中的"圣人"视为专制君主，把韩非的说法看做是在为专制制度服务，为君王个人的统治利益着想，我们就得事先否

---

① 葛洪《抱朴子》有言："世人薄申、韩之实事，嘉老、庄之诞谈，然而为政无能错［措］刑，杀人者原其死，伤人者赦其罪，所谓土拌瓦藏，无救朝饥者也。"陈奇猷辑，《韩非子旧评辑要》，前揭，下册，页1251。

定韩非在这里的论说前提：国家已经被"今学者"搞得好坏对错正邪不分。然后，我们还得抹去韩非的结论：真正的圣人之治，必须严于治官，端正社会风气，各色好人才不仅活得自由，而且受到法律保护。

如果基于"诚"的性善说是一种形而上学，那么，性恶说作为一种形而上学就当是基于"聪明睿智"，但如果我们这样推论，就会可笑——即便十力也没有这样推论。事实上，十力并没有找出一条文本证据来证明韩非主张形而上学性恶说，仅仅用自己的形而上学来批判韩非：韩非书中大谈人世间的各种邪恶，足以表明"其形而上学未能融通天人"。这无异于说，如果你侈谈人间邪端，就是在形而上学上不正确，"未能融通天人"。反过来说，只要你能在形而上学上"融通天人"，你就会懂得，人间的邪门歪道不过是人性还有所禁锢，尚未得到"自由发展"：

> 恶行非自性生也，人失其性而后流于恶也。儒者之道，顺人之性而为政教，故礼乐以养德，政刑以辅德化之所不逮，常因人之善端而扶勉之，使自由发展而无所禁锢、无所折扰，将令人皆由小我而会入大己，故不遗实际生活而超脱于实际生活，以发扬灵性生活，此人生之大乐，人道之至尊也。（《评论》，页310）

基于形而上学的自由人性论，十力才会把韩非建议的"奸必知［察知］则备［戒备］，必诛则止；不知则肆［放肆］，不诛则行"（《韩非子·六反》）视为"禁锢"人性的自由。这样看来，十力说韩非的"形而上学未能融通天人"又恰如其分，因为韩非的圣人的确并不"融通"十力的自由人性论。韩非的政治哲学能够注重切实的扬善锄恶的政治智慧，为政建议非常具体，而且多依据历史教训和生活常识，端赖于他没有"融通"形而上学的自由人性论。在《六反》中反驳"今学者"要求统治者以"相爱之道"为政时，韩非凭据的是连我们今天也还经常说到的常识：

> 母厚爱处，子多败，推爱也；父薄爱教笞，子多善，用严也。（《六反》）

十力提到的第三个例子出自《外储说左上》"说三"——"储说"是一种特别的文体，由"经"文和相应的"说"文构成："经"文以简练的文字陈述一个道理，相应的"说"文则以故事喻说"经"文所讲的道理。在《韩非子》书中，"储说"所储存的正是大量历史经验和民间常识。但"经""说"相配的文体并非"储说"所特有，《解老》篇为"经"，《喻老》篇则是相应的"说"，谈的却是形而上的道理。因此，"储说"的特质与其说在于文体，毋宁说在于采集汇纳形而下的经验常识。"储说"分内外篇，内篇又分上下两篇，每篇含若干"经""说"，汇集的是历史上的南面术经验。外篇先分左右篇，再各分上下篇，共四篇，每篇含若干"经""说"，仍然汇集的是南面术经验。内外篇合在一起，恰好六篇，似乎与《六反》有一种内在联系。

《外储说左上》"说三"讲的道理是：人与人之间的关系很微妙，如果怀着相互依赖的心态，难免会相互责备和埋怨；如果依靠自立的心态，事情往往能办成。比如，父子之间也会相互责怪，雇主与雇工之间也可以合作得有如父子关系（"挟夫相为则责望，自为则事行。故父子或怨譟，取庸作者进美羹"）。这听起来颇为抽象，于是"说三"讲了父母与儿子之间相互埋怨和责怪的故事，也就是十力用来作为性恶论的第三个例子。我们看到，韩非在这里同样没有谈形而上的人性，也没有用这个例子来证明一个形而上的道理，反倒是在证明一个实际生活中的道理："故人行事施予，以利之为心，则越人易和；以害之为心，则父子离且怨"——意思是说，人间关系的亲疏往往与给人好处或坏处有关，如果你给人好处，关系疏远的人之间也容易变得很亲近，如果你不给人好处，即便父子骨肉之亲也会分离而且相互埋怨。①

韩非把父子相互责怪的例子与雇主和雇工关系融洽的例子对列并举，隐含着一种基于人之常情的逻辑。对于韩非来说，展示实践智慧的最好方式莫过于说故事——故事可以使得逻辑深切著明。② 十力一心一意致力于心性形而上学的"融通天人"，对实践智慧没有兴趣，对韩非笔下的故事自然不会有兴趣，他在阅读韩非书时完全忽略韩非书的文学特征，完全可以理解，绝不可苛责——我们知道，先秦诸子故书中，最讲究文体的莫过于满篇故事和寓言的《庄子》和《韩非子》。相比之下，《庄子》的文体又要比《韩非子》复杂诡秘得多：我们至少知道，《韩非子》是写给现实或未来的君主读的，更恰切地说，是写给他所期待的*明君*读的。韩非的难处在于，他没法事先判定听或读他的书的君王究竟是*明君*还是*昏君*（参见《韩非子·难

---

① 参见《韩非子校注》，周勋初修订本，前揭，页 310 - 312。
② 参见周钟灵，《韩非子的逻辑》，北京：人民出版社，1958。

言》)。可想而知,韩非下笔若不小心翼翼,自己就有掉脑袋的危险——韩非处处从利害着眼说理,自有其"难言"的道理。

与此不同,我们并不清楚《庄子》是写给什么样的人读的,除非我们能看明白首篇的《逍遥游》,但我们恰恰很难明白,何以一条海鱼能够极度膨胀变成一只大鹏,由海里飞到天上,完全超出了所谓在者的天性限制获得自由——鱼的天性只能在水中生存。由于我们知道自己不会有当君主的志向,我们很少有人会去读《韩非子》。同样,由于我们除了知道自己不会当君主外并不知道自己是什么样的人,我们都会去读《庄子》,而且都会觉得自己有所得:以为自己也可以超出自己天性的限制获得自由。①

十力晚年自号"漆园老人",看来他最喜欢庄子,可惜他没有来得及绎读《庄子》。为了完成辛亥革命夙愿,他为弟子讲解了《韩非子》。在批判韩非那里并不存在的性恶论时,十力再次陈述了自己的心性形而上学的性善论,其要义是:性善之性指人的本性乃"吾人所得于天命以有生者,是乃至善无恶也。夫无声无臭、备万理、含万德而为万有之原者,是谓之天"——我们显然不能说"天"是恶的。"人禀天命以有生",天命在人谓之"性",这是《中庸》"天命之谓性"的要义,"故性者即万理万德咸备之实体,不可疑其有恶根也"。但人之生随之有形气,也就是俗话说的"个我"。这个"个我"是人之"私"和"恶"的来源,

---

① 《读经示要》卷一:"道得于己之谓德,则备万物,而非为物役,本无物化之患,斯无往而不逍遥矣。庄生之'逍遥',即《论语》'坦荡荡'意思。"(《全集》卷三,页580)

威胁到人的善根之性,所以《易经》中有"君子以恐惧修省"(《评论》,页308)。

可以看到,十力的立论根据是成为"君子",由"君子"往上仰望,当知"天命之谓性","不可疑其有恶根也"。但唯有真见性者才知道性即是天,"而所谓天者,非超越于吾人之上,盖人即天也"。十力知道,君子也有"实际生活",难免会生恶端,或者说"恶者缘形骸而始起"。一方面,人世生活就是"实际生活",不可能取消,"人无实际生活即不生",另一方面,君子又不可受实际生活宰制,得见性知天。于是,君子的生活方式如履薄冰、如临深渊,的确堪称"君子以恐惧修省"。对于现代西方的自由主义者来说,这种生活方式肯定说不上"自由",应该叫做"压抑"。反过来看,十力则会说,西方自由主义所说的"自由"只能叫做"以形害性""失其天德",而他所说的"自由"仅仅是君子见性知天之后才可能达到的境界。

如果十力用他的心体形而上学来教诲韩非(《韩非子评论》的确有这种教诲姿态),韩非会说,自己关心的不是君子见性知天的问题,而是"虽贤圣不能逃死亡、避戮辱者,何也?"(《说难》)换言之,十力说的那些东西,韩非并非不知道,他可能会对十力说:你说的我都明白,因为老子已经教我高世远举放心而无忧。但你不明白我在说什么……如果我与你一样也怀抱入世之志,我就得细察人世生活的性质……治民靠治吏,治吏靠治君主,你没有看到,我不就在提着脑袋治君主?向君主进言,难在不知道君王是个什么样的人:是"名高者"还是"厚利者"。由于不知道现实的君王是什么样的人,进言就非常之难:"与之论大人〔大臣〕则以为间己〔挑拨君臣关系〕矣,与之论细人〔小人一类近臣]则以为卖重"(《韩非子·说难》)。

  十力的确没有看到,但我们应该看到,在韩非子的政治论说中,要求政治生活明是非、辨真假、判对错,这是其论说的前提。正因为韩非知道,治世必须明是非、辨真假、判对错,他才感到自己处世和为政之难。倘若如此,"融通天人"的十力何以未能看到韩非子的政治论说的"说难",的确让我们大惑不解。

七　圣人与独裁

扯远了，还是回到十力先生的思路上来——不能忘了，我们在这里是要理解十力，而非韩非子。十力未能证明韩子的"形而上学未能融通天人"，不等于十力自己的形而上学未能"融通天人"。要理解十力，就得深入理解他如何"融通天人"。在结束对韩非的性恶论的形而上学批判时，十力告诉我们：

> 人或殉没于实际生活中，剥丧其天命之本然，是人不天也；人不天者，不成其为人也。然则人道当如何？曰：人必自识其性，必保住其天命之本然，毋以形害性，即形亦性也；无以人害天，即人亦天也。人而复其天，即无物我对峙见；无物我对峙见，即无自为之私；无自为之私，则天下之利不欲擅于我；利不欲擅于我，则与人均之；利均于人，则实际生活无非天理自然，是会众小我为一以克尽其大己也。唯人易以形害性、以人害天，致陷于物我对峙中，有自为之私；我擅其利而剥人之利，故有教化；教之不率，故有政治与经济制度；政之失平，经之不正，故有革命。革命者，虽着手于实际生活方面，平其不平，正其失正，其要归于使人全其性；复其天，完成其大己也。（《评论》，页 309-310）

这段说法简明扼要地展示出十力"融通天人"的内在

理路，对我们很有启发。首先，十力给出了一个心性形而上学的绝对律令：每个人都必须"自识其性"，"毋以形害性"，理应做到"无自为之私"，"克尽其大己"，"利均于人"，否则"是人不天也；人不天者，不成其为人"。这一绝对律令显得针对的是十力所看到的韩非性恶论的要点"自为心"，其形而上的前提是每个人有天人合一之"性"和"自识其性"的潜能。但是，就形而下而言，十力承认，人恰恰又容易"以形害性、以人害天"，并非谁都能做到"自识其性"。因此，人要实现形而上的绝对律令还得借助形而下的"教化"，为政也就必须推行"政教"。可以设想，"政教"难免是强制性的，即便如此，仍然不能保证"政教"一定能起作用——十力已经想到这一点（"教之不率"），毕竟，十力知道人之生受"形气"限制，从而"失其天德以造作无量罪恶"（《评论》，页330）。套用韩非的说法，六种"有益之民"当是"灵性生活"发扬得好，能够做到明心见性，六种"奸邪无益之民"则是受"形气"限制，不能做到明心见性。对这种人该怎么办？

我们记得，十力说过，如果子女不听话，父母就要"严加禁戒"。但他设想的仅仅是，如果子女不是"生而气质顽劣特甚者"，都会"当其受戒，立即感悟"（《评论》，页330），实际上排除了如果子女"生而气质顽劣特甚"的可能性。十力对这种可能性存而不论完全可以理解，因为，世上有"生而气质顽劣特甚者"，对于十力的"思诚"形而上学非常不利，或者说与人之"私"和"恶"仅仅来源于"形气"的观点相矛盾。反过来我们也更容易理解，为何韩非恰恰会看重十力存而不论的实际：

> 今有不才之子，父母怒之弗为改，乡人谯［诮］之弗为动，师长教之弗为变。夫以父母之爱、乡人之行、师长之智，三美加焉，而终不动，其胫毛不改。州部之吏操官兵、推公法，而求索奸人，然后恐惧，变其节，易其行矣。故父母之爱不足以教子，必待州部之严刑者，民固骄于爱、听于威矣。(《韩非子·五蠹》)

韩非在这里说的恰好是"生而气质顽劣特甚者"，在韩非看来，教化对这类人起不了作用，也就是十力所说的"教之不率"。韩非提出，对这类人就得用威严的法律来震慑，而我们看到，当十力说"教之不率"时，同样主张用政治制度和经济制度来强化政教——于是，十力的主张与韩非显得接近了。

可是，十力的理路接下来就出现了一个重大转折："政之失平，经之不正，故有革命"——何以"政教"突然变成了"革命"，这个转折究竟是怎么来的，更确切地说，"政之失平，经之不正"是怎么来的，这里并不清楚。但从十力对封建专制的抨击中可以看到，在十力眼里，政治制度和经济制度只有两种，要么是民主政制、要么是封建专制。在这里，十力直接插入"政之失平，经之不正"的封建专制，进而得出"革命"的结论，想必与他的共和精神有关。

即便如此，我们难以理解的是，为了实现心性形而上学的人生律令，针对"生而气质顽劣特甚者"的政教一旦"教之不率"何以就要变成政制革命，难道"生而气质顽劣特甚者"是"政之失平，经之不正"造成的？一旦建立起自由平等的民主政治，是否就能使每一个人都"全其性"，

"生而气质顽劣特甚者"是否就会从此绝迹呢？十力似乎的确这样认为，因此有人会说，十力的看法过于理想化——所谓理想化的意思是，要求所有人做到"自识其性"不大可能，纯属空想社会主义。其实，就十力个人或诸多形而上学家而言，十力的说法并非空想，但要求所有人做到"自识其性"，则又不是理想化的"空想"问题。

严格来讲，十力在这里陈述的理路并不理想化，他的设想非常切实，而且逻辑明晰："教之不率"需要政治与经济制度来苴补，但基于"自为之私"的政治与经济制度不可能苴补"教之不率"，如果是"利均于人"的政治与经济制度，就可以苴补"教之不率"。因此，革命的目的不过是要推翻"自为之私"的政治与经济制度，建立"利均于人"的政治与经济制度，从而使得让所有人"全其性""复其天，完成其大己"的教化不再会"教之不率"。说到底，十力并不相信，教化真的会"教之不率"。十力让我们面临的选择是：要么"生而气质顽劣特甚者"是"自为之私"的政治与经济制度造成的，与他的心性形而上学的性善论无干；要么"利均于人"的政治与经济制度仍然不能让"生而气质顽劣特甚者"自动绝迹，从而政制革命的正当性就还得另找。

十力自己并没有面临这样的选择，因为十力有心性形而上学信仰。我们的选择来自十力对韩非所谓性恶论的总结性批判，明确我们自己的选择对我们理解十力如何看待韩非的"法"观非常有用——带着困惑学习，往往收效倍增。评论过韩非的"术"论后，十力用了更长的篇幅（长达四十页）来评论韩非的"法"观（第八节，页 336 - 376）。"法"不仅涉及政治制度，也涉及经济制度。通过阅读十力对韩非"法"观的评论,我们可以更好地理解十力关于"教之不率"需要"利均于人"的政治与经济制度来苴补的意见。

十力首先指出,由于韩子援道入法,韩非的"法"论具有形而上学根据——《解老》从"法"的角度解释《老子》,就是在为"法"确立形而上学宇宙论的理据。十力从《解老》中解释"道"的段落拈出一段文辞(从"道者万物之所以成,理者成物之文"到"万物莫不有规矩"),以此证明,韩非把"宇宙"本体视为"一大法界"。然后,十力跳过《解老》篇好几个大段落,直接跳到"爱子者慈于子,重生者慈于身,贵功者慈于事"一段。为什么十力这样带弟子读文本呢?因为十力从中看到了自己所需要的东西:"慈"。经文又过了几段后还有"慈于子者不敢绝衣食,慈于身者不敢离法度,慈于方圆者不敢舍规矩"句,十力单单拈出"慈于身者不敢离法度",兴奋地告诉弟子,"此中意思深远,惜乎今人不足与语也"(《评论》,页337)——这话的"深远"意思何在?十力告诉我们,这话表明,韩子所谓的"守法"就是"自己对于自己之慈爱故然,绝非由强制而然,真善美哉,斯意也"。现在我们才恍然大悟,韩非的这句话之所以让十力感到兴奋,是因为"慈"听起来像儒家讲的道理,与他在批判韩非的"术"论时说到的"诚"很相似。

十力紧接着说的话又令我们费解了——他说,韩非用"圣人尽随于万物之规矩"来解释老子的"不敢为天下先"句,与"极权政制截然相反也",可谓"一言而道尽民主法治精神,美哉洋洋乎!"——韩子变成了民主法治的思想家?!十力不是一再说韩非主张极权专制论吗?我们必须记住,凡遇到十力自相矛盾的地方,我们切莫以为是十力搞错了,多半是我们还没跟上十力的理路。我们必须设想,十力现在讲的是韩非的"法"论,而非韩非的"术"论,两者不同,形而上学的理据自然有所不同。"术"用于臣,"法"用于民,十力可能以为,"术"论的本体论根源是道家的"聪明睿智","法"论的本体论根源则是"慈",因此才会发出"美哉洋洋乎!"的惊呼。

即便如此,我们还是想不明白:为何韩非的"术"论是极权性质,他的"法"论却是民主性质?十力是否认为,韩非的专制言论仅仅是"大义"言辞,并非他的真实意图,民主之志是他的微言,不敢明说而已。如果这种设想成立,按照十力对"微言"所下的定义,就得设想韩非也害怕受到迫害——从《难言》篇结尾来看,韩非的确明言自己害怕受到迫害。可是,十力自己接下来给出的说法并非如此,他没有说韩非不公开倡言民主是为了避免迫害,而是说韩非倡言极权专制是为了救国——"救韩之亡,思以极权振起"。换言之,韩非向君主建言搞极权专制是真的,并非害怕迫害的"大义"言辞。

我们仍在困惑中的时候,十力提了一个并非假设的修辞性问题把我们的注意力引开了——他问:既然韩非要救国,为何不取代韩王自己当王呢?这个问题听起来就让我们感到骇然,因为在战国诸子中,对现实政治看不下去的睿哲之人大有人在,鲜有想到干脆自己当王。十力提出这个问题实在超越了时代甚至堪称划时代:可以说,辛亥革命之前,中国的传统智识人遇到败坏的政治现实并不少见,鲜有想到干脆自己出来当王——洪秀全读过几天书,但绝对算不上学富五车的睿哲之人。即便学问功底远比十力深厚的康、梁、章，也未敢有过这样的念头。也许可以说，只有在现代民主共和革命之后，资深读书人才会有这样的大胆念头。

对韩非没有干脆自己出来当王这个问题，十力的回答是：在当时的韩国，昏君当政，奸臣成堆，"树私党于朝，又以私惠要结民心，韩子欲取政权自不易"。何况，那个时候"民智未开"，人民还没觉悟，必须"著书发人臣之奸，欲百姓共喻，而后可行改革"（《评论》，页337）——这无异于说韩子写文章为的是搞启蒙，但听起来好像是在说十力自己。十力没有解释，既然如此，韩非写的文章何以无不针对君王而非人民，当时的人民不仅"民智未开"，连大字也不识，谁能读懂韩非文章。[①] 十力仅仅由此断言，韩子胸中必有民主大志，只是当时未得时势："韩子非不欲得王权以行所志，只时机未至耳"（《评论》，页337）。这里出现了非常重要的新东西：首先，韩非"欲得王权"为的是要行民主之志；第二，未取王权仅仅是因为搞民主政制的"时机"尚未到来——总之，韩非成了民主政制的先驱和运筹家！所谓"时机"指的是"时势"，我们不免会想起著名的时势造英雄还是英雄造时势

---

① 用《韩非子》一书启蒙，直到1974年才得以实现：这年，介绍韩非的普及读物出版（钟哲，《法家的杰出代表——韩非》，北京：人民出版社，1974年6月）。陈奇猷的《韩非子集释》在这年印行已达十万册。另外，《韩非子》也得以重新校注（参见周勋初文，《疯狂的年代，理性的思考：〈韩非子校注〉编写始末》，收入《韩非子校注》修订本，前揭，页615-631）。

的问题。① 倘若如此,我们难免不会不感兴趣的是,究竟何谓搞民主政制的"时机",这显然是个重大的政治哲学问题。

无论如何,十力对韩非的评价发生了根本转变——可是,在进入"时机"这个论题之前,十力却又再次重申,韩非主张唯君主有立法权,当然是主张极权专制,人民没有"参政权",也"无自由可言"。何况,"法者,宪令著于官府",证明韩非要搞的肯定不是"宪政",而是独裁,因为立法"皆人主之所自出圣裁或集众议而核定"。这不与刚刚才惊呼的韩非"一言而道尽民主法治精神,美哉洋洋乎!"相矛盾么?要么十力所谓韩非主张极权专制的说法完全站不住脚,统统得作废,要么他说韩非胸中有民主大志的说法站不住脚,我们很难说还有第三种可能:这两种说法都站不住脚——韩非既非极权专制论者,也非胸中有民主大志的睿哲之人。十力毕竟比我们更有智慧,他提供的第三种可能性是:韩非的"法"论具有极权专制性质是出于时势的需要,不得不如此,因为韩非身处乱世,六国"皆无法守","韩非以为不如此即不足以应急世之需"(《评论》,页338)。

既然如此,究竟是韩非还是十力"以为不如此即不足以应急世之需",我们就没必要再进一步追究,不妨接下来

---

① 1970年的庐山会议以后,毛泽东提出三道政治哲学思考题,其中一题为:时势造英雄还是英雄造时势。笔者当时还在读初中,也被要求思考这样艰深的问题,完全想不明白,更不知道这个思考题不仅与时局相关,也与韩非的《难势》篇相关,而且十力在1934年已经用一篇文章的标题回答了这个思考题(参见《全集》卷八,页73)。

看十力如何论述韩非建议君主立什么样的"法"。十力从《饰邪》篇和《有度》篇分别引了两段文辞（《评论》，页338-339），都涉及"法"的作用——更确切地说，涉及"法"与国家强弱的关系，以此说明，由于看到韩国将亡，韩非劝告君主应该立法严治腐败之臣。换言之，韩非的立法建言目的在于"救国"。可是，十力所引《饰邪》篇的这段文辞说的是：

> 故镜执清而无事，美恶从而比［鉴别］焉；衡［秤］执正而无事，轻重从而载焉。夫摇镜则不得为明，摇衡则不得为正，法之谓也。（《韩非子·饰邪》）

这话的意思是，"法"有如君主手上的明镜或秤杆，不可东摇西晃，否则明镜也会模糊、公秤也会不正，没法鉴别衡量好坏对错正邪。在我们读来，这说的是"法"的基本性质，任何时候都得如此，并非仅仅为了"救国"才如此。如果韩非仅仅为了救国才这样建言，便无异于说，一旦实现"救国"这一"应急世之需"，法就无需再如镜衡。十力随之引用了《有度》篇的开篇句（"国无常强，无常弱。奉法者强，则国强，奉法者弱，则国弱"），似乎在他看来，韩非的法如镜衡之说的确仅仅是"应急世之需"。

如果我们自己翻开《韩非子·饰邪》篇就会看到，在说"故镜执清而无事，美恶从而比焉"这句话之前，韩非先举了舜治地方官的例子：舜派官员治水，命令还没下达，这官员已经治水，舜不但没有授功，反倒把这官员给杀了；禹命令各地诸侯到中央来开会，有个地方诸侯迟到，禹也把他给杀了。韩非用这个例子来说明，君主当要求下属执行命令得准时，不可提前、当然更不可拖拖拉拉："以此观之，先令者杀，后令者斩"（《饰邪》）——这话让今天的我们仅仅听起来也感到骇然可怕：极权独裁到这地步，令人毛骨悚然！十力没有提到这个例子，似乎刻意隐瞒韩非"法"论的专横和不"慈"。倘若如此，我们就得想：这是为什么呢？十力紧接着从《韩非子·外储说右下》"说四"中引的一句才让我们恍然有悟：

> 椎锻者，所以平不夷也；榜檠［矫正弓弩的工具］者，所以矫不直也。圣人之为法也，所以平不夷、矫不直也。（《韩非子·外储说右下》）

这句文辞虽然出自韩非书，但经十力这么摘出来放到自己的文脉中，看起来恰好符合他说的"革命者……平其不平，正其失正"，以至于我们不得不设想，十力意在把韩非的"圣人之为法也"变成革命圣人之为法也。于是我们得以明白，十力现在实际上是在说民主革命的圣人之为法，用执法如执镜持衡来描述这样的圣人为法，圣人的形象当然有光辉。至于"以此观之，先令者杀，后令者斩"的独裁做法，最好不提为妙——毕竟，我们不能忘记，十力是公羊学出身，深谙"春秋笔法"。

十力引《有度》篇"奉法者强，则国强"句之后，又引"其国乱弱矣，又皆释［丢掉］国法而私其外［营私舞弊］，则是负薪而救火"句，然后给出一句让我们摸不着头脑的解释，说这话的意思是，君臣不懂得违法毁法的严重后果，"将求庇外国，其人民亦不思所以自强……"——我们能够理解的仅仅是，十力的意思似乎是说，民主革命的圣人之为法的首要目的不过是"启导民群",使得人民得思"所以自强"。至于韩非自己的意思,在十力没有引的下文中已经说得非常明确:

> 故当今之时,能去私曲[谋私利的歪门邪道]就[遵守]公法者,民安而国治;能去私行行公法者,则兵强而敌弱。故审[考察]得失有法度之制者,加[驾驭]以[于]群臣之上,则主不可欺以诈伪;审得失有权衡[比喻"法度"]之称[衡量]者,以听远事,则主不可欺以天下之轻重。(《韩非子·有度》)

很清楚,韩非说的是非常具体的依法而治,并没有"革命者……平其不平,正其失正"的意思。《有度》篇紧接《主道》篇,在《主道》篇中,韩非强调了君主应该无为,《有度》却显得在鼓励君主有为,似乎自相矛盾,其实不然。所谓无为,其含义也许是说,君王不当以高远得出奇的政治理念施政;所谓有为,指的是致力于"法""术"。有为与无为的关系意味着:君主当凭靠法度治国,而非凭靠形而上的政治理念治国。依法治国首先要求,选择官员必须"使法择人",若凭虚假的道德名声(所谓政治表现好)任用官员,官员难免会用虚假的政治表现来捞取政治资本。

十力的整个这段论述显得十分凌乱——引《饰邪》篇说明的是何谓"法",引《有度》篇说明的是法与国家强弱兴亡的关系,引《外储说右下》说明的是何谓"圣人之法"。然而,只要我们按十力的要求用心体会,就不难看出凌乱中其实有章法:十力断取《有度》篇中的"其国乱弱矣"句与《外储说右下》中的"椎锻者,所以平不夷也"句连接起来,成功地将自己在前面所说韩非之"法"是君主独裁立法变成了民主革命"圣人""平不夷"的立法。十力没有忘记,韩非笔下的"圣人"指"目虚静无为之君",但他现在没有像在评论韩非的"术"论时那样说,这是道家形而上学的阴冷,而是说这位圣人为王持心虚静,没有"偏蔽,能得天下之情"。我们可以推想,由于这位圣人有"慈"心,所以应该由这样的圣人来立法:"必圣人而后能制法,非昏乱之主可妄作也。"因此,我们读到,十力现在说,"韩非以平不夷、矫不直为制法原则,可谓千古不易之论"(《评论》,页339)。可以推想,由于十力一心想的是民主圣人"欲取王权",所以他转换了阅读韩非的立场。这样一来,此前被视为专制独裁的韩非文辞,现在都变成了民主政治的文辞。

究竟是韩非在模糊君主独裁与民主"圣人"的差异,还是十力在模糊民主"圣人"与君主独裁的差异,实难看出究竟,除非我们覆按原文。"圣人之为法也,所以平不夷、矫不直也"是《外储说右下》"说四"中的说法,解释的是《外储说右下》"经四"中所讲的一个道理:"人主者,守法责成以立功者也。闻有吏虽乱而有独善之民,不闻有乱民而有独治之吏,故明主治吏不治民"——韩非的意思是:如果人主施行法治要效仿圣人,就得严格管好政府官员,因为"明主治吏不治民"。这项举措建言非常具体,而且表明韩非建议君主立法首先应该针对百官,而非民人。但在十力眼里,"平不夷、矫不直"的意思不当仅仅如此,应该要高远得多,当是"革命者……平其不平,正其失正"。由此看来,十力隐瞒韩非笔下的儒家圣人舜"先令者杀，后令者斩"，原因很可能是，如果以"明主治吏不治民"为正当性依据，这种独裁之举就的确堪称残酷，如果以"平其不平，正其失正"以便实现自由民主大同世为正当性依据，就不能算残酷。

接下来十力说，"韩子言奉法之主，其用人一依于法，否则乱"，随之以《有度》篇中的一大段文辞来证明这一点（《评论》，页339-342）。《有度》篇在《主道》篇之后，篇名"有度"指有法度。所谓法度指的是，"刑过不避大夫，赏善不遗匹夫"，使得全体臣下和全体人民一心一意尊奉君主的意志。君主只要"因法数"（即"任势"），就能达到"独制""独断""上尊而不侵"。① 显然，这是典型的独裁专制，但十力没有斥责，反而逐句疏解，从"今若以誉进能……"直到篇末的"人主释法用私，则上下不别矣"：

> 今若以誉进能，则臣离上［与君上离心离德］而下比周［臣下结党营私］；若以党举官，则民务交［结交拉拢］而不求用于法［按国法办事］。故官之失能者其国乱。……故忠臣危死于非罪，奸邪之臣安利于无功。忠臣危死而不以其罪，则良臣伏［隐退］矣；奸邪之臣安利不以功，则奸臣进矣：此亡之本也。……
>
> 厉［整治］官威［威慑］民，退淫殆［怠］，止诈伪，莫如刑。刑重，则不敢以贵易［轻视］贱；法审，则上尊而不侵。上尊而不侵，则主强而守要，故先王贵之［指刑和法］而传之。人主释［放弃］法用私［凭私意行

---

① 参见周勋初《韩非子校注》修订本，前揭，页43-41。

事],则上下不别矣。(《韩非子·有度》)

这些本来在十力看来应该算是明显的独裁文辞,为什么现在没有问题了呢?因为,十力已经用"平不夷、矫不直"的圣人之为法置换了韩非的"故当今之时,能去私曲就公法者,民安而国治"(《韩非子·有度》),君主独裁式的"厉官威民"已经具有了正当性。与前面一段论述的断章摘句风格不同,这一段看起来相当完整,显得是从头至尾逐句绎读。但如果我们复核原文,就发现十力其实跳过了一大段:

> 贤[有德才者]者之为人臣,北面[臣下面北见君主]委质[向君主献礼],无有二心……古者世治[国家治理得好]之民,奉公法,废私术,专意一行[一心一意为君王办事],具[完全、全部]以待任[等待君王任用]。(《韩非子·有度》)

十力为什么要扔掉这一大段文辞?是因为其中有过于明显的君主独裁色彩?比如其中这样一句:"顺上之为,从主之法,虚心以待令,而无是非也。故有口不以私言,有目不以私视,而上尽制之"——显然,这句文辞的确过于像独裁论。但是,如果我们细心阅读原文就会发现,十力扔掉这一大段文辞的原因很可能是因为其中的下面这句文辞:

> 无私[不偏爱]贤哲之臣,无私事能之士。故民不越乡而交,无百里之戚[忧虑]。贵贱不相逾[不僭越名

分界限],愚智提衡[提着秤摆平]而立,治之至[最高境界]也。

可以看到,韩非在这里明确说到,世治的最高境界是差序平衡:不仅要求各种人各守其分,还要求用法制来保持愚者和智者的平衡,而非偏信贤能有智慧的臣子和忠诚有能的人。韩非的世治要求贵贱愚智各有所持重,君主不能偏持一方,法制有如一杆秤,君主应该拎着这杆秤来平衡贵贱愚智各自应得的东西——不用说,韩非的"治之至"是典型的所谓"封建"之治。十力的革命圣人的民主理想要求取消贵贱愚智的差异,用"平其不平,正其失正"的"治之至"取代韩非的"治之至",所以他必须扔掉这一大段文辞。

十力紧接着又引《二柄》篇中的"人主将欲禁奸之则、审合形名者,言与事也。……则群臣不得朋党相为也"一段,认定韩非是在明确主张"明法以任官",又一次说堪称"万世不易之论"(《评论》,页343)——在《韩非子》中,《二柄》篇紧接《有度》篇,显得是对《有度》篇所讲道理的进一步申说。我们翻开文章,见到韩非一开头就说:

> 明主之所导[赖以]制[控制]其臣者,二柄而已矣。二柄者,刑、德也。何谓刑、德?曰:杀戮之谓刑,庆赏之谓德。为人臣者畏诛罚而利[贪]庆赏,故人主自用其刑、德,则群臣威其畏而归其利矣。(《韩非子·二柄》)

在我们读来,这明显又是十力所谓的独裁论,为什么十力说，韩非讲的是"明法以任官"且堪称"万世不易之论"？如果按照十力所理解的圣人之为法，所谓"明法"的"法"已经不是韩非所说的"法"，而是革命圣人"平其不平，正其失正"的法。从而，"明法以任官"的含义是，按革命圣人的大法来任官，所有下臣都必须服从革命圣人的大志，反过来，革命圣人则对所有下臣有"自用其刑德"的独裁权力，因此韩非此言堪称"万世不易之论"。十力再次让我们看到，当他用革命圣人置换韩非的"虚静无为"的圣人之后，他已经可以摘取不少韩非的本来在他看来纯属专制独裁的说法。

尽管如此，十力对韩非的重新评价仍然面临一个内在的困难。我们已经看到，自从凭靠《解老》中的"慈于身者不敢离法度"句修改韩非的形而上学之后，十力就尝试把韩非说成胸有民主大志。接下来凭靠断取韩非的"平不夷、矫不直"句置换韩非的道家式圣人，十力得以赞美韩非的本来在他看来属于独裁性质的种种"法"论——然而，这些"万世不易之论"的赞美与十力对自由民主太平世的论述截然抵触。因为，无论十力如何断取，韩非的文辞总是带有涉及君－臣－民关系的痕迹，在自由民主的太平世，群龙无首，何来君－臣－民关系。由此来看，十力所断取的韩非关于"明法以任官"的种种文辞，严格来讲并非"万世不易之论"，而是救急世之法——"救韩之亡，思以极权振起"，如他现在又一次说，"中国不由此道而欲救亡为治，是犹以足搔顶"（《评论》，页343）。我们都知道，十力当然更清楚，国家"救亡"与实现自由民主大同世是不同的两件事情：国家严于法治，不等于实现了自由民主大同世；反过来看，实现大同世后，"刑措不用，行所无事，而政刑之名不立矣"（参见第四节）。十力关切的更多是实现自由民主大同世，换言之，他所需要的专制独裁，并非是为了最终实现法治国家，而是为了通过"平其不平，正其失正"的革命，实现"使人全其性；复其天，完成其大己"的终极理想。

说到底，韩非心目中的圣人的为政理想要低得多，不是十力心目中为万世开太平的圣人。十力所谓"则法之行也，必待明术而严法之明君，否则法治不可期"（《评论》，页344），指的并非韩非意义上的"法"，而是他心目中的自由民主大"法"。明白这一点，我们也就可以理解，为何评论韩非"法"论的第八节长达四十页，涉及"法"的评论不到十页篇幅。接下来十力就通过一个链接过渡到对自由民主大"法"的论述——这个链接就是前面已经两次提及的圣人与"知几"或时势的关系（参见《评论》，页324、343）。

我们不能忘记，十力在第八节开始不久就说过，韩非胸有民主大志，但没有遇到实现民主政治的时机，他的当务之急是救国。通过前面的论述，十力现在把论题转向了讨论如何看待实现民主政治的时机。十力在前面逐句训读了《有度》篇中的一大段文辞，看来属意并非在于其中的"法"论，而是其中涉及独裁的民主圣人与时势的关系：

> 先王[主]之所守要[要领，指"因法数和审赏罚"]，故法省[简要]而不侵[受到损害]。独制四海之内，聪智不得用其诈，险躁[阴险浮躁者]不得关[施展]其佞[谄媚的口才]，奸邪无所依。远在千里外，不敢易其辞；势[近]在郎中[侍从近臣]，不敢蔽善饰非。朝廷群下

直凑单微［直接把微薄的力量汇集给君主］，不敢相逾越。故治不足而日有余，上［君主］之任势［运用权势］使然也。（《韩非子·有度》）

可以看到，所谓"时势"确切地说指的是"权势"——十力如何链接上革命圣人与掌握权势的关系问题呢？十力先提出一个修辞性设问：如果君主的左右都是些"近习之相爱"者，以至于"奸邪得缘之以进"怎么办？十力用韩非在《奸劫弑臣》中的文辞回答说："人主诚［假如真的］明于圣人之术，而不苟于世俗之言，循名实而定是非，因参验而审言辞，是以左右近习之臣知伪诈之不可以得安也……"——韩非的这一说法明明讲的是"明法以任官"，十力则说，这话表明韩非与儒家的"尚贤"是一回事。我们的脑子单纯，马上就会产生疑问：韩非出自道家，对儒家"尚贤"主张多有明文攻难，怎么会与儒家的"尚贤"是一回事？十力见我们有此困惑，马上就说，要搞明白这一点，就得看韩非在《难势》中如何讨论"势"，并提醒我们，韩非的说法"颇有趣"。原来，十力的这个假设性提问不过是循循善诱。接下来，十力就对《难势》作出了一番非常精彩的分析。十力可能希望我们懂得，儒家革命圣人的产生来自"尚贤"，而"尚贤"则与韩非所说的"时机"或者说权势相关。是否如此，或者具体怎样相关，我们就得看十力怎样解释《难势》。

《难势》是一篇近似对话体的论辩文，有战国策士的论辩风采。首先是慎到（战国时赵人，约公元前395年—前315年）提出自己的论点，他主张权势决定治道，随之是尚贤者的反驳，然后韩非再出面平章两说——十力通过评议韩非的评说加入这场论辩。为了更好地理解十力的观点，我们必须先熟悉《难势》中的论辩，因为十力并没有解析论辩本身。

文章一开始，我们看到的是慎到的主张，他说，"飞龙乘云，腾蛇游雾"，凭靠的是云和雾，一旦云雾散去，龙蛇"失其所乘"，就"与蚯蚁同矣"。这个观点的要点是，飞龙腾蛇与蚯蚓蚂蚁固然德才殊异，没有云雾（权势），贤人也只得屈从于不肖者。云雾堪比权势，尧这样的圣人若权轻位卑则"不能治三人"；桀德才虽薄，一旦掌握权势却足以乱天下。慎到由此推论："势位之足恃而贤智之不足慕也"——我们可能会说，尧是大贤，他可以在民间施教啊……慎到说，尧若身为平民施教，民人不会听；但他一旦"南面而王天下，令则行，禁则止"。慎到由此得出进一步推论："贤智未足以服众，而势位足以缶[屈]贤者[使贤者屈服]也"。慎到并未抹杀飞龙与蚯蚓或尧与桀的德性品质差异，也没有说桀得势后会出现治道，而是肯定会乱天下。但他从贤者若不得权势就没用推导出"权势"决定论，等于降低了贤人的作用。进一步的推论则涉及"贤智"的作用，可以看到，慎到说的是，尧当王后不再是施教，而是施行法治，从而否定了教化的作用——慎到的前提是如何治理国家：有了权势之后凭靠什么施政。

尚贤者反驳说，飞龙腾蛇固然得"托于云雾之势"，但放弃贤智而单独强调任势，难道"足以为治"？这一反驳既抓住了要害，也忽略了慎到的要点，因为，慎到放弃贤智后并未单单强调任势，而是强调乘有权势施行法治。因此，关键在于贤者有权势之后是施行教化还是施行法治。尚贤者抓住飞龙与蚯蚓或尧与桀约的品质差异来反驳慎到的权势论，强调权势与治或乱其实并没有必然联系，治或乱取决于什么样的人任势：贤智得势则天下治，坏人得势则天下乱。权势本身似乎是个中性的工具，贤者凭此治世，坏人凭此乱世。尚贤者这时引入了一个重要论点：就人的本性而言，世上好人少、不肖者众，如果用"威势"来"济乱世之不肖人"，结果必然是"以势乱天下者多矣，以势治天下者寡矣"——尚贤者由此推论，单纯强调权势的作用，只会使得权势成为"养虎狼之心而成暴乱之事"的东西。可以看到，尚贤者与慎到都有两层推论，尚贤者的第二层推论针对的是慎到的第二层推论。

尚贤者的第二层推论听起来有点儿像十力的民主政治观，因为尚贤者明显持有一种人性论。与十力不同的是，尚贤者认为，就人的本性而言，好人少而不肖者众，从而与十力的人性论恰好相反。但十力作为一个自由民主论者会认同尚贤者的最后推论："威势"是个坏东西，或者说"权势"本身是个坏东西。尚贤者其实已经偷换了论题：通过强调坏人得权势则权势必然为虎作伥，得出权势本身就是个坏东西，因此治世用"威势"等于极权专制。由于尚贤者把这个推论藏在中间，不太看得出来，他最后的结论是：权势本身与治道没有确定的关系，慎到"专言势之足以治天下"，见解实在肤浅。其实，慎到并没有说，单凭权势就足以治天下，他说的是，贤者得势后要施行法治而非教化——法治与权势当然有关系，但权势并不直接等于法治，否则尚贤者说纣得权势会作更大的恶，就算白说了。

事实上，尚贤者对慎到的反驳歪曲了慎到的基本论点：强调权势的重要性基于飞龙与蚯蚓或尧与纣的德性品质差异。尚贤者最后维护自己的论点时说，治道关键在于是否贤良方正者执政——国位有如马车，权势是拉车的马，法有如辔，刑罚则有如鞭策，问题仅在于这一切掌握在尧舜手里还是桀纣手里。如果这一结论针对的是慎到最后说，尧当王后不再施行教化，而是施行法治，尚贤者的说法就没有中的，因为慎到并没有抹杀尧舜与桀纣的德性差异。

现在韩非出场来平章两说，他首先确定"势"的语义——所谓"势"有自然之势和人为之势，如果他要来谈论"势"，不会谈"自然"形成的"势"，也就是尧舜或桀纣这类千年难遇的奇人出世后自然就会得到的权势。韩非说，按照尚贤者主张的贤人治国道理，贤人就不会受到任何约束；按照慎到的权势决定一切的主张，就没有不能约束的——如果尚贤者的主张是矛，慎到的主张是盾，两者就没法相容。换言之，尚贤者的观点与慎到的观点一个是矛一个是盾，两者对论必然矛盾，而且没得解法。因此，韩非把两者的论点都搁置起来。所谓矛与盾的比喻，要点不仅在于两者观点相互对立，更重要的是两者观点共同带有极端的性质：慎到和尚贤者的出发点都是追求千年难遇的治道。由于两者的论点都基于尧舜和桀纣这样极为罕见的大贤和大贼，韩非搁置的其实是基于尧舜和桀纣来思考治道的思考方式本身。

韩非说，谈论大贤或大贼与"势"的关系没有意义，因为，若世出大贤如尧舜，自然就会得势，再有十个桀纣也不能兴风作浪。反之，若世出大贼如桀纣，同样自然会得势，再有十个尧舜也不能扭转乾坤——大贤得势必然会有治世，大贼得势必然会有乱世而且没治。换言之，大贤得势有治、大贼得势没治，这是常识。问题在于，大圣或大贼一千年出一个已经算"比肩随踵而生"了，所谓"势必于自然"无异于说，大贤或大贼得势完全是偶然才会出现的世道，并非世道的常态。讨论政治的偶然之"势"，对于探寻人间治道的一般道理没有意义。所以韩非说，如果他要谈"势"，只会谈靠人为之力所设的"势"，意思是说，他关心的不是千年难遇的"势"，而是每朝每代都常见的"势"。历史上的当政者多为中材之人，比德才不及尧舜，比不肖不及桀纣。正因为如此，才有必要谈人为设立权势的问题。

可以看到，韩非把势治或贤治作为两种极端言论搁置起来，为的是引出自己的主张：谈"势"当以时时都会出现的中材之人治世为出发点。由此韩非提出自己的论点："抱法处势则治，背法去势则乱"——这是就中人为君主而言的。① 如果要等待尧舜一类大贤，我们就得等上千年才会遇到一回治世；然而，即便有了千年治世，这时偶然出

---

① 孔子说，"性相近也，习相远也。唯上智与下愚不移"（《论语·阳货》）——按赵纪彬的辨证，所谓"性相近也"指的就是"中人"的相近之"性"，具体而言，中人之"性"为"欲富贵""恶贫贱"。正是这种"中人"之"性"，孔子认为大有"移易"的必要和可能，"移易"的方式就是要求中人"习""处富贵""去贫贱"的"礼"。参见赵纪彬，《论语新探》，北京：人民出版社，1976，页214-215。孔子的确说，"中人以上，可以语上也"（《论语·雍也》）

如果治者可以如孔子所说分为上中下三品，那么，上智与下愚实际上是两类性质相反的极品。倘若如此，韩非的思考方式就切近孔子所谓"唯上智与下愚不移"。班固在《汉书》卷二十《古今人表》引"传曰"，"可与为善，不可与为恶，是谓上智"，举的例子是尧舜。"可与为恶，不可与为善，是谓下愚"，举的例子是桀纣。"可与为善，可与为恶，是谓中人"，举的例子是齐桓公，"管仲相之则霸，竖貂辅之则乱"。

了个桀或纣，千年治世也会毁于一旦，等于没有意义。

由此我们可以理解，韩非的法术观为何并没有什么意识形态立场，而是从政治常理立论。我们看到，韩非在文章最后批评的是慎到和尚贤者的政治思考方式：两者的思维方式都走极端，而非寻求常理（"积辩累辞，离理失术，两末［极端］之议也"）。如果要寻求治道的常理，就应该注重掌握势位和法度——韩非最后显得回到了慎到的立场，其实已经抽掉了慎到的飞龙与蚯蚓之分这一前提，取而代之的是中材之人，因为，如果我们遇到千年才会出一个的尧舜或桀纣，谈论势位和法度都白搭。反过来理解，正因为历史上的执政者大多为中材之人，才应该强调势位，同时必须用法度来限定和制约位势。

倘若我们的阅读没有脱离韩非的文本，那么，十力的政治思考的出发点当算是超级"末议"：

> 民主之法治，必于个人自由与群体生活二者之间斟酌其平。吾儒《礼经》《中庸》一篇明其原则曰："万物并育而不相害，道并行而不相悖"……不相悖害，则不妨碍个人自由可知。圣言高远，所以为万世准也。（《评论》，页295-296）

十力的政治思考以"万世"为准，他所期待的"平其不平，正其失正"的革命圣人甚至超过人们的千年期待，要两千多年才会出现一个。可以断言，十力说韩非胸中必有"民主之志"，韩非听了一定只能苦笑。韩非心里清楚，一旦人们有了十力说的"民主之志"，一定会觉得等待一万年实在太久。

现在来看十力怎样评议韩非的观点——他说，韩非指别人的观点矛盾，其实自己的观点也有矛盾。我们从原文看到的是，韩非说慎到与尚贤者的观点相互构成矛盾，而非说他们各自的观点本身自相矛盾。与此不同，十力说韩非的观点矛盾，是指韩非的观点自相矛盾（而且不止一次说到这一点，参见《评论》，页348、350、351）。怎样自相矛盾？比如，韩非重视法治，但法治得有人来建立和施行，于是得出凭靠"中材之主"的论点。但矛盾的是，韩非对中材之人的理解有问题，或者说没有正确理解何谓"中材之人"。按十力的理解，所谓中材之人当指"虽上不及尧舜，而必有希尧舜之志与知人之明、为善之勇"，换言之，必须得有与尧舜看齐的大志，才能称得上中材。不仅如此，由于考虑到自己"志不坚、明不继、勇不足"，还得"力求贤能以自辅"，才算得上中材，否则没法做到"抱法处势而为治"（《评论》，页347）。

可以看到，十力所谓韩非的观点自相矛盾，其实指的是韩非的中材之人缺乏大志，既非有志于成为尧舜，也非到处寻找尧舜。由此可以说，十力的逻辑是，只要与我的观点不同，你的观点就是自相矛盾。

十力又进一步提出历史的证明：自人类有国家有君主以来，不断出现中材之君，桀纣根本就数不出几个，为何背法废势者多呢？反过来说，儒家尚贤也仅仅是以尧舜为最高标准，从而"自强自树"，从未"划定一至高无上之格"，非要等到尧舜一类大圣出现不可——这无异于说，所谓"中材者"指的是非做大圣不可，甚至尧舜也非"无上之格"：成为圣人的凌云之志不会有封顶，比尧舜更圣也未尝不可。可以看到，十力所谓的"中材者"现在变成了自己要成为超越尧舜者:"儒者为政,必求贤于当世,非欲起尧舜于地下",守株待兔地等待出现尧舜以治"当世之民"(《评论》,页348)。① 这岂不是说,与其等待尧舜千年,不如中材者自己当下成为尧舜?我们可以体会到,十力从"乾元性海"中获得的政治能量之大,实在令人惊叹。

十力随之又引孟子"徒善不足以为政,徒法不足以自行"句,以此来证明自己的论点,但从孟子这句话的上下文来看,这话反倒证明的是韩非的观点。② 因为,在十力看来,所谓"贤者"当是有民主大志者,《春秋》所制万世法是自由民主根本法,追慕实现这一根本法才算得上贤者。既然如此,十力根本就应该拒绝韩非的"中材"说,但他却是先接受韩非的"中材"说,然后再用自己的贤者说来纠正韩非的"中材"说,可见,自相矛盾的是十力自己,而非韩非。但如果我们回想刚才十力的说法,又应该承认十力并没有自相矛盾,因为他事实上根本否定了韩非的"中材"说。十力接下来的说法进一步挑明了这一点:韩非

---

① 这让我们想起十力关于虚君共和的说法:《论语》"大哉尧之为君也……为天为大,为尧则之。荡荡乎,民无能名焉"——意思是"孔子假尧舜以为虚君之象,其义别详于《春秋》者也。是故儒家虚君之制,置君于无为之地,而尊之同于天,则以天高而无为,象君德也"(《与友人论张江陵》,页578-579)。

② 语出《孟子·离娄上》:"离娄之明、公输子之巧,不以规矩,不能成方员[圆];师旷之聪,不以六律,不能正五音;尧舜之道,不以仁政,不能平治天下。今有仁心仁闻,而民不被其泽不可法于后世者,不行先王之道也。故曰:徒善不足以为政,徒法不能以自行。"在《乐记》中我们可以明文看到经文对人世差序格局的规定,"乐行而伦清",而非不伦不类,因此"先王本之情性,稽之度数,制之礼义"。

用"中材"取代追慕尧舜的贤者无异于"斩尽""尧舜血脉","人亡而法亦息"——这里的"法"当然指的是自由民主大法。十力还痛切地说:辛亥革命以来,国人追慕西方法律制度,这是大"势",但仅有"势"没有"希昔贤之志",西方法律再好,也"不能自行",有"势"也白搭。由此可见,十力所思考的与韩非所思考的根本不是一回事情。

十力指出韩非的第二个自相矛盾,情形同样如此。韩非说,尧舜得势,再有十个桀纣也不能兴风作浪,反之,若桀纣得势,再有十个尧舜也不能扭转乾坤——十力把这理解为,治或乱之"势"为"自然之势",不是"人之所得设也"。如果我们看原文,韩非的意思很可能是,尧舜是天生的,千年才偶然出现一个,这样的大圣一旦出现,他"自然"就会有"势",因此根本没必要谈论"势"("势必于自然,则无为言于势矣")。十力按自己的形而上学智慧把"势必于自然"释读成"自然之势",或者说把一个经验逻辑的语式释读成形而上学的表达,然后再指责韩非的"中材可以抱法处势而为治者"这一说法自相矛盾。实际上,十力先拒绝了韩非的观点,再用自己的观点来说韩非自相矛盾——十力说,"自然之势"的意思是"天地鬼神不能易"的"天下大势",这无异于说,所谓"自然之势"恰恰是人为设立的:

> 虽谓之自然,而实由群力交推成其如此,本非自然。大人开治(英雄而能持正义者,犹为希仰尧舜之人,可谓大人,故能开治),众贤从化,则治势成而乱势伏矣(伏字吃紧。人间世本相对,乱势无可灭尽

也)。元凶扇乱,群㺅共随,则乱势成而治势伏矣。凡势已成而不可遽易,则谓之自然,似无不可耳。夫群力交推,不可测其端绪,亦不可究诘其终究。……势之已成,不可遽易,要非不可易也。势治易而乱,贤人道熄也。贤人道熄者,可以说天下吝于生贤(天者,自然义,非谓神帝,下仿此),实亦人之不自勉于贤。然咎天之吝于生贤也,不如责人之不自勉于贤。生而为人,皆可勉于贤也,而陷于不贤,则人之自暴自弃也。势乱易而治,贤人道长也。贤人道长者,人皆勉为贤,积善以自强也。……势之治也,贤人造之,奚不相容?(《评论》,页349-350)

十力让韩非的中材之人摇身而为天将降大任于斯人者,这种人除了革命圣人还能是谁?十力的评论表明他自己主张的恰恰是韩非在《难势》结尾所遗弃的"积辩累辞,离理失术"的"末议"。反过来看,十力对韩非的批评,又无不是在为自己的"末议"辩护。韩非在《八说》中有著名的上古之德不足慕的说法——"古者人寡而相亲,物多而轻利易让,故有揖让而传天下者"。十力认为,这是明目张胆贬低圣哲,因为圣人不会揖让,而是应该当仁不让:

上古草昧初开,唯赖圣哲诞生,以其智德导领群众,渐兴政教,日进文明,此事理之必然。(《评论》,页350)

十力的反驳不是正好与《难势》中尚贤者的主张一致了吗?但十力比尚贤者聪明,他引《八说》中"古者人寡而相亲……故有揖让而传天下者"句后，并没有引韩非接下来说的：

> 然则行揖让，高［推崇］慈惠，而道［由］仁厚，皆推政也［行政如以手推车而非以马驾车］。处多事之时，用寡事之器，非智者之备也；当大争之世，而循揖让之轨，非圣人之治也。（《韩非子·八说》）

可以看到，韩非其实与十力一样不主张行揖让，差异在于：韩非建议行法治之道，十力则建议行革命之道。十力这时一语道破自己与韩非的根本差别：依赖严法为治道还是"唯赖圣哲"为治道——"儒者之藉颂古圣、尊先王，非泥古也，以为人情不可无所归仰，故道前哲旧德以引人向往之心，而养其为善之勇"（《评论》，页351）。这样一来，十力就把问题链接到革命圣人与自由民主大法的关系上来。因此，我们当然不能说，十力指韩非自相矛盾是强词夺理，而应该把这理解为"以其智德导领群众"的必要修辞。

> 今世大变，措施之宜无可泥古，然亲近民众与扶导民众者，必有慈祥之心、精明之识、通达之学、干练之材、贞廉之守、勤劳之习，更其教而必合于人道，修其政而必切于民生，猛而不失其宽，锐而勿操之过急，庶几安定地方，使民有乐业安生之趣，治具渐张而民主基础始定。（《评论》，页335-336）

这段文辞看起来很像《论六经》的语调，以至于我们应该设想：早在1949年十力反复修改《正韩》讲记时，他已经有了写《论六经》长函的冲动——难怪十力的大弟子之一徐复观当时曾劝十力不要发表《韩非子评论》。

八 天人共和国

十力已经让我们看到,他绝不能同意韩非的地方其实并非在于韩非的独裁或极权论,而在于韩非"以民智不可用而归诸人主独断,以严法为治"(《评论》,页358),这与十力的圣人用天下之智的民主思想不相容。由此来看,十力认为韩非的法术论具有独裁性质,又没有说错——所谓"独裁"性质指的是反对启导民智。十力所理解的"用天下之智贤勇",是革命圣人的"操术而行法",从形式上讲虽然是独裁,却是为了开启民智,从而不能算真正的独裁。从形而上学本体论上讲,革命圣人的为政之心顺应的是"天下之动"——十力引《易·系传》"圣人有以见天下之动"句来证明,革命圣人的独裁是"类万物之情",进而"范围天地之化而不过,曲成万物而不遗"。

十力由此引出对民主圣人造势的精当解释:造势得分两个步骤——"知几"和"迎几"(《评论》,页358-361)。所谓"知几"就是"见天下之动",因为,"动"指的是事未成形之初的萌动之"几",这时群力交推,其间必有新机。群变不是任何个人造成的,"群变超越个人而独在"。所以,"天下之动明属客观",是"自然不容已"。我们得承认,十力的观点已经与历史唯物论相契,而且绝非"朴素"的那种。十力还告诉我们,"类万物之情"指的就是"圣人深观群变而精于知几"。

> 万物之情,极天下之至赜,极天下之至诡矣。此

类而通之，非排我见者不能也。得万物之情，则因物而裁成之，顺物而辅相之。（《评论》，页 359）

不用说，民主圣人"体神居灵而无（私）意"才有可能做到"知几"。圣人知"几"后还得要"迎几"，所谓"迎几"就是规导"几"，更确切地说规导"群力"。因为，"最下感几而狂动或昧几而不知所为，二者祸天下而终自祸"。"迎几"才能使"几""不失其宜"，而"宜"的古义通"义"，十力解释说，"不失其宜"就是"革故取新"。对于"知几"与"迎几"的辩证关系，十力的形而上学论证如下：

> 感几者，不知几而有感以动，如应候之鸟也，是其动也，乘乎不得不动。几已熟，事已著，彼且自诩为时代之天使，然非先几之哲，亦不能为迎几精义之君子，恃其阴鸷黠慧，妄冀以己见宰万物。己见者，一偏之见，是未尝类万物之情也。任偏见而不求通万物之情，是非从其好恶，取舍随其权变，必欲纳天下于羿之彀（引按：使劲张弓）中而不虑其后，是狂动而阻害群变之新几者也。夫新几之将萌也，只是穷则变而已，几之为吉为凶未判也，乘几而动者，能范围天地之化而不过，如是而变则通、通则久、久则可大，是谓吉。乘机狂动则不能通久大，是谓凶。夫法天地之化者，法其因物付物而无私意私欲与其间也；无私意私欲与于其间，故不张己而轻万物；不张己而轻万物，故可类通万物之情；类通万物之情，则于物之倾者覆之、栽者培之，皆因物自然

也。(《评论》，页359-360)

这些议论都是十力把韩非的"势必于自然"释读成"自然之势"之后生发出来的，十力让我们看到，他如何以解释《中庸》"天之生物，倾者覆之，栽者培之"句的方式将"自然之势"敷衍成说——革命圣人的"知几"和"迎几"所依据的是"物既自倾，天不得不覆亡之，物方自植，天不得不培养之"。从而，民主圣人独裁的正当性就获得了自然本体论的证明：必须强制所有人"化私为公"，这样才能使得人世生活与万物并育并行而不相害不相悖。十力打了个比方：春天对秋天说，我正在生物，你怎么肃杀我啊，我要肃杀你秋天；秋天回答说，"太空自寂"，而你却让万物"怒生"，这不是在折腾万物吗，我要肃杀你春天。十力出来评判说，"春秋之争""各挟私见，若自大化之公言之，春生秋杀，所以相反而相成也"(《评论》，页360)——我们不能不说，十力深刻地揭示了圣人独裁的唯物论形而上学理据。

这时十力回到第八节开头的感叹：可惜孟子不是实行家。现在他才对我们作出解释，这话是什么意思：孟子当时已经"知几"，也就是"知民主思想当实现而统治阶级当芟除也"，可惜孟子不知"迎几"。如果"孟子在当时能发挥其思想而作民主自由运动，战国以后之局当别是一种规模，别是一番气象"(《评论》，页361)。这似乎是说，如果孟子能用韩非的独裁思想"迎几"，战国以后就不会是秦汉封建专制，而是走向自由民主的升平气象。相比之下，韩非则错在不懂得"知几"，以为民智不足，专门"从片面去摘发细民之情"，这是韩非的"根本病痛"所在(《评论》，页362)。

韩非不懂得的道理有两点:第一,人都是可教化的,只要"善为诱导",人都终可"自立自存";第二,一国之民,智与愚或贤与不肖虽然相差悬殊而且千差万别,但通而观之,"则一国之群众长短相资,智长者,其所知所见自无形而有宣达于社会,智短者,亦因闻见所及而明白许多道理。故凡一国大计与夫公是公非或真利真害所在,国民皆甚了然"(《评论》,页362)。虽然从一个方面来看,"众人"似乎愚蠢,所谓"群众是盲目的",但从另一方面看,众人"明智如神"。所以,民主就是群众可以发抒"公共意力","政体毕竟以民主为大公之道"(《评论》,页363)。

在评论韩非"法"论的第八节最后,十力又回到第六节所谈的人性论:针对韩非的"慈母有败子"一说,十力斥之为片面之论,难道"妾妇之智,不可语人道而谈治理"?十力用自然现象做比喻:太阳高照是常,浮云蔽日是变,有常必有变,无变何以知常?慈母不必有败子,这是常理,慈母不得无败子,是事之变,不能因慈母有败子而废德厚,专任威势——十力说的这番道理已经让我们没法理清其中的逻辑,他又补充说,"用众则唯德厚宜遍用,其或被德惠而不知化者,则济以威势,使不敢逞,是用众矣而亦未尝舍寡也"(《评论》,页363-364)。这样一来,我们更没法搞懂十力究竟要表达什么了。可以理解的是,十力要再次申说自由民主的人性论,很可能是想告诉我们,韩非的"法"论境界太低,仅仅为"中材"之君量身定做,因此韩非虽然侈谈"法",却无能设计出一个具有宪法性质的根本大法。我们之所以能作出这样的推断,是因为十力让我们看到,他的"法"论是为"平其不平,正其失正"

的革命圣人设计的,这个圣人有宪法性质的自由民主根本大法所依:

> 圣人之仁义惠爱于万物也,欲全人类共存共荣也,欲全人类同得平等自由也,有为奴与奴人者两阶级存在,即无平等自由可言,即无共存共荣可言。圣人削除此两阶级,欲人各自爱自立,而后世界大同也。(《评论》,页369;亦参页355-356)

"全人类""平等""自由""阶级"一类语汇,无不是现代西方启蒙思想的标志性语汇,如果我们觉得,用现代西方启蒙思想来要求韩非实在有些过分,那就错了。十力告诉我们,现代西方启蒙思想所讲的东西,我国六经之一的《周官》早就已经讲明。六经中唯有《周官》可以被看作一部具有宪法性质的经书——十力对《周官》的释读有如在解释一部宪法,证实了这一点。① 按十力的判定,三礼中唯《周官》是孔子亲授,由七十子按口义流传所记,《仪礼》非孔子所定,与孔子无关,大小戴记《礼记》虽为七十子后学所述孔子微言,其中仍有汉儒为了避免迫害而添加的封建思想(《论六经》,页674)。在《论六经》中,

---

① 笔录《韩非子》讲记的十力弟子在《韩非子评论》一开始的记言中就提到:"清季迄于民国,知识之伦诵言远西法治者,辄缅想韩非,妄臆其道与宪政有合也,此殆未尝读韩非书。"(《评论》,页292)《韩非子》中的确找不到宪法论,那些将韩非与马基雅维利作比较的论者,想必也如这位十力弟子所说,"未有真通韩非之旨"者。

十力对《周官》作了详尽、系统的阐释,先说大旨,再分述《周官》微言,似乎在提醒革命圣人既要懂得"知几"也要懂得"迎几"。

十力首先说明,《周官》大旨"不外一'均'字"。① 我们都知道,《周官》很难读——十力同样感觉难读。但我们感觉难读是因为文字难通、古制难稽,② 十力所说的"难读"指的是其中的自由民主微言难明。

> 《周官》甚难读,职官为经,事义为维,不慧者读之,只见若干条文,然其广远深微之理窟,无量无边,却须由了解条文后,更向无字处寻觅,神而明之,存乎其人。(《论六经》,页670)

比如,堪称《周官》大旨的"均"字就不容易理解。为了让我们理解这"均"字,十力要求我们一开始就"向无字处寻觅",首先从掌握《大易》形而上学的道理入手:

> 《系辞传》曰:"天道鼓万物而不与圣人同忧。"天道一词,在形而上学当目本体,在此处则犹言自然之

---

① 十力在《读经示要》中告诉我们,近人严又陵先发明"《周官》言治之要,不外均平二字"(《读经示要》卷一,《全集》卷三,页583)。这提醒我们注意到,若非严又陵是"游海外者",恐怕也很难看出这一"《周官》言治之要"。

② 参见陈衍《周礼疑义辨证》,潘林校注,北京:华夏出版社,2011。

运耳。鼓万物者,非别有造物主,直万物自鼓耳,自鼓故曰自然之运也。物生而有荣枯、芳臭、清浊、灵蠢乃至无量对待之相,至不均也,自然无心而成化,其于灵蠢、清浊、芳臭、荣枯,都无所择。圣人怀慈而体物,则于物之蠢者浊者臭者枯者,皆不得无忧焉,忧其不均,则非求均不可也。生养有道,教育有方,所以求灵蠢之均也。治水之浊,拔其污泥;治人之浊,戒其染习,所以求清浊之均也。庆誉兴而善劝,制裁严而恶惩,所以求芳臭之均也。瘠土改造,则草木之荣枯均矣;阶级破除,则民群之荣枯均矣。是故均者,圣人导众庶以从事于斯,所以弥自然之缺憾,司造化之大权。天若与人违,而待人以起功,人修其功能,适成天之所畀。天人之故,微矣哉!天无心于命物皆均,人有事于代天以均万物,治化之职权在此,人道之尊严在此,故曰均之为义,深广至极也。《论语》"患不均"三字,是一部《周官》主旨。(《论六经》,页 681-682)

释读《周官》中的"均"字需要先凭靠《易》作出形而上学阐释,表明《周官》中缺乏形而上学。① 这样看来,与其说十力是在解释《周官》这部儒家式的自由民主宪法,不如说是在把《周官》虚构成一部自由民主的儒家宪法——是不是这样,还得由十力的释读来证实。十力让我们

---

① 在《读经示要》中,十力为此"平均"论提供的形而上学证明信手拈来更多儒经文辞(《读经示要》卷一,《全集》卷三,页 583-586)。

领略他对《系辞传》一句文辞别开生面的解释后，接下来就让我们读《周官》起首的"天官冢宰"句：

> 惟王建国，辨方正位，体国经野，设官分职，以为民极。乃立天官冢宰，使帅其属而掌邦治，以佐王均邦国。（《周官·天官冢宰第一》）

十力告诉我们，这段经文有如总纲，"开宗明义"地表明，《周官》是由《春秋》晋升太平之治，也就是离升平世而"期[望]"入太平世，但尚未抵达太平世。十力还提醒我们，这"期字吃紧"，换言之，《周官》经表达了对太平世的强烈向往。"佐王均邦国"显然是关键，这里的"王"字有两个含义：首先指王道，按"奉元而治也"来理解，所谓王道就是走向太平世；"王之义为向往。世已升平，唯仁道为人类之所共同向往，故谓之王"。其二，指王者，也就是主治之人或行政首长；《春秋》是升平世，或者说"虚君共和之治"，《周官》之"王"当然更是虚位，要旨在发扬民主，走向群龙无首、天下为公之盛。十力为此再次提供《大易》形而上学理据：

> 《易·乾》卦曰群龙，所以比喻太平世全球大同、全人类皆有圣人之行也。故其时之人在共同生活之结构内，各各皆得自主自由，互相比辅，至赜而不乱，无有野心家敢挟私侮众者，故不须首长，故曰无首。（《论六经》，页683）

我们看到，《周官》经文中本来并没有自由民主的含义,因此十力需要援用《易》和《春秋》中的文辞。如果我们读《易》和《春秋》,与我们读《周官》一样,实在难以读出自由民主的微言。十力的卓绝形而上学才能在于,先把《易》和《春秋》释读为自由民主思想,再用他慧眼独到地释读出的《易》和《春秋》中的自由民主文辞来建构《周官》的自由民主含义——可是,当我们为了至少扫清文字理解上的障碍而求助于汉代经师的笺注时,我们会发现,十力对经文的解释与之大相径庭。这该怎么办?十力告诉我们,这个难题很好解决,"汉儒每以媚皇帝之心理曲解经文"(《论六经》,页683),可以不予理会。如果我们善于学习,自然会想到:辛亥革命才推翻帝制,因此,从汉代到清代的所有六经笺注都有"以媚皇帝之心理曲解经文"的嫌疑。这样一来,我们读六经时遇到的所有文字困难都迎刃而解。

就释读《周官》而言,按照十力的教诲,我们仅需记住:"群龙无首"是中国式自由民主的根本义。具体而言,其意为"太平世全球大同、全人类皆有圣人之行……各各皆得自主自由,互相比辅,至赜而不乱"。按照这一自由民主大旨,十力告诉我们,《周官》已经勾画出一幅完整的图景,政治、经济、文化各方面相互联系。现在我们已经清楚,《周官》所勾画的这幅图景不是《周官》本来有的,而是十力自己建构出来的——与其说《周官》这部自由民主宪法是孔子订立的,不如说是十力订立的。因为十力说,《周官》并非"先画定地基,而后有上层建筑",而是有如设计制造出的一台机器,只等有一个"司机者以拨其机,而各部分便齐发动作,势不容已……主治者当如司机,直策发社会自觉,使其固有政治、经济、文化种种创造功能平均发达"(《论六经》,页684)。现在笔者才恍然大悟,十力说孟子不是实行家,庶几堪称自况之辞:十力已经"知几",只欠一位懂得而且能够"迎几"的自由民主圣人。

在《论六经》中,十力的确为我们周详地释读了《周官》。但既然所有旧注无不"以媚皇帝之心理曲解经文",我们也就无需跟着经文逐句逐字读《周官》,仅仅需要读十力的阐发即可。十力告诉我们,《周官》这部自由民主宪法可以分为两个部分:首先谈经济问题,然后谈灵性生活问题——看来,所谓"灵性生活"问题等于政治革命问题。十力强调,虽然《周官》谈经济问题的篇幅居多,《周官》的理想绝非在于解决人世的经济问题,而是为了实现灵性生活。首先解决经济问题,不过为的是"物用不匮而人得免于资生之累,其灵性生活脱然无系,夐然无待矣。宗教、哲学、文艺乃至科学等等知能莫不发达,推其原,唯民主之治乃收斯效"(《论六经》,页684-685)。

由此看来,作为自由民主宪法,《周官》塑造的是一个有如西方现代启蒙哲人所谓的"文人共和国"(1975年6月《百科全书》卷一出版,编者署名"文人团体")。用十力的表述,《周官》塑造的国家是一个"文化团体"——《读经示要》结尾时十力已经提出,"《周礼》首言建国,其国家之组织,只欲其成为一文化团体"(《全集》卷三,页1108)。既然"群龙"比喻的是"全人类皆有圣人之行",圣人的最高境界是天人合一,我们可以把这个"文化团体"恰切地理解为"天人共和国"。

一旦把握住十力为我们揭示的《周官》大旨,他对《周官》长达六十多页的释读也就不难把握其大要了。十力首先谈经济问题，他说《周官》大部分谈"理财之事"，基本原则是社会主义：

> 凡百生产事业，无小无大，皆有官领之，督其功而责其效，其事至纤至悉。（《论六经》，页685）

我们都知道，中国是个农业大国，如何改造这个农业国显然是实现自由民主的基本课题。在十力看来，要建设社会主义新农村仍然离不开《周官》的引导："今后农村如欲创立新制，发达生产，则《周官》遗意，诚当取法。"（《论六经》，页686）虽然如今科技发达，的确有超出"古哲所能悬想者"，但圣人作《周官》，"知周万物与囊括大宇之概"，早已为近世科学精神"导先路"（《论六经》，页687-688）。就经济问题而言，重要的并非科学技术，而在于把握"大均至均之精神"（《论六经》，页689）。按照《周官》的这一宪政精神，一切生产、经济制度和事业"必皆为国有，而本其趣向大同太平之精神亦必与国际通力合作，平等互惠"：

> 与四方远国通财利，除其怨恶，同其好善。以此等善意建立国际经济互助基础，是即发挥大均至均之精神。

在十力看来，《周官》在两千多年前已经提出"预防""近世帝国主义者"对内"庇护资产阶级以剥削劳苦众庶"，对外"侵略弱小之国"，不能不让今天的我们与十力一起惊叹："巍巍大哉！非上圣其孰能有此神智哉？"（《论六经》，页 689）十力的这一赞叹向我们透露出一大奥秘：《周官》这部自由民主宪法是某个"上圣"所具"神智"的杰作。如今的我们可能还是一个民族主义者，十力告诉我们，订立《周官》的"上圣"考虑的是"全世界人类"的大问题，而非仅仅中国的问题，相比之下，我们与"上圣"岂止飞龙与蚯蚓之别：

> 《周官》言理财，必以天下一家为量，将与员舆万国通有无、共财利，唯当悬衡以持天下之平，强者勿逞诈力而不恤人之挟怨，弱者怀怨而力图自强，终必以强锄强，不底于平弗止也。平其不平而后怨恶消，而后经济问题解决，天下大同矣，此《周官》之志也。（《论六经》，页 690）

按照十力的释读，甚至国际间的生产和运输、消费等方面的通力合作，《周官》也作出了明文规定。既然《周官》的经济观是社会主义原则，当然要"限制""人民私营之业"，"家庭组织必缩至极小，否则不能化家庭为社会，不能化私为公，故慈幼养老必须由公家负责"（《论六经》，页 691-692）——如果有人说，这与"纯粹共产制"实在没分别，十力说，当然没有分别，问题仅在于，"纯粹共产制"不可能"一蹴而就"，还得有限度地保留私有制。因为，"人民之体力、脑力不必同等，则其自营之能力有小有大，穷者、贫者、疾者皆社会所必不能无"，赈济这些人是"公家之任"。但"民之能自致于富者"，在保留的有限私有制内，"公家当平其徭役，不可苛取于富民"（《论六经》，页 692）。可以设想，为了实现《周官》的均平理想，必须搞一场经济领域的大革命。

经济革命取得一定成果后，必须进行全面的教化革命。因为，《周官》平均经济制度的根本目的不是为了经济生活本身，而是为了提高人民的文化精神，使国家成为"一文化团体"——"德化"人民生活是中国或儒家式自由民主圣人的独道使命：

> 孔子必示以如何为民均田产、平赋役、使民皆富，而后遍为庠序以教之，使民德、民智、民力充养日粹，如此则王道行而四裔慕化，岂唯一国之内近悦远来乎？圣人德化，在为人民普遍谋富教，使人类精神得完美发展，并非以物质生活为满足，而亦不忽视物质条件。（《评论》，页 355-356）。

封建专制最大之恶在于，使得人民在"文化方面晦塞，民众在精神上无食粮，不能有所独辟独创，不能发起正知正行"。但实现了平均的经济制度，并不等于民众就会自觉自愿地"发起正知正行"。为了建成"文化团体"型国家，必须在改造经济制度的同时或之后，发起促使每个人的灵魂"正知正行"的教化革命。所谓"民主政治"必须与"正知正行"的教化革命联系起来，或者说，"民主政治"就等于"正知正行"的政治：

> 政制之创建、政策之运用以及经济、文化诸方面之改革与发展，非民主则不能通天下之志、类万物之情，不能有大道为公、开物成务、天下文明之盛。

(《论六经》,页695)①

十力告诉我们,《周官》昭示的民主之治有两个方面的含义:首先是选举制度,然后是教化制度。《周官》所规定的选举制度是:"自下而上",王朝冢宰、六官乃至地方群吏,"皆由人民选举"——"《周官》之为民主政治,不独于其朝野百官皆出自民选而可见也,即其拥有王号之虚君,必由王国全民公意共推之"(《论六经》,页704)。所谓"选举"就是选举贤能,由于"乡遂诸属邑",地方很小,谁都认识谁,"选举无妄可知"——"六乡之众庶共举贤能":

> 使贤者出而长民,即王朝自冢宰以至群吏,将皆拔自诸贤也,使能者入而任其乡或其遂之政教,则克举其职无疑也。(《论六经》,页700)

我们的头脑要简单得多,难免会想到比较具体的情形,比如,众庶并非贤人,也未必能辨识谁是贤人,何以能"共举贤能";或者,如人们在乡下所见,有巧辩奸邪的恶人操纵选举怎么办……对于我们的疑惑,十力会觉得幼稚,因为,订立《周官》的"上圣"考虑很周全,我们想到的

---

① 十力一再申说,儒家不贱功利,但也不"偏扬功利",而是"以功利为发扬灵性生活之具,复其天地万物一体之本量而已"(《论六经》,页703)。民主政体之所以是最佳政体,不是由于"经济问题迫之不得不然",而是基于人的灵性生命的"无限创造功能"……"革命大业,民主善治,皆是吾人各种创造功能之显发。"(《论六经》,页709)。

情形根本不会出现。《周官》明文规定：

> 乡之属邑，自闾以上，每岁必书其民之德行道艺，或于属民读法时考其德行道艺而劝之，纠其过恶而戒之。遂之属邑，自里以上，每岁以时数其众庶而察其美恶而诛赏。（《论六经》，页700）

十力让我们看到，普遍教化应该是普选的基础或前提，必须先有"正知正行"的教化，然后才有普选式的选贤，否则"选举无妄可知"何以可能。不仅如此，十力还让我们看到，"正知正行"的普遍教化仍然还得靠"法"的强制规范来推行：

> 《地官》定乡遂读法之制，使众庶明于法意而知其不可触，不幸而触明法，则有刑罚随之，如是则民将习于守法而治道可成矣。（《论六经》，页702）

由于十力已经带领我们读过韩非书，我们难免会产生韩非式的问题。首先，"读法之制"所读之"法"究竟谁订立？显然不会是众庶订的，否则就成了众庶自己订立"明法"让自己"习于守"之。再有，"读法之制，使众庶明于法意而知其不可触"，表明"慈母有败子"的情形仍然难免，众庶中有需要用法的"刑罚"来约束者。第三，如果所读之"法"是各级官员所订，但各级官员得靠"乡之众庶共举贤能"而出，在没有经过强制性教化之前，显然不可能保障众庶能够"共举贤能"。总之，所读之"法"不可能是十力说的"法原于众"。由此来看，所读之"法"的法

源问题与众庶的人"性"相关。我们记得,在批判韩非的性恶论时,十力已经解决了这个问题,现在他又再次提醒我们,

> 佛说一切众生皆有佛性,皆可成佛,而又说阐提无佛性。前说就本性言,后说就惑障深重言,义各有当,不相反也。民主主义、社会主义,必须天下之人人皆于一己之外知有人,勇于去私而乐于奉公。是事诚难,故非董之以法不可。(《论六经》,页702)

这一提醒对我们实在有莫大启发,我们得以明白很多道理。首先,人的普遍"本性"是一回事,具体人的"惑障"是另一回事,要使得每个人实现自己的本"性","非董之以法不可"。"惑障"得靠"法"来破除,表明不可能"法原于众"。但十力让我们看到,"董之以法"的"法"其实源于形而上的人"性"规定。人的普遍"本性"规定(比如说"一切众生皆有佛性")既然是众庶的"本性"规定,在这一意义上我们又可以说,"法原于众"是成立的。我们都知道,佛家所规定的各种"法"非常严厉,但这并不妨碍"人皆可成佛"的人之"本性"规定。① 最富有启发的是,十力在这里用佛家常识来解释自由民主圣人的

---

① 尼采在《敌基督》第20节说到,佛教"是持续几个世纪的哲学运动之产物",它抛弃了道德概念的自欺,追求"一种持久地对概念和逻辑程序保持全神贯注的生活",同时又追求"自由自在、漫游式的生活,杜绝愤怒、冲动和任何牵挂"。在佛教那里,"唯我论成为义务"。

"发起正知正行",似乎佛家所谓"人人皆有佛性"已经包含自由民主的微言。通过十力的援佛解释,我们至少可以暂时解除眼下的困惑,懂得十力为什么说《周官》最注重普遍一律的提升式教化:

> 乡之闾胥、族师,每月朔日必察其民之孝弟睦姻任恤有学者而书之,此其教化之本,不可忽也。《周官》之社会主义,不唯改善人类之实际生活,而实归本于提高人类之灵性生活,故培养人民之德行至为重要,而孝友睦姻任恤好学,则德行之基也。(《论六经》,页703)

问题在于,《周官》中"正知正行"的教化制度还需要一位先知先觉的圣人来发起。毕竟,众庶的"惑障"相当普遍,虽然"法原于众","惑障"使得众庶普遍蔽于"法"。圣人发起教化革命凭据的是"法原于众",因此,从根本上讲,"正知正行"的教化革命具有民主性质。既然祛除众庶"惑障"的教化革命为的是众庶回复自己"一切众生皆有佛性"或"乾元性海"的本性,革命圣人再怎么"独裁"、再怎么"专制"、再怎么"极权",都不能说没有民主性质。即便"正知正行"的教化革命显得残酷,也不能说不具"人道"性质:

> 人在群中,犹四肢之在身也。将善吾之生,莫急于善吾之群。然群道肇于草昧,若一切习尚、一切制度,其始盖为统治者熏之成之而渐至于固定,及其固定日久,蔽亦日滋,人虽感其积弊之深,而囿于习、

劫于势,卒难变革,非有先觉以突化(引按:即革命)之功导其群,未有能革故取新者也。夫突化,天道也。物不能法天,唯人能法天以显突化之功。不唯释小体之形缚,乃复除大体之痼疾,使之一旦舍旧而为新,此乃人道所以尊也。(《论六经》,页736-737)

依据心性形而上学提供的正当性,教化革命必须"移风易俗"——过去的风气和习俗是封建统治者规定的,从而是众庶"惑障"之源,要彻底革除积弊之深的封建习尚和制度,必须有赖一位"先觉"的形而上学圣人"以突化之功导其群"。这无异于说,要达成"民主善治",必须得靠一位"先觉"圣人的独裁和专制。如果我们把这位圣人搞的独裁专制与封建君主搞的独裁专制混为一谈,仅仅表明我们的头脑看问题过于简单。把民主圣人使得民群"熏之成之"的教化举措统统视为专制独裁,等于取消了民主教化的正当性。我们必须区分民主圣人与封建统治者对民群"熏之成之"的本质差异:民主圣人对民群"熏之成之"的目的是,有朝一日民群众庶无需再"熏之成之"——这就是我们众庶所向往的自由民主境界。我们断乎不能说,民主圣人发起的教化"突化"为的不是走向自由民主,而是像封建君主那样为了自身利益。十力启发我们懂得,自由主义本身其实基于一种"熏之成之"的强制性教化律令:民群众庶必须摆脱"小体之形缚"。反过来说,自由民主的实现基于一个前提:众庶人人都能够实现自己"复其天地万物一体之本量"的灵性生命。正因为如此,为了实现自由,民主圣人对民群"熏之成之"的专制独裁必不可少——用《读经示要》中的说法:

> 夫教化修，人皆全其所性之正。而免于狂迷之行，此治本也。然亦必改造社会结构，使与大同世界相适应，而太平之治始成。（《全集》卷三，页1056）

《周官》对于教化的宪政式设计分为学校之教和社会之教两种，从"孝友睦姻任恤"到"好学"都是"德行之基也"。显然，"孝友睦姻任恤"属于社会之教：孝则善待父母，友则善待兄弟，睦则合邑里众庶，姻则亲于戚友，任则勇于任公，恤则急于振穷（《论六经》，页703）。听起来"孝友睦姻任恤"很像是教人养成封建名分之礼，其实并非传统礼教的含义，而是心学修养的含义。

> 社会之教莫严于读法，而法必以礼乐为本。礼乐者，教民有以理性情也。理性情者，陶其情于正，即性无亏蔽也。性禀于天，本无不善。情者亦性之流，而非性之固然。吾人自肇生而后，已是具有形气之个体，则性之灵流行发用于形气中，而与环吾个体之天地万物交感者，是谓之情。性者，通天地万物而无差别相。虚灵绝待，故无不善。情者，缘个体而发，其发有系，便成不善（有系者，滞于个体之谓，如儒云私欲，佛云贪嗔痴等是也）。（《论六经》，页719）

现在我们能够更为清楚地看到，"法原于众"之"法"是心性形而上学之"法"，因为"社会之教莫严于读法，而法必以礼乐为本"——我们已经知道十力对礼乐的解释。因此，"孝友睦姻任恤"教化的最终落脚点在"好学"："好学则勉为圣智。不学便愚,万恶出于愚,故好学,美行也。"(《论六经》,页703)显然,仅靠"孝友睦姻任恤"不可能建成一个"文化团体"国家。社会之教需要继之以学校之教,实际上学校才发起真正的"正知正行"的教化革命。

"好学",而学什么当然非常重要,按十力的解释,《周官》对学校科目的规定,除陶养品性的德行科外,"所教之学术则总分道艺二科"。所谓"道科"在今天就称之为哲学,但主要当是儒学,"艺科"则相当于今天的科学知识(《论六经》,页711)。"道科"与"艺科"有品质上的差异,因为科学有可能成为封建独裁的工具,哲学则不会如此:"人类知见失其正,则亦可资科学以济其恶。"知见何由而正?唯有靠哲学,"犹莫切于儒学"(《评论》,页386-387)。这样说来,《周官》对学校科目的规定,最为重要的是学习哲学,更确切地说是学习十力自己的心性形而上学。因为,"道科"这个名称得自这门学科教人探究"虚而建,静亦动"的"道体"。

《周官》是中国的自由民主宪法,当然会以"儒道两家皆深穷宇宙体原而共同建立"的"道"为"道科"根基。说到这里,十力引《诗经》"维天之命,于穆不已"句(语出《周颂·维天之命》),随之对我们解释说:所谓"天者,道体之异名,非谓神帝;命者,流行义。道体流行不息,故云不已,此不已一词含义深远"——如此解释无异于说,《周官》规定的"道科"教学必得以《大易》形而上学为基础。可是《周官》中明显没有《大易》形而上学,我们自然会想到一个问题:如何搞懂《大易》形而上学。这时,十力就适时地让我们参看《新唯识论》中的"转变"

"功能"诸章（《论六经》，页 711–712）。由此看来，《周官》所规定的"道科"当以十力自己的形而上学为出发点，我们显然没法说——十力自己也不能说，《新唯识论》是以《周官》所规定的"道科"为出发点。

一旦明白这一点，我们也就很容易明白十力对所谓《周官》中的道学的解释："道科之学，所以究万化本源、人生真性，则涵养其民之德行者在是矣。"（《论六经》，页 713）我们看到，"好学则勉为圣智。不学便愚，万恶出于愚，故好学，美行也"这一规定无异于要求所有众庶都得成为心性形而上学家——难道真的是这样吗？十力毫不含糊地告诉我们，的确如此，因为"涵养其民之德行"绝非是民主圣人对少数人的要求。由此我们得以理解，十力为何说《周官》所期待的国家是一"文化团体"。按常识来讲，所谓"团体"当指一个政治共同体中的一个特殊群体。通过十力的解说，我们可以懂得，所谓一"文化团体"当指通过"正知正行"到达自识心体即性体之人的团体。但十力的要求是，让所有众庶都成为这个心学团体的成员，否则，心学这一"文化团体"何以可能成为一个共和国呢？

由此可以理解，为何十力说，《周官》规定的"道科之学"绝非单纯的思辨教化，"道科之学，不遗知识，却须超越知识境界。其为学也，要在涵养与思唯并进，使思唯因涵养而益纯明，自诚明也；使涵养因思唯而益冲粹，自明诚也"——"思唯"不是一般所谓的思想，因为思想来自"量智〔理智〕"的努力，而"思想对于宇宙之考察，只能识其化迹，而不可得其根源"，或者说，思唯只能得本体流行变化的现象，不能得本体（《论六经》，页 724–725）。

我们难免会想，涵养与抽象思维如何得以并进呢？这时十力援引《乐记》为我们解惑：

> 致［专研］乐以治［涵养］心，则易［平易］直［正直］子［慈爱］谅［诚信］之心油然生矣。易、直、子、谅之心生则乐，乐则安，安则久，久则天［体达天理］，天则神［与神明相同］。（《乐记》）

这两句经文紧随前句的"君子曰""礼乐不可以斯须［片刻］去［离］身"，如果我们掌握了每个字词的含义，意思显得平易，不难明白。但十力对我们解释说，最后的"久则天，天则神"的"天"指"恒久不息"的天道，"是超时间义，须深玩"；所谓"神"指"不测义"，也就是佛家所谓的"十地终"。经十力这么一说，整句的含义就不像我们以为的那样平易了，而是"深远无边"。十力进一步告诉我们，深通佛家《涅槃经》的人才比较容易懂这句经文的含义，"凡夫难与究此"，除非我们可以"深参"明儒所谓"乐是心之本体"（《论六经》，页725）。原来，所谓"要在涵养与思唯并进"，意思是懂得"心之本体"的"天则神"义。

如果我们把"要在涵养与思唯并进"的要求与"社会之教莫严于读法，而法必以礼乐为本"联系起来，社会之教所读之"法"就当是心体形而上学之"法"的社会化。如果我们再把"社会之教莫严于读法，而法必以礼乐为本"与《周官》宪章要建立"文化团体"型国家的远象联系起来，十力岂不是在要求所有工农兵群众从小都得先深通佛家《涅槃经》？我们能说广大工农兵群众是"凡夫"？当然不可！我们只能理解为，十力的确要求所有工农兵群众习得深通佛家《涅槃经》的功夫或明儒心学的功夫——我们知道，明儒心学功夫已经包含佛家功夫。

这时我们必须想起十力自己的经验之谈，他在别处曾告诉我们，佛书很难读，读者必须具备四项条件：首先，抽象能力要极高才行，"否则于其高广幽深之玄境不可攀援"；第二，思辨分析力要极强才行，否则找不到无穷义蕴的端绪和脉理；第三，会通力要极大才行，否则一辈子有如盲人在摸象；最后，还得有"广大心、真实心"才行，否则没法会意文字之外的东西（《摧惑显宗记》，页407）。除此之外，还得加上一个条件：必须把佛书中的宗教迷信从哲学思辨中剥离出去。① 不用说，这同样要求极高的思辨能力。既然如此，我们难免困惑的是，十力怎样使得所有工农兵群众具备这五项条件呢？或者，我们怎样设想所有工农兵群众天生个个像十力那样有形而上学思辨天赋呢？

这样的困惑在《周官》经中自然找不到答案，因为《周官》经毕竟仅仅是儒家式自由民主的宪法，不可能涉及诸如此类过于细节性的问题，十力也仅仅向我们重申他一再伸言的自由民主形而上学要义：

> 聚人而成国，合群而为治，未有贱功利而贵穷乏、恶富强而求贫弱者，但人生最高之目的毕竟在发扬其灵性生活而复其天地万物同体之真（此即复性之谓），

---

① 十力在《读经示要》中的经验之谈是："吾尝言，读佛书，如入山采宝，必遍历荆棘，而后得宝。佛书中许多空想幻想之谈，皆荆棘也。然期间有至宝焉，要不可弃。"（《读经示要》卷二，《全集》卷三，页798）

游于无待，振于无竟（矍然无待，故无终竟，无竟而恒不衰，故曰振），于是人生始有无上价值与无穷意义。故为治之道，必使民毋失其性；欲民毋失其性，即莫如兴礼乐；礼乐达于天下，而后天下之人人乃有以陶情于正、毋害其性，此治道之极则也。礼乐之本立，则功利之图、富强之计皆所以助成礼乐之化，而后人生不至坠退，乃互相得于一本万殊、万殊一本之中，敦分而各足，玄同以合爱，是《春秋》太平大同之盛轨也。（《论六经》，页722）

十力所设想的自由民主是"治道之极则"，可见韩非的"末议"之说没有错。任何一个具有文史常识的学人都会感到惊讶，十力何以能从经文中推衍出如此高论。但我们无需对具有文史常识的学人的惊讶感到奇怪，因为他们没有十力的形而上学眼力和论说功夫。我们至少可以理解，十力要求所有工农兵群众具备四项思辨条件是真的，因为，在结束阐发《周官》"道科之学"时，十力提到了《论语》中的"仁者己欲立而立人"句，并教导我们说："试问如何是立？学者宜省"（《论六经》，页727）——"学者"当指具有心性形而上学兴趣和能力的智识人，如果这样的人都像十力那样去"立人"，我们还能说不能建成"天下之人人乃有以陶情于正、毋害其性"的天人共和国吗？更何况如今我们已经推翻了千年帝制，接下来应该进行怎样的教化革命，难道还不清楚吗？

九　颠覆天下篇

十力在《论六经》中对六经微言的阐发，无不以《庄子·天下篇》中著名的六经概说作导引，随后对诸子甚至整个中国传统思想史的陶甄，也先引《天下篇》中的文辞（参见《论六经》，页762），显得言之无不依据《天下篇》。①毕竟，《天下篇》是中国最早的学术史经典文献。《天下篇》的六经概说前面还有一大段文辞，这段文辞应该是理解《天下篇》作者自己的六经概说的前提和指引，十力并未提到这段文辞，想必预设我们已经熟悉这段文辞。的确，《天下篇》开篇第一句"天下之治方术者多矣，皆以其有，为不可加矣！"——这话不仅对我们理解十力所身处的学术语境非常恰切，对理解十力的六经论说也富有启发：所谓"皆以其有"的意思是，无不"自以为得古圣王之道"。②

----

①　从《读经示要》中可以看到，十力颇看重《庄子·天下篇》，多次提到这篇文献。在专门论及庄子的地方（《读经示要》卷二，《全集》卷三，页776-779），十力仅涉及《天下篇》和《大宗师篇》。十力不认为《天下篇》的作者会是庄子后学，"《天下篇》当是庄子自序"，因为"其评判诸家，见高而识远。文奥而义丰，恐非庄子莫能为"。从这篇"极亲切"的"庄子自序"中，十力首先看到的是"独与天地精神往来……"（参见《全集》卷三，页776）。

②　笺释依据顾实、钱基博疏释（见张丰乾编，《庄子天下篇注疏四种》，北京：华夏出版社，2009；此编中高亨笺注过于疏略，马叙伦援佛释庄，皆不取）和谭戒甫《庄子·天下篇校释》，见刘小枫、陈少明编，《经典与解释》（第27辑），北京：华夏出版社，2007。

我们已经看到，十力"推原《大易》，陶甄百氏"的确具有如此气魄，其宏大之志就是要提出"不可加矣"的新"道术"——用今天的术语来表达可称为新"道学"。

为了充分理解十力陶甄经子的方式以及如何推衍出自己的新"道术"，学到应该从他那里学到的东西，我们必须亲自阅读这段文辞，理解《天下篇》作者如何说"古之所谓道术"。

《天下篇》作者以连续两个修辞性设问的方式来说明"古之道术"：首先问从前是否有"道术"。

> 古之所谓道术者，果恶乎在？曰："无乎不在。"曰："神何由降？明何由出？""圣有所生，王有所成，皆原于一。"（《庄子·天下篇》）

开首说"天下之治方术者多矣"，现在则问，从前是否真的有"道术"，明显意在今昔对比："古之所谓道术者"与如今"天下治方术者多矣"形成对照。古之学术称"道术"，今之学术称"方术"——道术与方术的差异，就是古今学术品质的差异。

差异在哪里？于是作者有第二个修辞性设问："神何由降？明何由出？"——回答是"圣有所生，王有所成，皆原于一"。第二个修辞性设问承接前句的"无乎不在"，因此"神何由降？明何由出？"更像是在解释"古之所谓道术"的品质，随后的答曰"圣有所生，王有所成"同样如此。由此来看，"神""明""圣""王"当指道术之"在"的四种样式，或者说道术的四种品质。"皆原于一"表明，凡道术无不出自"一"这一最高的在。"一"是道术之为道术的品质规定，"神""明""圣""王"则是"一"的四种样式，列举顺次很可能隐含着某种等级秩序或源流关系。

随后《天下篇》作者分述了天下人的七种灵魂类型,但这与古之道术有什么关系呢?或者我们可以问,为什么作者要通过区分天下灵魂七品来说明古之道术"无乎不在"?反过来也应该想,如今"天下之治方术者"与区分天下灵魂七品有什么关系吗?

《天下篇》作者首先提到四种人:天人、神人、至人、圣人——这四种"人"的名称与"神""明""圣""王"四者在数目上刚好对应,但在语词上没法对应:

> 不离于宗,谓之天人;不离于精,谓之神人;不离于真,谓之至人。以天为宗,以德为本,以道为门,兆于变化,谓之圣人……(《庄子·天下篇》)

"王"者没有出现在这四品"人"之中——"王"者哪里去了?"神何由降?明何由出?"句首列"神",现在首列"天人",明显不能对应。不过,如果我们想到"皆原于一",那么,起头的"不离于宗"的"天人"可能与"一"直接对应,这样看来,随后的神人、至人、圣人便刚好与"神""明""圣"对应。唯一的问题仍然是,这样就没有了"王"的位置——我们只能暂且记住这个问题,一时不得其解,就得存而不解。

《天下篇》作者依次列举天下七品中的前四品皆用"人"字。再往下三品为君子、百官、民,无一称"人",似乎天下"人"者少,君子百官多,最多的当然是"民"。我们显然不能说君子、百官、民不是"人",只能说这三品之"为人"与前四品之"为人"确乎不同。何以不同,经文接下来就作了具体说明。仅仅从名称看，目前也许可以说，天人、神人、至人、圣人之所以称"人"，因为他们都极为罕见，在人世的历史长河中只会是可数的单数；君子百官庶民从不罕见，只会是不可数的复数，无法用单数"人"称之。道术"无乎不在"看来仅在于前四品人，君子、百官、民并不具有"道术"。不妨设想，如果君子、百官甚至民人也治"术"，是否就是"方术"呢？这样设想至少有助于我们理解，为何如今"天下治方术者多矣"——用如今的说法，这叫"公共知识界"的形成。

《天下篇》作者对前三品人的品性描述都很简短，均为四字句，甚至可以说仅一个字：天人、神人、至人分别对应"宗""精""真"。对于这三种人来说，唯一的共同之处在于，他们都受"不离于……"的生存方式规定。当说到"圣人"时，品性描述陡增至十六字句，生存方式的规定不再是"不离于"，而是"以……"的凭靠。这无异于说，圣人的生存受到某种限制。圣人之下的三品人同样如此，其生存方式的首要规定是凭靠、依托。这样看来，在天下七品的上下秩序中，圣人与下三品人有更多共同之处。圣人凭靠"天""德""道"三者，似乎刚好与上三品对应：天人怀宗，神人怀精，至人怀真。但圣人怀有三者吗？恐怕不然，因为作者说的是圣人凭靠"天""德""道"，而非"宗""精""真"，我们恐怕不能说两者没有差异。何况，作者说的是圣人"以……"，而非"不离于"，我们同样恐怕不能说"以……"与"不离于……"的生存方式没有本质差异。

倘若如此就得问，差异的根源是什么？可以推想两种情形：要么因为圣人品性不及前三品，要么因为圣人的处身位置与前三品不同。

从经文来看当是后一种情形，因为经文说，圣人"兆于变化"。这段文辞以"运无乎不在"结尾，也许我们可以把"运"理解为"兆于变化"之所为。从而，圣人的"道术"与上三品的道术有品质上的差异。圣人与前三品的首要差异在于：圣人处身于"无乎不在"的"变化"之中，天人、神人、至人则无不超乎"变化"之上。"运无乎不在"结尾之后，接下来就是著名的六经总论，因此，要理解《天下篇》作者的六经总论，必须先理解道术"无乎不在"到"运无乎不在"的这段文辞。

虽然圣人凭靠天德道，由于"兆于变化"，想必圣人之为"人"比天人、神人、至人之为"人"难为：圣人既要凭靠天德道，又得"兆于变化"。相比之下，上三品为"人"要容易得多，他们仅仅需要"不离于……"，并不需要"兆于变化"。圣人之下的君子为"人"想必也要容易得多，因为君子所凭靠的东西不如圣人高，不是宗精真或天德道，而是仁、义、礼、乐：

> 以仁为恩，以义为理，以礼为行，以乐为和，熏然慈仁，谓之君子……（《庄子·天下篇》）

我们知道，仁、义、礼、乐是圣人所作，而非上三品所作，从而是圣人道术的体现——所谓圣人"外王之第一道术"（顾实语）。圣人既是单数的罕有之"人"的下限，也是道术的下限。在圣人之上，道术有不离于天、德、道三种，在圣人之下没有道术。圣人道术作仁义礼乐，意味着圣人要求君子凭靠仁义礼乐来生活，而非凭靠上三品所"不离"的天德道来生活——由于有了仁义礼乐，"兆于变化"被"熏然慈仁"替代了，从而君子的生存比圣人容易且安稳得多。反过来看，既然君子的生活方式凭靠的是圣人所作的仁义礼乐，那么，君子的生活显然得受圣人支配，当称圣人为"王"。倘若如此，圣人就有了两个身位或名相，分别对天和地：圣人和王者。这样来看，前面遗留的"王"者哪里去了的问题也就迎刃而解。回头再看"神何由降？明何由出？"和"圣有所生，王有所成"两句，我们会觉得，"神""明"似可重叠为一，"圣""王"亦可重叠为一，正如"降""出"可重叠为一，"生""成"可重叠为一。于是，"神""明"和"圣""王"的排列由四变二，在上归一。

"王者"在我们看来已经是至上者，但这仅仅对君子或者所有下三品而言如此，圣人心里清楚，自己之上还有三品。由此来看，在天下七品中，圣人身位最为奇特，上通天、下接地。可是，严格来讲，各个品级的生活方式都得上通天下接地，上不沾天下不沾地的生活不仅累人，而且不安稳。因此毋宁说，对不同品级而言，"天"和"地"的水平位置不同：君子的"天"最高不过至于圣人，他并不知道圣人之上的"天"，古之圣人也不会把自己知道的"天"告诉君子，遑论告诉百官和庶民。圣人所知的"天"并非君子所知的"天"，正如百官所知的"天"，并非庶民所知的"天"。倘若如此，笼而统之地谈论"知天"，天下很可能会大乱。

作者接下来说到百官——既然圣人为王者，百官自然也属圣人统领：

> 以法为分，以名［位、名分或刑名］为表［标记］，以参［衡量，按法和名考量］为验［求实、求是］，以稽［计算、考究］为决［审断］，其数一二三四是也，百官以

此相齿。(《庄子·天下篇》)

与君子凭靠圣人所作的仁义礼乐来生活不同,"百官"的生活方式凭靠法、名、参、稽:君子因恩、理、行、和而"熏然慈仁",百官则因分、表、验、决而"其数一二三四",显得刻板而严峻,不讲人情。但与仁义礼乐一样,法、名亦为圣人所制——所谓圣人"外王之第二道术",百官以法名参稽取代"熏然慈仁",同样是圣人的要求。这让我们想起韩非子所说的"法术",明言法名参稽见于《奸劫弑臣》篇,这个篇名看起来就让人骇然:

> 夫有术者[掌握法术者]之为人臣也,得效[献出]度数[法度术数]之言[主张、看法],上明主法,下困[制服]奸臣,以尊[从]主安[定]国者也。是以度数之言得效于前,则赏罚必用于后矣。人主诚[假如真正]明于圣人之术,而不苟于世俗之言,循名实而定是非,因参验而审言辞。(《韩非子·奸劫弑臣》)

这里清楚表明,"法术"为"圣人之术",是圣人制作的道术。"人主诚明于圣人之术"表明,韩非笔下的君主、"人主"绝非圣人,遑论"圣王",不过有如统领百官的管带——用现在的话说,有如官僚科层的领班,若不"独裁",就没法使得百官"其数一二三四"依法行事。反过来看,这位统领百官的人君的所谓"独裁",其含义是依循法度严厉治官。从而"其数一二三四"首先指人君当严厉管治百官,如韩非在《难三》中所言:

> 人主虽使人，必以度量准之，以形名参之。事遇于法则行，不遇于法则止。功当其言则赏，不当则诛。（比较《扬权》："君操其名，臣效其形，形名参同，上下和调。"）

进一步说，所谓"其数一二三四"的"一"指"法"，或者说执法一律，"二"指相对而生的"名"（如美恶、贵贱、贤愚），"三"指"参"（"权衡量三为参"），也就是按照贵贱、美恶、贤愚的德性区分之"名"治世，"四"指"稽"，也就是具体的"参"。倘若如此，法名参稽表明的是审理的治世方式。民"以事为常"，而百官之"事"则是"治人"（《庄子·天道》："上治人者，事也"）——就百官而言，所谓的政一治就是"治人"，百官以治人为"常"就是百官的"事上"，如《庄子·天道》中所言："礼法度数刑名比详，古人有之。此下之所以事上，非上之所以畜下也。"

世人之"常"为多事，因为人性差异实在太大，无论美、贵、贤还是恶、贱、愚，都会有程度甚至性质上的不同。《庄子·知北游》有言："吾知道之可以贵，可以贱，可以约，可以散，此吾所以知道之数也。"可见"道"的表象也有贵、贱、约、散其数一二三四的差异。《礼记·表记》有言，"仁有数，义有长短大小"——同样是"义"举，也会有长短大小其数一二三四的差异。反之，恶、贱、愚的差异同样其数一二三四。如果说"熏然慈仁"体现的是恩、理的普遍性，"其数一二三四"则体现的是法、名所要求的划分和辨析差异。由此可以理解，如果不首先严厉治官，人世秩序必然会乱，所谓"上梁不正下梁歪"。韩非的法术要求"治吏不治民"，道理兴许就在于此。

既然百官之所凭与君子之所凭皆出于圣人所作的道术，我们难免会问：君子与百官是什么关系？这相当于问，法名与仁义礼乐是什么关系。可以设想的两者关系似乎不外乎两种：君子与百官要么为上下关系，要么为并列关系。上下关系意味着，君子统领百官，仁义礼乐支配法名参稽。如果是并列关系，两者应对的就是不同的"变化"，如《乐记》或韩非告诉我们的，在运道之中，法名参稽并不比仁义礼乐更不重要。

无论如何，我们很难设想第三种可能：君子与百官相互代替。君子凭靠仁义礼乐为生，但君子不治民，百官要具体地治民，君子代替百官意味着仅用仁义礼乐治民，或者说用"熏然慈仁"取代、废除法名参稽的"其数一二三四"——用当今的话来说，以"人道"原则为尚，十恶不赦者也绝对不可处以死刑。反过来看，百官也不可代替君子，因为从《天下篇》来看，百官的性分比君子低，何况仅靠法名参稽并不足以治民。不过，这并非意味着法名参稽与仁义礼乐没有关联。从经文中可以看到，法名参稽四者并不匹配，用今天的话来说，"法""名"为实词，"参""稽"为动词——"以法为分""以名为表"，合起来已经"其数一二三四"。与此不同，仁义礼乐皆为实词。"法""名"必有所依或必有所出，若从仁义礼乐中找寻所依或所出，则当是"义"之"理"和"礼"之行则，而非"仁"之"恩"或"乐"之"和"。

由此来看，古之圣人兼通儒术和法术，制作出两类道术为两个不同品次的人提供生存样式，大有道理：君子与百官不可相互取代，正如法名参稽与仁义礼乐缺一不可，恩、理、行、和与分、表、验、决相辅相成。"仁"与"法"、

"恩"与"分"都带有普适性,"百度皆准于法,则顽嚚聋瞽,可与察慧聪明同其治也"(《尹文子·大道》)——如《礼记·乐记》中所言:"礼乐刑政,其极一也;所以同民心而出治道也。"即便君子身为百官,也当凭靠法名参稽为治,退官后再办私塾讲授仁义礼乐,若不为官,则当一生琢磨仁义礼乐。正如圣人若降身为君子,当凭靠仁义礼乐为生,而非凭靠天德道施教,甚至会说自己连成为君子都很难。

《天下篇》作者最后说到"民"——何谓"民"?

> 以事为常,以衣食为主,蕃息畜藏,老弱孤寡为意,皆有以养,民之理也。(《庄子·天下篇》)

民的性分和生活凭靠事、衣食、蕃、畜,还在意"老弱孤寡"(梁启超《庄子天下篇释义》识读为"蕃息畜藏,老弱孤寡,皆有以养为意")。可以看到,民与君子的生存方式判然有别,"民之理"绝非"以义为理"的君子之理,遑论圣人和上三品,因此中间隔着百官。① 如果仁义礼乐

---

① 亚里士多德在《尼各马可伦理学》中区分了三品人的生活方式:"大多数人和最为天然的人显得并非没有理由地根据人们所过的生活来假定,快乐就是善,就是幸福。由于这个理由,他们满足于一种沉溺享乐的生活。所以,有三种生活方式尤其被认为是主要的生活方式:刚刚提到的那种[生活],政治的生活,和第三种,沉思的生活。大多数人显得完全是受奴役的,因为他们宁愿过属于脑满肠肥的牲畜般的生活,当然,他们碰巧得到允许,因为大多数有权力的人也分享撒尔达纳帕鲁斯的感觉。"(1095b14—21,依据 Joe Sachs 英译本迻译,撒尔达纳帕鲁斯是公元前九世纪的亚述国王,他的座右铭是"吃喝玩乐,其他任何事情都不值得抬一下指头"。)

和法名参稽皆为古之圣人的道术，那么，事食蕃畜就当是圣人"外王之第三道术"。然而，第三道术与前两种道术差别之大，实在不可同日而语，以至于《天下篇》作者描述第三道术的语式也随之变化。

韩非在激烈抨击儒墨的《五蠹》篇中说过，"民之政计，皆就安利如辟〔避〕危穷"，与《天下篇》所说的"民之理"相符。对比之下，我们当能更好地理解十力《论六经》的革命性：在阐释《周官》这部十力眼中的自由民主大同世的规划书时，十力首先要求保障"民之理"，目的并非为了满足"民之理"，而是要改变"民之理"，改变民人性分，使之个个成为"熏然慈仁"的士君子。倘若如此，十力新"道学"的革命性的确足以划时代。

在《天下篇》的七品说中，"天"字出现两次：首先是"天人"之"天"，然后是圣人"以天为宗"，君子以下不再说到"天"。如果天、德、道是上三品的"术"，仁义礼乐是圣人"兆于变化"替君子所作的"道术"，那么，上三品罕有之人不屑于仁义礼乐就不奇怪了。反过来看，事、食、蕃、畜是圣人"兆于变化"替民人所作的"道术"，倘若民人模仿上三品不屑于仁义礼乐，不仅可笑，而且很危险。

民人是否应该模仿君子凭靠仁义礼乐为生呢？这个问题有如《孟子·告子下》一开始出现的那个著名问题：有人问孟子弟子，礼与食孰重，色与礼孰重，孟子弟子皆答曰"礼重"。于是这人进一步问：

> 以礼食，则饥而死；不以礼食，则得食，必以礼乎？亲迎，则不得妻；不亲迎，则得妻，必亲迎乎？

这问题刁钻，明显在找茬儿，孟子弟子无言以对，求问孟子。孟子说，这个问题很容易回答啊，三言两语打发了问题。孟子的打发方式是釜底抽薪式的反问：

> 取食之重者与礼之轻者而比之，奚［何］翅［只有］食重？取色之重者与礼之轻者而比之，奚翅色重？往应之曰："紾［扭转］兄之臂而夺之食，则得食；不紾，则不得食，则将紾之乎？逾东家墙而搂其处子，则得妻；不搂，则不得妻，则将搂之乎？"（《孟子·告子下》）

扭兄之臂夺食和翻墙搂隔壁家的妹妹为妻，堪称严重非礼非法的犯罪，在孟子看来，知礼当是为人之常识。那人问礼与食色孰重，孟子的回答因此是：食色与礼的轻重根本没法放在一起相比，何以可能提出如此违背常识的问题。显然，孟子要求民人的生活方式当受到"礼"的规范——从"亲迎"来看，"礼"指具体礼俗或礼法。不过，那人问礼与食孰重、色与礼孰重，也并非没来由，因为"食色性也"——如今的说法叫做自然权利。孟子轻易打发了进一步的刁钻之问，不等于原初的问题得到解答。毕竟，人与人不同，"食色性也"，要求所有民人达礼可能也并不容易。《孟子·告子下》紧接着出现的一则对话似乎与此有关：有人问，"人皆可以为尧舜，有诸？"孟子说，当然可以啊。那人进一步问，难道"食粟"者（即普通民人）也可以做到文王和汤的份？这个问题同样刁钻，孟子没有回避，而是直接回答：

夫人岂以不胜为患哉？弗为耳。徐行后长者谓之弟，疾行先长者谓之不弟。夫徐行者，岂人所不能哉？所不为也。尧舜之道，孝弟而已矣。子服尧之服，诵尧之言，行尧之行，是尧而已矣；子服桀之服，诵桀之言，行桀之行，是桀而已矣。（《孟子·告子下》）

初看起来，我们并不清楚，那人问的是"食粟"者在哪方面可以做到文王和汤的份。孟子的回答让我们清楚看到，这里的语境仍然是礼俗：那人问的是"食粟"者在达礼而非比如说为王方面可以做到文王和汤的份。从而，两则对话明显有前后关联，前则对话的话题是"食粟"者有否必要达礼，现在的话题是"食粟"者能否达礼。提问者用"食粟"者岂能做到文王和汤那样来刁难孟子，孟子毫不含糊地用并非"不能"而是"不为"回击了刁难。从而，理解"人皆可以为尧舜"必须与"尧舜之道，孝弟而已矣"联系起来，才没有脱离孟子的原义。

尽管那人问得刁钻，在能否达礼这一问题上把"食粟"者与圣王拿来作比，孟子仍然给予了肯定回答，因为这里比的是孝悌之道（礼之规范）——在前则对话中，孟子否定轻（食色）重（礼）可比，在后则对话中，孟子却肯定轻（"食粟"者）重（文王和汤）可比。倘若把"人皆可以为尧舜"等同于人皆可成佛或皆可明心见性成圣人并非"不能"而是"不为"，不仅未免过于夸张，其结果也不堪设想——现代自由主义不仅肯定轻（食色）重（礼）可比，也肯定轻（"食粟"者）重（文王和汤）在任何方面（比如拥有权力）可比。与《天下篇》的七品说一样，孟子承认"民之理"是事食蕃畜，但民人生活仍然得受仁义礼乐和法名的规范和约束,并非要改造"民之理",使"食粟"者变成君子,遑论上升为圣人、至人、神人、天人。

与孟子所谓"人皆可以为尧舜"相关,《荀子·性恶》篇辨析"涂之人[常人]可以为禹"更为明晰,其要点有三。首先,荀子明确说的是,"凡禹之所以为禹者,以其为仁义法正也",而非明心、见性、知天、成圣智。常人"可以为禹"指常人情性当受"仁义法正"约束,因为,"今人之性恶,必将待师法然后正,得礼义然后治"。

第二,荀子强调,应该通过政治教育使常人"以其可以知之质,可以能之具,本夫仁义法正之可知可能之理"(《荀子·性恶》),自觉养成符合仁义法正的习性。换言之,常人不能以自己不知或不能"为禹"为理由,拒绝服从仁义法正,除非经过现代启蒙教育,常人能够把"仁义法正"视为封建余毒,然后个个成为后现代的自由主义者。荀子说,"今使涂之人伏[依从]术[方法]为学,专心一志,思索孰察,加[累]日县[通"悬",持续]久,积善而不息,则通于神明,参于天地矣。故圣人者,人之所积而致矣"(《荀子·性恶》)——如果有谁把这句话单独摘引出来,我们一定会以为,荀子说的是心性形而上学教育。在荀子的文脉中,这话很清楚是在说政治教育:所谓"通于神明""参于天地"乃至积而致圣之"学",要求常人"思索孰察"的是"仁义法正之可知可能之理"。

第三,即便有了这样的政治教育,常人"可以为禹"仍然不等于常人必然"能为禹"。面对这种可能性,荀子并没有主张采取强制措施,非要常人"为禹"不可:常人"虽不能为禹,无害可以为禹。足可以遍行天下,然而未尝有遍行天下者也。夫工匠农贾,未尝不可以相为事也,然而未尝能相为事也"(《荀子·性恶》)——荀子的儒学切于人事而非形而上的天理,刻于竹简非常清楚。

十力的看法与此不同,他告诉我们,儒者当然知道"民以食为天",但《大学》把"理财归之平天下,而宗本于恕",也就是"视人犹己……天下全人类皆经济平等,即各足其食,乃得有余裕以开通其神明,而复其性矣"(《评论》,页333)。① 十力熟悉《天下篇》,所谓"得有余裕以开通其神明",想必指"食粟"者只要满足了"食色性也"就应该而且能够成为至人、神人,因为"复其性"并非能与"不能"的问题,而是为与"不为"的问题。因此,

---

① 十力说,"儒者固曰'民以食为天',非不注重乎此"(《评论》,页333)——史载似乎与此有出入。《史记》卷九十七《郦生陆贾列传》记载:"郦生因曰:'臣闻知天之天者王事可成,不知天之天者王事不可成。王者以民人为天,而民人以食为天。'"据唐人司马贞《史记索隐》考索:"《管子》云:'王者以民为天,民以食为天。'能知天之天者斯可矣。"如此说来,此言原本并非出自儒者。即便按十力的说法,管子"不纯为法家,实深于儒术"(《读经示要》卷一,《全集》卷三,页599),史载也与之有出入。楚汉相争时,因家贫落魄成为"狂生"的读书人郦食其自荐于沛公,替沛公出谋划策夺取天下。他用"王者以民为天,而民以食为天"喻说何谓王者"知天下之所归":"臣闻之,知天之天者,王事可成;不知天之天者,王事不可成。王者以民为天,而民以食为天"(《汉书》,卷四十三)——这明显是说,王者当以民之"天"而非圣人之"天"为"天"。沛公不喜欢儒生,他听得进"民以食为天"的道理,想必与他讨厌儒生有关。反过来看,倘若郦食其真的是儒生,他在自荐于沛公辅佐夺取政权时当经过一番乔装打扮——班固记叙郦食其自荐时,重墨强调了沛公对儒生的厌恶:见儒生就摘下儒冠来往里面撒尿。

> 儒之道未尝不使人足食，而必使人复其性，即充其灵性生活，而人不仅为求食之下等动物。……夫以经济改革号召当世者，是食道也。(《评论》，页333)

这无异于说，民人之"性"本来也与圣人一样或应该与圣人一样"以天为宗"，由于万恶的封建专制，民人之"性"本有的"上达"可能性才惨遭泯灭。十力胸怀自由民主理想，他的宏远大志是，让民"性"从"民之理"中解放出来，上达天人。在阐释《周官》时，十力告诉我们，"春官大司乐掌成均之法，以治建国之学政，此与地官掌教相联系，最有深意"——深意就在于，学政的目的是"欲人之上达而有立"：

> 上达者，达其万殊之一本而已，易言之，达吾自性而已，达吾与天地万物同体之本命而已。穷理不至于此，便是庄生所谓"小知间间"，佛氏所谓"世智辩聪，非真知也"（真知必待有礼乐之涵养，方可上达）。学不至于上达，即不了吾生与天地万物同体之真，不识自性具足无穷德用，其生活常陷于内外有畛、物我对峙与盲目追求之中，而丧其灵性，陷于物化，故不能有立也，此真人道之忧也。(《论六经》，页726-727)

十力用庄子和佛氏的"圣智"来解释的是"下学而上达"，但我们知道，"下学而上达"语出《论语·宪问》，是夫子回答有志成为君子的弟子时的自况之辞。

> 子曰："莫我知也夫！"子贡曰："何为其莫知子也?"子曰："不怨天，不尤人，下学而上达，知我者其天乎?"①

可以看到，"下学而上达"是孔子之志的表达。但孔子这话是什么意思呢？如果要恰切理解这五言，恐怕首先得注意孔子说这话时的语境和说话对象。"宪问"章的话题主要围绕何为君子，孔子说，"君子道者三，我无能焉：仁者不忧，知者不惑，勇者不惧"——不忧、不惑、不惧是君子自道的政治伦理，显然，并非"食粟"者谁都能达到这三"不"，孔子说自己也难以做到（比较《论语·述而》，"若圣与仁，则吾岂敢"）。由此看来，孔子心目中的君子之道远比十力说的"达吾与天地万物同体之本命"的"大智""真知"低得多。可以肯定，十力属于天生就有极高智性的那类人。在孔子门人中，子贡也是这类智性极高之人，孟子说过，"子贡智足以知圣人"（《孟子·公孙丑上》）。或者可以设想，这类智性极高之人要成为君子应该相对容易一些。然而，孔子对子贡说"不怨天，不尤人，下学而上达，知我者其天乎？"又是什么意思呢？

孔子这句话源于他的一句自我感叹："莫我知也夫！"——这句感叹要么可能是孔子自己真的禁不住发出的感叹，要么可能是为了诱导子贡而刻意发出的感叹。就孔子的智慧和节制能力来讲，前一种情形不大可能。子贡果然问"莫知子"是什么意思，表明情形很可能是后一种。

---

① 义疏参见简朝亮，《论语集注补正述疏》，唐明贵、赵友林校注，中册，上海：华东师范大学出版社，2012。

倘若如此，孔子随后的自况之辞就是在调教天生有极高智性的子贡。在我们看来，如果要教育一个智性天赋很高的人，多半应该把这类人的心志引向"天道"，启发智性天赋"达吾与天地万物同体之本命"；再不然就是引导他向下认识人事之理。可是，孔子用自况之辞启发有极高智性的子贡，既非引他向上，也非引他向下（"不怨天，不尤人"），而是引向天地的居间状态——"下学而上达"是给极高的智性天赋安排的一个恰切的在世位置。① 所谓"下学"指"下学人事"，学会懂得低的东西自有其道理，如《中庸》所言。

> 君子之道费［用之广］而隐［体之微］。夫妇之愚，可以与知焉，及其至也，虽圣人亦有所不知焉；夫妇之不肖，可以能行焉，及其至也，虽圣人亦有所不能焉。天地之大也，人犹有所憾。（《礼记·中庸》）

所谓"上达"指什么，或者"上达"到何处？在这段对话前面，我们读到孔子说"君子上达，小人下达"。皇侃对这句话的义疏是，"上达者，达于仁义也。下达谓达于财利。所以小人与君子反也"——可见"达于仁义"就是君

---

① 《汉书》卷二十《古今人表》把人分为上中下三流，每流再分上中下三品，共三流九品。"上上"品为圣人，不见至人、神人、天人三品，若上流为君子，则有智人、仁人、圣人三品。君子"上达"虽可达致圣人，实际上至多达致"上中"品的"仁人"。在《古今人表》中，子贡位列"上下"品的"智人"，低于"上中"品的"仁人"，离"上上"品的"圣人"差得远。

子之道，与《天下篇》所言相合。就"仁者不忧，知者不惑，勇者不惧"来看，君子之道不是至人、神人、天人之道，而是政治性的人世之道。因此，故书中有"盖闻前哲首务，务于下学上达，佐国理民，有云为也"（《后汉书·张衡传》）的说法。事实上，在整部《论语》中我们都没有看到夫子诲人"性"与"天道"之理，既然如此，我们就很难把这里的所谓"上达"理解为"达其万殊之一本"的"自性"和"与天地万物同体之真"——即便宋明大儒也没有这样来理解"上达"，反倒强调"上达"的要义在于"下学"，程颢所谓"释氏唯务上达，无下学，然则其上达处，岂有是也。元不相连属，但有间断，则非道也"。①

对有极高智性天赋的子贡，孔子没有鼓励"上达"至知"吾生与天地万物同体之真"的知"天"知"性"，而是鼓励献身仁政。从而，"下学而上达"为智性之人所指引的成德方向是转向审慎地关切属于人事的政治——《中庸》所谓君子的"天下之达德"无非是政治伦理。② 不仅如此，孔子还用这句自况之辞启发有极高智性天赋的子贡明白：达致仁政难乎其难，绝非只要君子尽其所能就一定能成就仁政，仁政的实现更多还得靠际遇。在"不怨天，不尤人，

---

① 参见刘贡南，《道的传承：朱熹对孔子门人言行的诠释》，上海：华东师范大学出版社，2011，页78-86，尤其页80-81。
② 据统计，《论语》中"学"字凡六十五见，"均不出政治、伦理范围，其中尤以'学礼'为主"。著名的"五十以学易，可以无大过矣"，若按古训"易"为"亦"，则当读作"五十以学，亦可以无大过矣"。于是，孔子"曾否学《易》，尚不宜骤然肯定"（赵纪彬，《论语新探》，前揭，页208）。倘若如此，"学"之"上达"几与形而上之知无涉。

下学而上达，知我者其天乎？"句之后，我们读到孔子又说："道之将行也与？命也。道之将废也与？命也。"(《论语·宪问》)——所谓"道之将行"，绝非天下人人成为至人，而是实现基于礼制的仁政，如孟子所说，"孔子进以礼，退以义，得之不得，曰：'有命'"(《孟子·万章上》)，而非进以"天"，退以"德"，得之不得曰"道"。这样来看，所谓"不怨天，不尤人"似乎就是在告诫智性很高的子贡：即便你智性非凡，也并非可以成就自己的大志。

在《论语》"为政"章中，夫子还有一段著名的自况之辞涉及为"学"："吾十有五而志于学，三十而立，四十而不惑，五十而知天命，六十而耳顺，七十而从心所欲，不逾矩"——如果这句从"志于学"到"知天命"的自况辞有助于我们理解"下学而上达"，那么，所谓从"志于学"上达"知天命"就不会是"识自性具足无穷德用"，反倒是懂得"自性"并不"具足无穷德用"。毕竟，即便智仁勇三德俱全，"天下国家可均也，爵禄可辞也，白刃可蹈也，中庸不可能也"(《礼记·中庸》)。①

如果生不逢时，不能有功于仁政，所谓"上达"也并非"识自性具足无穷德用"，而是退修采善贬恶的纪事：

---

① 十力把孔子的"五十而知天命"理解为一念万德俱备的通天"知者证知"——《读经示要》卷一(《全集》卷三，页643)有言："《论语》五十知天命之知，孟子知性之知，皆默识义。犹佛氏证量也。"看来，十力一旦习得佛家证量，难免臆度夫子："孔子五十知天命之境，其生心动念，即是天命昭著。故曰知者证知。"(《读经示要》卷二，《全集》卷三，页718-719)

"夫子行说七十诸侯,无定处,意欲使天下之民各得其所。而道不行,退而修《春秋》,采毫毛之善,贬纤介之恶。"(刘向,《说苑·至公》)孟子把孔子作《春秋》与禹抑洪水、周公兼并夷狄相提并论:"孔子成《春秋》而乱臣贼子惧。"(《孟子·滕文公下》)——禹和周公成就具体政绩,孔子仅仅修书而已,用现在的说法叫做"不关心现实",何以相提并论?因为孔子退修纪事切合"不怨天,不尤人""下学而上达"的用政之志。

我们读韩非书,多少也可以感觉到其言足以让"乱臣贼子惧",即便《春秋》所垂治世之法与韩非所荐治世之法在法理上有所不同。换言之,韩非为文亦可视为"下学而上达"的努力。无论如何,"下学而上达"的取向是切实的追求德政的政治实践,而且是对天生智性不凡者的要求。相比之下,十力凭靠自己超常的智性眼力,无视孔子"下学而上达"之言的语境和教育对象,把"下学而上达"陶甄为心性形而上学的教化原则,进而用来普遍规导所有性分之人。十力要求民人"下学而上达",并非如今我们所说的人人有读书习得财经政法之技当白领的权利,而是打造"新民",要求民人学习"达吾与天地万物同体之本命"的"真知"。① 十力告诉我们,所谓"民",古人训为"瞑""冥",指劳苦众庶"泯无所知"。但民不能"下学而上达",仅仅因为贫穷:

---

① 十力在《读经示要》卷二(《全集》卷三,页642)中如此教导我们:"己立己达,自明,自新也。立人,达人,新民也。……达即君子上达之达。但上达意义极深远。《易》曰:穷理、尽性、至命,则上达之极诣也。"

> 古者盖以天下劳苦大众,其生活甚窘,不得从事学问、发展知识,故因其冥昧无知而命之曰民。(《与友人论张江陵》,页645)

十力这样说的时候没有注意到一个常识:与"天下劳苦大众"相对的贵族或富人虽然"坐食租谷"(十力引《诗·节南山》训"富人"为"贵族坐食租谷者"),仍然未见得都去"从事学问、发展知识",进而"下学而上达"。① 当然,我们不必苛求这类微不足道的笔误,毕竟,十力关心的是打造"新民"这一堪称古今之变的伟大理想——谁质疑这一理想,就可以说他反自由民主,或者干脆说他反[历史之]动:

> 仲尼祖述尧舜而明治道,首注重下民阶层利害,而急欲提醒其自觉、自动、自主、自治之力,故于《尚书·帝典》开宗明义曰"协和万邦,黎民于变时雍"。此欲结合万邦之劳苦下民,使其变动光明,而成雍和太平之盛治也。《大学》之教有三纲领,而新民居次。后文即引《康诰》作新民以释之。作者,作动义。新者,革新义。此言劳苦下民,当教之兴起改革,不当长受宰割于统治阶层也。至孟子,直曰"民为贵"。

---

① 十力其实可以引《世说新语·文学》中的一则轶闻:"郑玄家奴婢皆读书。尝使一婢,不称旨,将挞之,方自陈说,玄怒,使人曳着泥中。须臾,复有一婢来,问曰:'胡为乎泥中?'答曰:'薄言往愬,逢彼之怒。'"

荀卿曰"上下易位，然后贞"，则承孔子六经大义而弘阐之，尤为激切。汉人畏吕政焚坑之祸，始不敢言思想，乃以考据之业媚皇帝，干禄利。直是二千数百年，以帝制宰割下民为天经地义、固定而不可易者。（《与友人论张江陵》，页645－646）

由此来看，十力的六经论说的要害在于，以"内圣"形而上学颠覆《天下篇》中的"外王"——结果会怎样呢？按十力的设想，我们将会走向天下大治。他没有设想也很可能会出现天下大乱，对此我们完全可以理解，因为，即便出现天下大乱，也不过是达到天下大治的必经之途。

阅读《天下篇》有助于我们深入理解十力，反过来看，深入理解十力，也有助于我们深入理解《天下篇》。在结束人之七品的描述时，《天下篇》作者说：

> 古之人其备乎！配神明，醇天地，育万物，和天下，泽及百姓。明于本数［礼法度数为本］，系于末度［刑名为末］，六通四辟，小大精粗，其运无乎不在。（《庄子·天下篇》）

这句文辞颇费解，首先，"古之人"指谁？恐怕不会指所有七品，"泽及百姓"表明至少不包含"民"，甚至也不包括君子和百官，因为作者用"人"称七品到"圣人"为止。"配神明，醇天地，育万物，和天下"看起来正好对应天人、神人、至人、圣人，但天人、神人、至人的生活方式是"不离于……"，至多可以说"配神明，醇天地"，既不必"育万物"也无需"和天下"。由此看来，唯有"圣人"不仅得"配神明，醇天地"，而且必须"育万物，和天下"，以致最终"泽及百姓"。

倘若如此，"古之人"仅指居于七品中间的"圣人"一品。那么，何谓圣人"其备乎"？一方面，圣人与上三品相通，因此"配神明，醇天地"，一方面圣人"兆于变化"，必须"育万物，和天下"。为此，圣人必须"明于本数，系于末度，六通四辟，小大精粗，其运无乎不在"。所谓"明于本数"指前面说到的百官所依，所谓"系于末度"指千官万品之所守。圣人与"王"者身份重叠得到进一步确证，因为，所谓"六通四辟，小大精粗，其运无乎不在"说的正是"帝王"——《庄子·天道篇》开篇就说：

> 天道运而无所积，故万物成；帝道运而无所积，故天下归；圣道运而无所积，故海内服。明于天，通于圣，六通四辟于帝王之德者，其自为也，昧然无不静者矣！（《庄子·天道篇》）

在《天下篇》的七品论中，我国思想史上非常著名的所谓"内圣外王"得到并非不清楚的表述。① 随后《天下篇》作者才说到六经：

---

① 如此看来，《庄子》与《韩非子》有如姐妹篇——或者说，整部《韩非子》的宗旨恰恰是"古之［圣］人其备乎……小大精粗，其运无乎不在"。韩非所讲的圣人既"配神明，醇天地，育万物"，而且"和天下，泽及百姓"，其"术"为"明于本数，系于末度，六通四辟"。

其明而在数度〔礼法度数〕者，旧法、世传之史尚多有之；其在于《诗》《书》《礼》《乐》者，邹鲁之士、缙绅〔儒服〕先生多能明之。《诗》以道志，《书》以道事，《礼》以道行，《乐》以道和，《易》以道阴阳，《春秋》以道名分。（《天下篇》）

不必说"显然"，但的确不难看到，六经总论与天下七品论内在地勾连在一起，而且尤其值得注意的是，两者的联系环节在于"其明而在数度者，旧法、世传之史尚多有之"——换言之，圣人的外王之术已见于六经。反过来说，六经体现的是古之圣人的"道术"："旧法、世传之史"就是"古之道术"。

不过，作者起初仅提到《诗》《书》《礼》《乐》四经，与君子凭靠的仁义礼乐庶几相合。"邹鲁之士、缙绅先生多能明之"表明，四经是用来教育君子的：志、事、行、和与仁、义、礼、乐刚好相配。这意味着，"配神明，醇天地，育万物，和天下"是古之圣人外王之术的基础。但前面说到的法名参稽哪里去了？六经涉及法名参稽之术吗？

《天下篇》作者两次历数六经，第一次仅提到四经，且未作具体说明，第二次才完整列数六经，并具体说明了各经性质。为了更好地理解经文，我们应当对经文发问，为什么作者要分两次列数六经，第一次不提《易》和《春秋》？因为《易》是形而上学书，《春秋》是昭示离升平世走向自由民主大同世的法典？十力先生就这样认为，但《天下篇》作者未必这样认为。如果六经是圣人所作，那么，六经就是用来培育君子的。

可是，谁会成为君子呢？君子从哪里来？显然只能来自尚不是君子但有志成为君子的民中少年。但民中少年何以知道自己有志成为君子?《天下篇》作者列数六经,首列"言志"的《诗经》。君子之教以《诗经》为始,其用意兴许是,民中少年通过习《诗经》相互识别:圣人通过《诗经》向民中少年展示何谓"志",少年通过学习《诗经》辨识自己的天性是否有"志"——即便"君子"指贵族子弟同样如此。显然,从小习诵过《诗经》的贵族子弟亦不在少数,并非个个都发明了心志,因为即便贵族子弟也并非个个有心志,更不用说许多贵族子弟或民中少年连"言志"的《诗》都没有心性读下去。

接下来要学习的是"道事"之《书》和"道行"之《礼》,即便对于没有心志的贵族子弟或民中少年,知道"事""礼"仍然有实用价值,对于有心志的贵族子弟或民中少年,则绝非仅有实用价值。"道和"的《乐》则不然,仅仅对有心志的贵族子弟或民中少年有意义。可以设想,没有心志的贵族子弟或民中少年学到《乐》时,难免哈欠连天。倘若如此,《天下篇》第一次仅列数四经,很可能暗含一个初级教育的意图:陶甄贵族子弟或民人子弟中的潜在的君子——《诗》辨识心志,《乐》陶冶心志。

天生没有向上心志的贵族子弟或民中少年的教育到此为止,诗书礼乐是作为礼法之国民的每个人应该且必须具备的政治知识。天生有向上心志的贵族子弟或民中少年的教育则不能到此为止,他们得进一步学习《易》和《春秋》,但这并不意味着把他们引向心性形而上学。"《易》以道阴阳"看起来是说,《易》的性质是形而上学,因为阴阳合为太极。可是,《天下篇》作者对《易》的说明与"《春秋》以道名分"连在一起。所谓"名分"在十力先生或我们看来，当然是封建专制的基础——按十力的说法，"名分"是封建专制者的杰作。但"《春秋》以道名分"紧接"《易》以道阴阳"，很可能意味着"名分"之分源于"阴阳"原则，因此是自然的杰作——用今天的语汇来说，《易》不是形而上学之书，而是"君子以制数度"（《易》节卦）的礼法之理书。①

回过头来看，诗书礼乐四经中的《礼》经实际已经包含"名分"。既然《礼》是圣人所作，"名分"就是圣人所作的法度——韩非的老师说过，"圣人积思虑习伪，故以生礼义而起法度，礼义法度者，是圣人之所生也"（《荀子·性恶篇》）。"《易》以道阴阳，《春秋》以道名分"明示的是"名分"与"阴阳"的关系，或者说《易》是圣人赖以"生礼义而起法度"的依据。

《天下篇》作者在说到六经时才出现"名分"，但前面的天性七品说看起来不也是一种"名分"之分吗？的确如此，但七品说不是礼制的区分，而是心性的区分，因此不能称为"名分"，恰切地说，应该是性情自然的"性分"。七品说的"性分"不仅并非圣人所作，而且规定了圣人的性分。"礼"之名分为圣人所作，意味着圣人基于七品性分的自然秩序制作出"礼"之"名分"。由此看来，在述说六经之前，《天下篇》作者先述说天下七品确有其道理。

经过前四经的教育，如果天生有向上心志的贵族子弟或民中少年的确有心成为君子，以四经滋养自己的一生足

---

① 一门心思玄思形而上玄极者自然只会想到"阴阳"与太极的关系，韩非思考的是实践政治智慧，"阴阳"让他想到的恐怕会是男女之别。《庄子》罕言女人，《韩非子》则说到各色女人。

矣，何以还需进一步学习《易》和《春秋》？如果我们考虑到另一种可能性，就不难理解了：如果贵族子弟或民中少年成为君子之后还需要他为官甚至（如果运气好还可以）为"人君"呢？不用说，这就需要具有辨析"其数一二三四"的人事差异的能力，但习得这样的能力绝非易事，不仅需要训练，也需要天分，更需要经验。个人可以凭靠的经验总是有限的，培养辨析人事差异的能力，更多得凭靠历代前人积累下来的经验——《易》《春秋》不仅积累了极为宝贵的经验，而且对经验作了具有规则性质的概括。我们知道，《春秋》之史充满乱礼法"名分"之实，可见政治现实并不总是符合礼法度数，如何治乱是圣人始终得面对的实际难题。圣人治世不可能靠一人之力，必须培育君子；君子必须学习《易》，不是为了寻求形而上的玄极，而是为了临事不乱，因此也得习《春秋》。①

由此看来，《易》和《春秋》与《诗》《书》《礼》《乐》四经有所不同，关键在于，圣人必须培育君子面对含混的实际政治应该具备的法名参稽能力：君子当清楚地知道，一旦为官，必须以法名参稽为治，或者说，圣人不得不要求君子的"熏然慈仁"体现为法度节制。

从而，《天下篇》的六经总述进一步解释的是七品说中的君子和百官：君子若为百官，必须以法名参稽为治。六

---

① 《孟子·离娄下》有"王者之迹熄而《诗》亡，《诗》亡然后《春秋》作"句，历代文史家说到《春秋》几乎无不称引，但也几乎无不忽视《离娄》下篇结尾所讲的男女春秋故事，并以这样的句子作结："由君子观之，则人之所以求富贵利达者，其妻妾不羞也，而不相泣者，几希矣。"

经总论明示的是，圣人用六经教育君子时，要求君子当有所明的东西。圣人为"王"要在培育君子，若君子教育失败，乱世必至。出现这样的世道，便唯有凭靠严法为治，在"今学者"看来难免残忍。但圣人为王最难的又恰恰是教育君子——儒家诸子经书无不是要教育君子明白应该明白的道理。如果教育君子失败，圣人为王就不可能达成以"一贯三"。

我们知道，"王"字含义有如其竖一贯三字形本身。但何为竖一、何为贯三，理解起来也难。按《天下篇》七品说来看，也许可以有两种理解，一种理解是：上"一"为前三品，下"一"为民品，中"一"为君子和百官，竖"一"当指圣人，否则圣人何能以"一贯三"。另一种可能的理解是：上"一"为君子，下"一"为民，中"一"为百官，竖"一"仍然指圣人。两种理解的差异关键在于，是否把上三品纳入"王"道。无论哪种理解，圣人以"一贯三"为"王"都基于天下七品差序格局——不过，从前文"圣有所生，王有所成"句来看，后一种可能性更大。因为，我们当把上三品理解为对"圣有所生"的解说，把下三品理解为对"王有所成"的解说，整个七品说则解释了"神圣明王之实现"（顾实语），或者说解释了古之道术的"神"何由降，"明"何由出。倘若如此，圣人经世的"王"道原则便在于贯通君子、百官、民人三品，世间最高的政治理想不过是人人成为君子，或者说实现仁、义、礼、乐就是"王"道的实现——这已经难乎其难，仅仅是理想而已，《韩诗外传》中对孔子为王"倚天理，观人情，明终始，知得失"的著名说法与此若合符节：

> 孔子抱圣人之心，彷徨乎道德之域，逍遥乎无形之乡。倚天理，观人情，明终始，知得失，故兴仁义，厌势利，以持养之。于时周室微，王道绝，诸侯力[以武力]政[征伐]，强劫[威逼]弱，众暴[欺凌]寡。百姓靡[不]安，莫之纪纲，礼仪废坏，人伦不理。于是孔子自东自西，自南自北，匍匐救之。

如果把竖"一"理解为《天下篇》"皆原于一"之"一"，就意味着圣人当以"一"化三，抹去上中下三品差异。十力的理解就如此，因为他说，孔子是大哲人为王：

> 王者往也，义理之宗，天下之所归往，故大哲人亦是无位之王。孔子称素王，是其例也。（《摧惑显宗记》，页400）

因此，在十力看来，孔子作《周官》的设想是打造新民，使民上达至人，最终达致人人为天人的自由民主大同世。按十力对《周官》经中学政的解释，"勉为圣智"是"《周官》之社会主义"性质的要核，因此《周官》规定"每月朔察其民"德行，发现有好表现就要表扬，

> 以风励众庶，熏染成俗，驯至天下之人人皆有士君子之行，而太平大同可致矣。（《论六经》，页703）[1]

---

[1] 十力把古之"士"分为两类：在官位的为"士大夫"，不在官位的为"草野之士"（《与友人论张江陵》，页645）。

与《天下篇》的七品说对照,我们才明白,十力重释六经是出于民主圣人的大志:颠覆天下性分秩序——由此来看,十力论六经无不先引《天下篇》的六经概说,无异于是在变乱六经。

十力没有想到,士君子增多后,走向太平大同世可能更难,因为,随着士君子增多而来的首先是"天下之治方术者多矣"。这一可能性并非没有历史根据,韩非《五蠹》篇面对的恰恰是"天下之治方术者多矣"的政治局面:"士民纵恣于内,言谈者为势于外,内外称恶,以待强敌"(《五蠹》)。正因为如此,在紧接《五蠹》篇的《显学》篇中韩非提出了著名的非儒墨主张:

> 自愚诬之学、杂反之辞争,而人主俱听之,故海内之士,言无定术[宗旨],行无常议。夫冰炭不同器而久,寒暑不兼时而至,杂反之学不两立而治。今兼听杂学缪[谬]行、同异之辞[互相矛盾的言论],安得无乱乎?听行如此,其于治人又必然矣。(《韩非子·显学》)。

韩非具体列举了"今世之学士语治者"的两种"同异之辞":有的智士主张"与贫穷地以实无资",要求均贫富,有的智士主张"敬贤士,先王之道也",但"敬贤士"的制度安排难免贫富不均,均贫富的制度安排则很难做到"敬贤士"。韩非看到"仁义辩智,非所以持国"(《五蠹》),才主张限制"今世之学士语治者"的辩智——如今叫做"理性的沟通商讨",因为如康德所说,理性是可以普遍习得的。但韩非的意思仅仅意味着杜绝"今世之学士"以"仁义辩智"取代法名参稽,而非废除学问本身。十力的看法却不同,他把韩非针对"今世之学士语治者"的文辞视为"反智"论,并据此把韩非的言论定性为"断灭"自由民主的根基:

> 人者,有灵性、有德慧、有自由之至物也,故必充其刚健、纯粹、升进而不物化之本性,复其天地万物一体之本然。故必有科学以明物察伦,而后智周万物;有哲学以发扬理性,有文学以宣达情思,而后浩然与天地精神往来;有群性生活,亦有个人自由等要求,故于政治经济等制度常有不安现状而力求改进之高尚理想。韩非废绝一切学术,又毁行修,行毁而失德,学绝而无智,是使人断灭灵性生活也。(《评论》,页382-383)

这话表明,十力主张一种堪称"普智"论的政治哲学。他非常看重自己的这段话,从"人者,有灵性、有德慧、有自由之至物"至"亦有个人自由等要求"逐句疏释,对待自己的话胜过对待经典故书——对韩非的文辞本身,他反倒随意得多,仅抽取出"冰炭不同器而久,寒暑不兼时而至"两句详加驳斥。十力说,这话表明韩非缺乏科学认知,"格物未周,操术不审"。起初我们会以为十力搞错了,因为韩非此言并非在格物致知,而是以此比喻"同异之辞"的"杂反之学不两立",以至于人主无所适从。

其实,十力从自然科学知识角度反驳韩非,仅仅是为了先让自己获得一个看似客观且无法辩驳的立场。之后他马上就说,佛家讲过众生无量,孟庄也讲过物之不齐物之情也……言下之意,他自己当然知道,众生智量不齐。

> 智胜者竭其智,力强者尽其力。人之生也,禀受不齐,发展遂异,必欲万姓千名之智与力范以一型而齐之,此上帝所不能为。(《评论》,前揭,页384)

但十力说,这并不能得出全民普智论不能成立的论断。十力对韩非的反驳不仅不理会韩非原文在说什么,而且强迫韩非承认,其主张无异于迫使孔子、墨翟、苏格拉底、亚里士多德、康德"执耒披甲"——十力质问韩非,如果在今天他命令韩非"身入瑶寨之乡亲尝滋味,将可忘圣智成己成物之功德否耶?"(《评论》,前揭,页384)不难设想,韩非若在今日,难免会被问得哑口无言,满脸涨得通红。

反过来看,十力的自由民主理想最终是,让众生个个实现孔子、墨翟、苏格拉底、亚里士多德、康德那样的潜在智能。毕竟,我们并不知道民人中谁有这样的上智,如果不鼓励全民搞哲学,难免会扼杀上智于萌芽状态。十力并不否认,民人需要耕战,但若民人成为"圣智裁成辅相之群,则耕战利钝之相去奚止天壤隔乎"(《评论》,页384)。所以,十力反驳韩非在《显学》中对儒墨君子的严厉驳斥时说:

> 蛮民诚有朴质,然蛮俗崇尚之美行,其合于伦理者几何?吾料韩非不愿效也。不有圣人行修之尊,群俗何由变动光明?甚矣!韩非之陋也。(《评论》,页384)

如果我们也翻开《显学》来读，而非仅看十力怎么说，我们就不难看到，韩非倒还真的回答过十力的普智论：

> 今或［有人］谓人曰："使子必智而寿。"则世必以为狂［诳，欺骗］。夫智，性［天性，本性］也；寿，命也。性命者，非所学于人也，而以人之所不能为说人，此世之所以谓之为狂也。谓之不能然，则是谕［明白告诉］也，夫谕，性也。以仁义教人，是以智与寿说也，有度［法度］之主弗受也。（《显学》）

韩非这话无异于说，十力"以仁义教人"的主张在世人听起来非常正确，但世人不知结果是"世必以为狂［诳］"并不足怪，奇怪的是十力自己不知道自己必以为诳。

《天下篇》作者说过六经要旨之后，马上就说到世以为诳——我们当能体会到，在《天下篇》作者看来，世以为诳不过是因为有上智变乱六经所致：

> 天下大乱，贤圣不明，道德不一。天下多得一察焉以自好。譬如耳目鼻口，皆有所明，不能相通……内圣外王之道，暗而不明，郁而不发，天下之人各为其所欲焉以自为方。悲夫！

余 绪

十力的《韩非子评论》最后还有一节（第九节，页 376–389），初看起来，这一节与最初几节相抵牾。十力在开头一口咬定韩非是专制极权论者，随后又多次为韩非辩解：韩非为了救国才倡言专制极权论。在最后这一节，十力却又指责韩非的主张是"一孔政策"，一切出于国家利益的考虑，"令全国上下并力于耕战"，显然与前面多次肯定甚至赞扬韩非的救国目的相矛盾。但是，如果我们耐心读下去，却发现十力指责韩非的"一孔政策"，实际上指的是韩非"反智而尚力""以法为教"，禁绝一切学术思想。这样一来，十力与韩非的分歧其实仅仅在于"尚智"与"反智"，毕竟，十力同样出于国家利益的考虑才提倡"尚智"，甚至出于民族国家的利益承认专制极权的必要。

十力为何主张"尚智"，我们已经很清楚了。评论韩非的最后一节让我们感到困惑的是，他在第八节已经指出，韩非思想源出道家的冷静智慧，何以又会"反智而尚力"？倘若韩非真的"反智而尚力"，我们就有必要搞清楚个中道理：为何这人自己"聪明睿智"而且主张政治实践"尚智"，却又"反智而尚力"——换言之，"尚智"与"反智"在韩非身上并存，确乎是思想史上的一个非常重大的问题。十力评论韩非时出现的自相矛盾把我们引向这个问题，我们必须承认，这个自相矛盾具有值得后人感激的历史功绩。

韩非明确主张"反智而尚力""以法为教"，见于《五蠹》篇，十力引用了其中一大段文辞加以批驳——韩非在

《五蠹》篇中写道:

> 夫耕之用力也劳,而民为之者,曰:可得以富也。战之为事也危,而民为之者,曰:可得以贵也。今修文学,习言谈,则无耕之劳而有富之实,无战之危而有贵之尊,则人孰不为也?是以百人事智而一人用力。事智者众,则法败;用力者寡,则国贫:此世之所以乱也。故明主之国,无书简之文,以法为教;无先王之语,以吏[执法之官]为师;无私剑之捍[悍],以斩首为勇。是[这样]境内之民,其言谈者必轨[统一]于法,动作者归之于功,为勇者尽之于军。是故无事则国富,有事则兵强,此之谓王资[称王的条件]。(《韩非子·五蠹》)

如此看来,韩非的"反智而尚力""以法为教"针对的是民人,而非针对少数智识人。在韩非看来,民人的生活常理是求实利,并非尚学,如果民人都去搞学问、学哲学,一定是因为"有富之实""有贵之尊",否则就违背常理,很难理解。我们显然没法从韩非的这段说法中推论出,他也主张禁绝少数人尚学问搞哲学。正如十力已经指出过的,那样的话,韩非无异于把禁绝矛头也指向了自己以及自己的老师们。因此,我们可以给韩非安上的罪名是:禁止少数智识人用哲学搞启蒙——也就是禁止十力所主张的"开民智"。我们必须清楚十力所谓"开民智"的确切含义:"开民智"并非指会识字、算算术或如今的会用电脑,而是

习哲学,这是全民走向自由民主的先决条件。① 反过来说,禁绝民人尚学问搞哲学,等于在为极权专制提供治术:

> 废学术、贱行修,塞智慧之门,断自由之径,反人道于披毛戴角,辱同类犹圈豕驱羊,自昆吾大彭以来,霸者用术之酷,未有若斯之甚也。(《评论》,页382)②

可以推想,由于韩非明确反对智识人用哲学搞启蒙触到了十力的要害,十力才在《评论》的最后一节要把韩非的极权专制论说成"反智而尚力"。可是,韩非在《五蠹》中说:

> 所谓智者,微妙之言也。微妙之言,上智之所难知也。今为众人法,而以上智之所难知,则民无从识之矣。故糟糠不饱者不务粱肉,短褐[粗布衣服]不完者不待文绣[有刺绣的华丽服装]。夫治世之事,急者不得,则缓者非所务也。今所治之政,民间之事,夫妇所明知者不用,而慕上知[智]之论,则其于

---

① 现代的普及义务教育,基于商业技术文明的出现,国家具有培育全民掌握实利性知识的义务,如亚当·斯密在《国富论》中讨论国民教育时所言:不应该学习拉丁文和哲学一类没有实用价值的知识,而应该学习"当时社会情况视为必要或有益的一切技术及科学"。参见亚当·斯密,《国民财富的性质和原因的研究》,郭大力、王亚南译,商务印书馆,1996,下卷,页336。

② 与西方的民主思想大家卢梭的看法恰好相反,参见刘小枫,《设计共和》,北京:华夏出版社,2012。

治，反矣。故微妙之言，非民务也。（《韩非子·五蠹》）

十力怎样看待这段文辞呢？他告诉自己的弟子，韩非"所谓微妙之言，即指儒家《大易》而言，决非目道家……"，可见十力心里十分清楚，这段文辞直指自己要穴，他说：

> 但谓其非民务，无可多置词。唯儒者以崇德而事智为治，则与韩非之狂暴极权不两立，与其独裁法不并容，此韩非所以念念不忘儒家而攻之不已也。（《评论》，页379，楷体以示重点，为引者所加）

十力让我们看到，他反驳韩非的杀手锏是自己手中的"极权""独裁"甚至"纳粹化"一类标签，自己没话可说时使出来，便让对方没话可说。如今我们的公共智识人应用这种辩驳方式已经驾轻就熟，恐怕多少也得归功于十力。

十力痛斥韩非重国家轻人民的"一孔政策"，显然因为韩非的观点直接危及他把国家视为"一文化团体"的主张（《评论》，页386）——如我们已经看到的那样，十力的"文化团体"国家构想基于人人有智性的形而上学，因此，这一构想本身可以说是十力信奉启蒙哲学的结果。辛亥革命建立共和后不久，自由民主的大学校长楷模蔡元培就倡言禁止读经，可见辛亥革命与"新文化运动"有着内在关联。十力说自己起初对蔡元培校长的倡言没有在意，但不久见"吾党诸新贵似不足办天下事，而旧势力之腐坏，亦岌岌不可终日"（《论六经》，页762），忧心如焚，又自度无事功之才，便走向治哲学之路，发展出一种众生皆有智性的形而上学。十力反复提到的为学经历表明，他走向治哲学之路，为的就是用哲学搞革命。从自己发明的智性革命的形而上学出发，十力阐发儒家六经最后重点落在《周官》一经，就完全可以理解了：《周官》经中所期望的经济平等最终是为了实现人人平等的智性。

> 人者，有理性、有仁义、有自由之物也，无论如何大势束以严刑，终当决破网罗，复其人性。（《评论》，页 355）①

通过对勘《天下篇》，我们已经看到，我国固有思想中的古之道术并未主张人人有平等的智性，韩非的观点与《天下篇》并不相违。从《天下篇》所描述的六经要旨来看，六经无一涉及"微妙之言"——倘若如此，我国古代智士用什么经书来滋养或满足自己的"智"性呢？这个问题实际上要问的是：十力从哪里获得众生皆有智性的形而上学？我们已经知道，十力认为，西洋形而上学不及东方形而上学，从而可以断定，十力不是从辛亥前后东来的西洋形而上学那里获得众生皆有智性的形而上学。倘若如此，十力要建构自己的众生皆有智性的形而上学，只会从中国

---

① 在《读经示要》卷二中我们已经读到："教化修而群智启，度制立而群力舒，器用备而群生遂。故使灵者益明，蠢者不囿于其质。天高，数理可测也。地险，舟车可夷也。其他种种不齐之数，通先圣后圣之所忧，将皆有以弥其缺憾。"（《全集》卷三，页 711-712）

固有思想中获得思想资源。可是，这样想来，又难免与我们所读到的先秦儒道诸子故书不相符。如何解决这个困惑？

十力在《论六经》中分述六经要旨后对中国固有思想有一简厄评论（实为《读经示要》第二讲的扼要重述），我们也许可以从中获得解惑的线索。

韩非肯定蛮有"智性"，因此我们可以问，韩非靠什么书来滋养或满足自己的"智"性？《韩非子》中的《解老》《喻老》表明，韩非的智慧得自《道德经》。倘若如此，《天下篇》没有提到《道德经》似乎就是别有用心了。的确，十力在《论六经》中告诉我们，中国固有思想中最善思辨者莫过于老庄，传承这一思辨传统的首先是魏晋玄学，其杰出代表非王弼莫属。

所谓玄学，在十力看来，其实就是老学与《易》的结合：汉代谈《易》的大家很多，但都讲象数，与"孔子之《易》无关"，无不是些"废话"。象数不过是"古代占卜"遗技，"孔子则因卦爻而发明无穷义理，通数以明变，原非占卜家之数，同占卜家之象"而已。在汉代，唯有王弼"扫象，真卓识也"（《论六经》，页757）。这样看来，智性形而上学是孔子的发明，但十力没有说，中国固有思想中最善思辨者莫过于孔子。他反倒说，老子学《易》本当宗儒却"变其宗，虽欲自树，适形其短，惜哉"（《论六经》，页767）——这岂不自相矛盾？其实不然。十力告诉我们，道家所谓"圣智"指的是"富于权谋机变，足以动一世者言，与吾儒所云圣智不为同物，切忌混淆"（《论六经》，页755）。

十力再次让我们看到，他的自相矛盾是因为我们自己头脑混乱。在十力启发下，我们应该懂得，中国固有思想中的"圣智"形而上学有两种：儒家的和道家的"圣智"。

既然如此，王弼"扫象，真卓识也"，当接近儒家的"圣智"，何以十力又说，王弼不宗孔子之《易》而宗老子之《易》？现在我们只能说，十力很可能喜出诳语，用佛家禅宗的启悟方式来锻炼人们的智性。如果我们以为，十力的自相矛盾是他刻意所为，似乎有什么微言，我们就把自己想得比十力聪明了。

无论如何，我们不可能设想，始于王弼的玄学会引发出人皆有圣智的形而上学。玄学后来仅在清谈者中流传，也与十力的普智主张并不相符。中国固有思想中最早的最善思辨者是老子，老子学《易》宗儒却变其宗，表明孔子的《易》并不重智性思辨——孔子有圣智形而上学，不等于以智性思辨为趣，既然如此，十力的普智论形而上学也不可能从孔子的《易》发展而来。然而，十力告诉我们，玄学方兴未艾之际，佛家适时东来，首先迎接佛家的是玄学……为什么不是儒家的圣智首迎佛家呢？

十力的解释是：就智性思辨的所趣而言，玄学与佛学同趣——"道家由南华而上探柱下，根极虚无（空寂），故佛法东来，道家首迎合焉"（《论六经》，页754）。反过来看，儒家圣智不迎佛家，显然是因为儒家形而上学的圣智思辨与佛家不同趣——十力反复说过，儒家圣智思辨趣在"乾元性海"。既然如此，十力为何又极为推崇佛家圣智呢？他告诉我们，尽管与佛家思辨相比，基于老学的玄学仍有所不及，"佛法确高于老，高者透，则其低一级者自易彻，擒贼先擒王，为学何独不然"（《论六经》，页768）。这岂不是说，儒家与佛老两家不仅圣智思辨不同趣，而且就纯粹的智性思辨而言，儒家也不及玄学，遑论佛家。

但十力说，玄学以玄思迎佛，王弼始料未及的是，玄学"终乃归佛而背其本宗"(《论六经》,页766)。我们的困惑又来了:既然玄学的"玄极"思辨与佛家同趣,十力说玄学"终乃归佛而背其本宗"岂不自相矛盾?要摆脱这一困惑,我们已经无法从十力的论说中找到出路,但十力的这一说法启发我们去问:何谓玄学的"本宗"?不妨推想,佛家圣智不仅趣在"空寂",还趣在"众生皆有佛性",若玄学也变得趣在"众生皆有智性",玄学就背其本宗。反过来说,玄学自老庄承继而来的本宗当是:形而上的"玄极"思辨对众生来说伤生害命,不可广之于世。设想众生皆可达圣智,岂止是无稽之谈——从老子、庄子、韩非子书中,我们确乎可以得到印证。倘若如此,《庄子》书中说,孔子从老子学就是真的,而非如十力所说,老子学《易》宗儒却"变其宗"——老子有极高智性,但他并没有把孔子引向形而上的玄极思辨,正如孔子没有把有极高智性的子贡引向玄极思辨。

佛家东来真的会使得玄学"终乃归佛而背其本宗"吗?《世说新语·文学》中有则对话至少有助于我们了解佛法东来后对中国智识人的影响:

> 佛经以为祛练神明,则圣人可致。(刘孝标注:释氏经曰:"一切众生,皆有佛性;但能修智慧,断烦恼,万行具足,便成佛也。")简文云:"不知便可登峰造极不?然陶练之功,尚不可诬。"(《世说新语校笺·文学》,徐震堮著,中华书局,1984,页125)

由此看来,"众生皆有佛性"的宗趣早在魏晋时期就废除了《天下篇》七品说,无需等到一千多年后的普智论形而上学。然而,"众生皆有佛性"的宗趣并不直接等于众生皆有智性的宗趣,即便玄学"终乃归佛而背其本宗",也并非必然会引出众生皆有智性的宗趣,因为,玄学是极小的智识人团体,即便"终乃归佛"也并未主张全民普及玄学。"众生皆有佛性"的宗趣仅仅是众生皆有智性的宗趣得以产生的必要条件,而非充分必要条件。

十力告诉我们,中国固有思想中还有第二次迎佛,这次是儒家迎佛——我们知道,我国思想史教科书都会说,佛法在唐代已全面占领中国市场,儒学不得不有所调整,融佛入儒,于是催生出宋明理学,史称儒家融化外来思想的光辉典范。十力不同凡响,他说,不能说宋明理学是中国固有思想融化外来思想的先例甚至典范,因为"玄家融佛者,其直凑单微,颇有超过宋明诸师处,然亦有不逮宋明者"(《论六经》,页768)。十力启发我们进一步问两个问题:玄学融佛超过宋明诸师处何在,不逮宋明者又何在。对此,十力自己早有答案:

> 如外来思想有与《春秋》《周官》接近者,自可因新感摄而引发内蕴之生命力,不幸外来者为印度佛教,佛氏明空,与老氏崇无本相似而实不相同也。(《论六经》,页767;我们记得,十力同在《论六经》中说过,佛老同宗趣)

由此我们当能领悟到,玄学迎佛"不逮宋明者",当是宋儒从孟子那里解释出性即理的形而上学,击败佛家的"众生皆有佛性"论,为众生皆有智性的宗趣奠定了坚实基础。那么,玄学融佛超过宋明诸师处又何在呢?想必唯有玄极思辨，因为出于老庄的玄学毕竟是中国固有思想中最富思辨者——由此我们也可以理解，主张众生皆有智性的十力，晚年何以会自号漆园老人。

我们在《孟子·告子上》中读到，告子曰："生之谓性。"朱熹笺释说："生，指人物之所以知觉运动者而言。告子论性，前后四章，语虽不同，然其大指不外乎此，与近世佛氏所谓作用是性者略相似。"孟子接连提出两个反问："生之谓性也，犹白之谓白与？……白羽之白也，犹白雪之白；白雪之白，犹白玉之白与？"告子都回答，的确如此。孟子再问："然则犬之性，犹牛之性；牛之性，犹人之性与？"朱熹说，这一问才让告子"自知其说之非而不能对也"。接下来朱子开始阐发孟子：

> 性者，人之所得于天之理也；生者，人之所得于天之气也。性，形而上者也；气，形而下者也。人物之生，莫不有是性，亦莫不有是气。然以气言之，则知觉运动，人与物若不异也；以理言之，则仁义礼智之禀，岂物之所得而全哉？此人之性所以无不善，而为万物之灵也。告子不知性之为理，而以所谓气者当之，是以杞柳湍水之喻，食色无善无不善之说，纵横缪戾，纷纭舛错，而此章之误乃其本根。所以然者，盖徒知知觉运动之蠢然者，人与物同；而不知仁义礼智之粹然者，人与物异也。①

---

① 见朱熹，《四书章句集注》，北京：中华书局，2001，页326。

朱熹的这段著名阐释让我们看到：首先，朱熹对"性者"的形而上者与形而下者的辨析与"近世佛氏"的说法相关。第二，由于告子的观点在朱熹看来与"与近世佛氏所谓作用是性者略相似"，告子错了，"近世佛氏"的说法也就错了。第三，告子错在不辨"理""气"，把"性"当"气"，由此可以推知，"近世佛氏"的错也"略相似"。反过来说，佛氏的说法是否真的错，端在于告子言性是否真的"与近世佛氏所谓作用是性者略相似"。朱子先把"近世佛氏"的说法摆在了与告子相同的立场，然后再申说孟子，以至于看起来孟子反驳的与其说是告子，不如说是"近世佛氏"。

十力启发我们进一步想到，玄学迎佛"不逮宋明者"，关键更在于宋明儒没有像玄学那样"终乃归佛而背其本宗"——出于民族情感，十力把佛家视为外来思想。他十分清楚，若非宋儒以性理形而上学应对佛家巨大而又广泛的吸引力，中国早已经成了佛教国。与宋儒一样，十力并不愿意看到儒教中国变成佛教中国。① 换言之，玄学与儒学的基本差异本来在于：玄学家是极少数纯粹智识人，他们的智性宗趣超逾了国家和民族共同体，儒生则凭靠民族共同体为生。玄学家眼见中国正在变成佛教国，不会忧心如焚，因为这与自己的宗趣无关，儒生则不然。

反过来看，若佛家拐走玄学家，儒生也可以无所谓，因为拐走极少数智识人无损于儒教国体。但佛家若拐走儒

---

① "中国人所受佛教之影响，实亦多害而少利"……"中国人本淡于宗教信仰，唯赖有高深博大之儒家哲学，足以引人反己而自识真理"（《读经示要》卷二，《全集》卷三，页808）。

教国家的众生，儒生就绝不能坐视——说到底，"众生皆有佛性"的宗趣折散了中国固有思想中原始的道儒一体。佛家的众生修行皆可成佛的远象，对儒教中国的众生有巨大吸引力，倘若儒家仅仅有性理形而上学，至多仅能化解"众生皆有佛性"的宗趣，却不能化解众生修行皆可成佛的远象，除非儒家能从性理形而上学发展出一种普及众生的修行说，并在政教制度上得到落实。十力在《读经示要》第一讲中已经告诉我们：

> 佛氏说一切众生皆有佛性，皆当作佛，以众生同一真如体故。吾《易》言"群龙无首"。孟子申其义曰："人皆可以为尧、舜。"王阳明又申之曰："个个人心有仲尼。"则以万物既同一仁体，自体上言之，不当有凡圣差别。所以信至治可期也。（《全集》卷三，页625）

十力的这一说法极为精炼地勾勒出中国固有思想史上的一场深刻巨变，极富启发：如果没有"一切众生皆有佛性"宗趣的压力，宋儒们很可能也就不会把孟子的礼义说变成性理形而上学，从而也就很可能不会有王阳明的众生皆可成佛的中国化版本——更不会把人皆可成圣人变成制度性普遍教化的目的。心学不得不宣称，就成人之"性"而言，儒家比佛家更彻底。毕竟，"人人皆有佛性"进而"众生皆可成佛"仅仅说的是一种生成可能性，每个人是否真能成佛，还得看自己的修炼是否能开发成性，或者说是否能"依法修行"最终抵达果地的"一切种智"（或"一切智智"）——芸芸众生是否个个能在断绝世间所有凭靠的寂寞圣贤路上走到尽头，还得看各自的缘分。由此可以理解，佛家对修行给出了严格的等级规定，以至于佛家显得也有等级性分。① 十力清楚地懂得这一点，他在《读经示要》第二讲中已经告诉我们：

> 释迦十二缘生之论，大小乘共同根据，始终不稍变。与吾《大易》乾元意思，根本相背。虽彼亦言众生皆有佛性，然非闻佛法，及经无量劫修行，则其佛性终不发现，是尚得为有佛性乎？唯禅宗之兴，乃救此失。颇与儒学接近。(《全集》卷三，页793)

为了胜过"众生皆可成佛"的可能性，本是对君子的修身要求必须变成制度性普遍教化的教旨。在《读经示要》第一讲快要结束的时候，十力告诉我们，张居正在《四书直解》中已经说，《大学》八条目的要义无非是：

> 上自天子，下至庶人，尽天下的人，一切都要把修身做个根本。盖格物致知诚意正心，都是修身的功夫。齐家治国平天下，都从修身上推去。所以，人之地位，虽有不同，都该以修身为本也。

十力认为，张正溪此言堪称《大学》八条目正解，因为，

---

① 然而，佛家修行的等级之分并非如《天下篇》七品说那样的性分差序，而是"人人皆有佛性"或众生皆可成佛的普遍性分规定衍生出来的进阶之分。由于这些进阶伴随着成佛失败的可能性，一步不合就有可能跌进各层"地狱"，众生皆可成佛就成了众庶在世人生的缘分。

> 向来说经者，似谓八条目只就君相言。庶人便无治平之事，此乃大误。庶民不独直接参预国政，而每一人之身，在其国为国民，同时即在天下，为天下之人。（《全集》卷三，页 671 - 672）

反过来看，宋明儒的伟大功绩就在于彻底更改了向来"八条目只就君相言"的传统。作为善于思考的哲人，十力没有引导我们去思考，八条目"只就君相言"与就庶民言的差异何在，及其各自的道理究竟何在，而是把心性之学直接变成教旨，全面修理"向来说经者"。①

由此可以理解，早在王阳明那里，就已经潜伏着"文化团体"国家的构想。十力说自己的"文化团体"国家构想来自中国固有思想，绝非浮游无根之说，但这个构想不是来自原始儒学，而是来自阳明儒学：

> [《周官》]言学校与社会教育，以含养德性与增进知能并重。其计划极周遍，无荒懈。方正学、王阳明皆深见及此，而慨然以为王道可行。（《读经示要》卷一，《全集》卷三，页 600）

---

① 《读经示要》是讲学记，并非著述，看起来颇为凌乱，其实条贯分明：第一讲题为"经为常道不可不读"，通篇在论证心学教旨。第二讲题为"读经应取之态度"，论证的则是必须以心学原则读经。第三讲"略说六经大义"以及《论六经》，十力向我们展示了他自己用心学原则读经的"心"证。可以说，《读经示要》的恰切书名应该是"心学读经示要"。

十力的独特缘分在于,他生逢西方智识人吹响的自由民主号角传遍全球每个角落的伟大历史时刻。与佛法东来相比,西法东来对儒家的职责带来大得多的压力,毕竟,佛法为出世法,西法为入世法。尽管如此,阳明的"知行合一"说已经为面临西法东来压力的现代儒生提供了抵御的学理基础。因此,十力虽然清楚地知道,宋儒既临丧乱、又临"出世之教"蔓延,复兴儒学功不可没,他仍然要说,

> 惜乎宋儒识量太隘,只高谈心性,而不知心性非离身家国天下与万物而独存……(《读经示要》卷二,《全集》卷三,页803)

为何十力又非常突出强调智性思辨的重要性呢?这倒不难理解——因为,十力所面临的处境是:西法东来夹持着强大的启蒙形而上学气势。正如当年佛法东来,玄学以玄思首迎佛法,十力要迎击西洋启蒙形而上学,必须发掘中国固有思想中的智性思辨资源。不同的仅是,十力不会重蹈玄学覆辙,"终乃归佛而背其本宗"。有了心性形而上学垫底,十力已经很容易看到,"世之崇佛者,皆谓佛法任理智,而不知其理智作用,为宗教情感所左右,不得无病也"(《全集》卷三,页798)——这意味着,唯识学中的思辨能量不可小觑,可惜这种思辨能量受到出世宗趣的牵制。不过,十力在佛家中看到了一股能将这种能量解放出来的入世精神,他接着这话就说:

> 佛家出世思想,未免反人生。此余之所不能赞同者。然大乘宏愿,期度脱无量无边众生,尽未来际,

恒不舍离。有一众生不得度,则已终不作佛。此其大悲大愿,与精进无已,大雄无畏,盖与儒者之仁,及刚健不息,同一精神。吾人一念及此,何忍自私自馁。(《全集》卷三,页798-799)

由此可以理解,在抨击韩非的"反智而尚力"时,十力会让最具思辨力的佛道两家集合起来,指斥"反智"论使"天下臣民皆为霸王者而生,为霸王者而死,真微虫蝼蚁不若也……佛说众生颠倒,庄子曰'人之生也固若是芒乎?'是可悲也"(《评论》,页353)。十力的民族情怀为我们昭示的迎击西法的方略是:要讲启蒙,康德哲学实不如儒家哲学,西方启蒙哲学毕竟仍然受超越众庶"性体"之外的上帝拖累。① 同样,要真正实现自由民主的伟大理想,非我华夏莫属,岂可轮到西方。

十力如何发明自己的众生皆当有圣智的形而上学,已经大致清楚。不过,佛家所说的"智慧"是形而上学智慧吗?印顺法师驳《新唯识论》时说,十力把佛家唯识学过于形而上学化,而释迦说法根本不是为了探究什么宇宙本体论,也不是为了满足人的求知愿欲。十力回答说:《新唯

---

① 十力并非言之无据,他在《读经示要》第二讲中说,资具妨碍人明心见性,但"不正之嗜欲起时,本心之明,元未尝泯,若隐然鉴督吾人而诏以不可随顺此嗜欲者。吾人于此,正须因本心之鉴督,而努力存持此鉴督之主人公,勿令嗜欲得障碍之,此谓保任"(《全集》卷三,页736)。十力接下来就说,保任功夫有如"德哲康德所谓自由意志",但康德没有在自由意志中看到"与宇宙万有同体之真实本源",去寻找上帝和灵魂,是"大惑"(《全集》卷三,页737)。

识论》的目的是要让所有喜欢探究形而上学玄极者知道，一切物的本体都不是"离自心外在境界及非知识所行境界"——言下之意，他的形而上学思辨与释迦的说法并不相悖，恰恰是为了破除形而上学思辨。印顺法师又批评说，释迦的教化"不是为了少数玄学者的玄谈，而是普为一切众生的依怙"。言下之意，十力的新唯识学仅仅是为了"少数玄学者"。

对十力来说，这一批评的确是极大委屈，他有理由说，印顺法师此言无异于"以小乘自利之智猜测佛心"。十力正告印顺法师，释迦的教化当然是"随顺众生求知之愿欲而随机开悟，即因众生所有之知识而方便善巧，以祛其迷而使之悟"（《摧惑显宗记》，页408）。换言之，十力的新唯识论当然不是为了"少数玄学者，而是普为一切众生的依怙"。十力不得不再次伸言：《新唯识论》的归宿在"明心章"："欲令人反识自性，自本自根，自信自肯，自发自造，此是第一义谛。"（《摧惑显宗记》，页423）印顺法师只好说，"儒家的文化，代表庸众的人生观，缺乏出世思想"——十力则反过来说，代表庸众心理的不是儒家，恰恰是"佛家出世的动机"："庸众起惑造业，既造恶业，而复怖苦，乃求出离"（《摧惑显宗记》，页426）。

经过这番辩驳，十力实际上与印顺法师在一个基本点上已经达成一致：以事食蕃畜为理的民是庸众，圣智应该成为一切众生的依怙。印顺法师说十力的唯识学搞错了佛家智慧，毫无意义，因为十力并没有声称自己是佛家正宗。十力深入唯识终乃归儒，用《大易》形而上学革新唯识。毕竟，佛家智慧指向大空之境，儒家智慧指向自由民主大同世，哪家"代表庸众"，判然明矣。十力弟子送给十力的

一句赞语，恰如其分地表彰了十力的新唯识宏愿："张智炬于中天，导群迷于坦途。"（《摧惑显宗记》，页399）

怀着这一宏愿，十力在新共和初见气象之时奋笔写下《论六经》长函，他最后写到：

> 毛公主张评判接受，下怀不胜感奋，故敢抒其积怀。年来深感政府以大公之道行苦干实干之政，余确有中夏兴复之信念，故对文化，欲效献曝之忱，今奉书左右，至希垂察……（《论六经》，页775）

十力到北京后，据说毛泽东给十力送过书，还写了信。① 我们不清楚这是十力进呈《论六经》之前还是之后的事情，即便是毛泽东读了长函后给十力写的信，具体内容我们也不得而知。可以推想的仅是：首先，十力在信中所涉及的经子学识，对于毛泽东来说并不陌生，就《论六经》所及而言，毛泽东读中国故书之深广，绝不亚于十力；其二，《论六经》说得再有道理，也不过徒托空言。

十力先生在北京居住数年后，因气候和健康原因移居上海，但一直享受北大一级教授待遇。虽年事已高，他仍历任三届全国政协委员，即便健康欠佳，仍保证开幕闭幕和照相到场。1968年，漆园老人在"文革"发源地上海离世，行前遭受"文革"小将批斗，几致神经错乱，史称"文革"史上最大冤案之一。可慰的是，四十多年过去了，十力先生的思想和精神仍然活在我们读书人心中。

---

① 参见任继愈回忆文，《全集》附卷，下册，页1462。

附　记

　　二十多年前，二十世纪伟大的哲人熊十力已是我心中的思想圣人。当时我还年轻，他书中说的很多东西都不懂，所涉儒释道群书，大多没读过，颇有窘束之感。时日逾久，愈感到这位思想圣人学识渊博，含蓄深广，文字踏实，史称现代"新儒家开宗大师"，实至名归。

　　我第一次得知熊十力这个名字，是从景海峰教授的梦话中听来的。当时我和海峰同在北大哲学系念硕士，他属中哲专业，住隔壁。我们都睡上铺，实际仅一薄墙之隔。有段时间，海峰夜里常在梦中念熊十力的名字，我就听见了。时在八十年代初，十力先生的书很不容易找到。上世纪五六十年代由上海龙门联合书局刻印的《原儒》《体用论》《明心篇》《乾坤衍》，印数极少，似乎并未公开发行。借海峰之便，我才得以逐一饱览。

　　记得阅读时十分激动——十力先生出佛入儒，不仅是大学问家，而且是对中华民族思想传统有承担的思想家，"体用不二"的思想可谓化腐朽为神奇。但当我读到《原儒》中说，孔子发明了"社会主义"，又如晴天霹雳：孔子怎么会发明现代才有的"主义"？当我向海峰表露这个困惑时，他低头凑着耳根压低嗓音说，新中国刚成立时，十力先生曾托人向毛主席转呈过一封信，倡议复兴儒学，还附上一篇《论六经》。我赶紧问：能找到吗？海峰无奈地摇头说，我也看不到……

　　十七年后，经郭齐勇、景海峰等诸位教授多年努力，

《熊十力全集》编成出版。海峰没有忘记我当年的困惑，送我书时，他腼腆地说，你惦记着的《论六经》就在我点校的第五卷……

读《论六经》果然骇然。本文初稿成于 2003 年 10 月，仅是一篇简要的读书笔记，若非偶遇共和百年，必将成为自己作业堆里的几张废纸。

2003 年 10 月初稿
2011 年 6 月改定

儒家公羊派与历史哲学
——对现代公羊学问题的一个简扼回顾

在古老的文明中国被迫从传统帝制走向现代共和制的历史过程中，具有社会动员力量的观念是现代西方的历史进步观。民主政制所依据的自然法是历史进步理念，而非某种儒家传统理念。自18世纪以来，历史进步论从现代欧洲的一种哲学意识逐渐成为世界性的普遍意识形态。本来属于现代西方的历史进步理念，如今已经是汉语思想的常识观念。我们学得如此之快、观念改变得如此彻底，主要因为现代西方历史哲学的进步论为古老的中国进入现代提供了有效得惊人的动力，也取得了有目共睹且举世瞩目的成效。

不过，由于历史进步理念是一场国际性的共产主义运动带到中国来的，我们最终难免会遇到这样一个问题：一旦古老的儒教中国实现了民族国家的自救，达成了国家的自立，儒家思想传统与历史进步理念是否能够兼容并蓄。在改革开放的中国取得巨大成就的今天，新－新儒家的强劲复兴把这个问题再次推到我们面前：儒家政制传统与历史进步论的关系对中国的未来意味着什么。

这让我们回想起中国现代思想史上遗留下来的一个老问题——晚清时期，中国思想界并不知道强势的现代西方强权国家背后有一种历史进步论哲学，为了促成不得不为之的政制变革，康长素借用的是汉代公羊家的"三世"说。① 于是，现代中国思想史上留下了这样一个问题：晚清公羊学是否曾为后来接纳现代西方历史哲学提供了某种思想基础？显而易见的是，当代儒生复兴公羊学明确以接纳现代西方政制为目的，使得儒家公羊学与现代西方历史哲学建立起某种内在亲合性。

一 公羊学的现代化

公羊学诞生于中华帝国法统遭遇第一次危机的时代（晚周末期），并在中华帝国法统的第二次奠立时期（汉代）

---

① 参孙春在，《清末的公羊思想》，台北：台湾商务印书馆，1985，页198以下；亦参小野川秀美，《晚清政治思想研究》，林明德、黄福庆译，台北：时报文化出版公司，1982，页87－166；何信全，《晚清公羊学派的政治思想》，台北：经世书局，1984，页36以下。

发挥了积极且有效的建构作用。① 自此以后，公羊学从未成为显学，直到清代——在这个时期，儒家作为中华帝国法统的担纲者再次面临制度危机。

由于公羊学法理产生于政制危机时代，而且针对的是政制危机，从性质上讲，公羊学承负着守护华夏政制传统的使命。魏晋时期，中华帝国法统遭遇过因佛法入华而出现的第二次危机。然而，佛法入华勾走了中国人的心魂，却并没有让中国人对华夏政制丧失信心，如果要抵制佛法，用不着复兴公羊学。中华帝国法统遭遇第三次危机（蒙古人入侵）时，异族统治的时间不长，也用不着复兴公羊学。清人入主华夏稳固统治之后，儒生需要再次想起公羊学——晚清时期，中华帝国法统遭遇的有史以来的第四次危机完全不同，这一次是面临西方现代文明的挑战——就危机处境而言，在中国历史上恐怕唯有公羊学所产生的政制危机时代可以相比。

在康有为动用《礼运》或公羊学三世论为改制提供正当性之前，他的《实理公法全书》已经把西方现代的"实理公法"视为新的政制原则——换言之，康有为在成为新公羊家之前，已经接受现代西方历史哲学的要核（机械论的形而上学原理），尽管那时他对历史哲学的进步论信条还一无所知。无论保皇的康有为还是革命的章太炎，都热切

---

① 关于公羊学要义，见陈柱，《公羊家哲学》，李静校注，上海：华东师范大学出版社，2014；段熙仲，《春秋公羊学讲疏》，南京：南京师范大学出版社，2002；阮芝生，《从公羊学论〈春秋〉的性质》，赵林校订，北京：华夏出版社，2014；李新霖，《春秋公羊传要义》，台北：文津出版社，1989。亦参陈苏镇，《汉代政治与春秋学》，北京：中国广播电视出版社，2001。

地走向现代西方的"实理公法",由此开始催生中国的历史哲学。① 章太炎立志凭靠自己渊博的中国文史学识"发明社会政治进化衰微之原理","鼓舞民气、启导方来";② 梁启超则要凭靠自己渊博的中国文史学识"叙述人群进化之现象而求得其公理公例"。③

于是,在梁启超笔下,公羊学的"张三世"说变成了历史进步论:

> 三世者,进化之象也。所谓据乱、升平、太平与世渐进是也。三世则历史之情状也。(同上,页 11)

这样看来,要把公羊家的"三世"说变换为西方进步史观的三阶段演进论似乎很容易。西汉公羊学与晚清新公羊学的差异,并非在于西汉以"存三统"为要,晚清以"张三世"为务——根本差异在于:西汉公羊学的"张三世"说与"存三统"说和"异内外"说融贯在一起,而且立新统黜旧统的政制转换凭靠的是"受天命"、重"符瑞"和"灾异"的自然宇宙神学法理,晚清公羊学把"张三世"与其他公羊学要义割裂开来,依据辨制度、信小大接通西

---

① 周予同,《五十年来中国之新史学》,见氏著,《周予同经学史论著选集》,朱维铮编,增订本,上海:上海人民出版社,1996,页 548 以下;汤志钧,《改良与革命的中国情怀:康有为与章太炎》,台北:台湾商务印书馆,1990,页 43 以下,及页 146 以下。

② 参章太炎,《致梁启超书》,见《章太炎政论选集》,汤志钧编,北京:中华书局,1977,上卷,页 167。

③ 参梁启超,《新史学》,见《梁启超史学论著三种》,香港:生活·读书·新知三联书店香港分店,1980,页 13。

方现代的"实理公法"。为了促成中国政制的转变,梁任公提出:中国古代政治思想是为帝王经世而思想,如今的政治思想应该为"国民"经世而思想——似乎儒家政制思想传统从来不为"民"经世。①

"受天命"的圣王之道转变为"国民"之道,显然是政制原理的转变,要实现这样的转变,难免会有一场大革命。传统公羊家不会把"革命说"视为公羊学要义之一,遑论视为第一要义。在1929年刊行的《公羊家哲学》中,陈柱首先列出的公羊家哲学要义却是"革命说",然后才是"尊王说"。可是,"革命"与"尊王"怎么可能协调一致呢?

> 王者所以统一其国者也。夫能统一,则其国乃可得而治,反乎是,则其国必纷争而乱,此必然之势也。然则孔子所以倡革命之说者,诚以当时之所谓王,已昏乱无道,不足以为天下之共主,而天下之崩离日甚,故假王鲁之说以见意。然而统一之纲,君臣之权,上下之礼,固不可以不明也。故尊王革命,虽似相反,而实不可以相废。而其尊王之目的,则在于统一也。此公羊家既言革命又言尊王,所以不得为矛盾也。(陈柱,《公羊家哲学》,前揭,页21)

陈柱没有理会可能出现的这样一个矛盾:引入现代西方的"实理公法"革命之后,"君臣之权,上下之礼"何以还可能是"统一之纲"。无论如何,现代的中国哲学史家冯

---

① 梁启超,《中国历史研究法》,见《梁启超史学论著三种》,前揭,页47。

友兰说得不无道理：康有为、谭嗣同虽没读过黑格尔和马克思的书，也竟能把他们的道理讲出来——冯友兰则承认，汉代儒家的五德说和三统说可以称为自然"循环"论，但三世说可以称为历史"进步"论，而且还说，如果"把循环及进步两个观念合起来，我们就得辩证的观念"。① 问题是，循环论与进步论能够合起来吗？

按照德国思想史家洛维特的观点，自然循环论与历史进步论截然对立，根本无法通融。洛维特在《世界历史与救赎历史》中提出了这样一个著名论点：就"历史"观念指人世是一个走向某种终极目标的时间进程而言，古希腊人并没有"历史"观念。在古希腊，historia 这个语词指的是探究人世事件的自然成因，这意味着人世自身有自己的自然理则。在古希腊文明中，与"历史"观近似的至多是一种以"金银铜铁"为标志的循环周期论，其背景是古希腊的秩序神学。换言之，希腊人对人世变迁并不持有一种线性发展观念，人世变迁的法则不过是近乎周期性的自然变化法则。

> 历史的进程是政治循环的一个圆圈；制度更迭、消亡，并在由事物的本性所规定的更迭中复归。根据历史的这种自然既成的宿命，历史学家就能够预言某种政治状况的未来。②

---

① 冯友兰，《秦汉历史哲学》，见氏著，《三松堂学术文集》，北京：北京大学出版社，1984，页 349 - 350。
② 洛维特，《世界历史与救赎历史》，李秋零、田薇译，北京：生活·读书·新知三联书店，2002，页 11。

古希腊—罗马文明崩溃之后，犹太—基督教的世界观取代了古希腊的世界观。由于犹太—基督教的超世创世主对人世有一个预定的救赎目的，一旦这种创造主观念取代了宇宙的自然目的理性，人世便被赋予了一个从过去到未来或从起点到终点的救赎过程，作为线性进程的"历史"观念就出现了——即便如此，犹太—基督教神学也不是一种"历史哲学"。现代西方哲学以自然科学的世界观取代犹太—基督教的世界观时，以现世的进步论代替其超世的终末论，才产生出如今所谓的"历史哲学"观念。

我们可以理解，冯友兰所谓"把循环及进步两个观念合起来"的"辩证观点"是不得已的说法。毕竟，他清楚地知道，古代儒家传统只有自然循环论，没有历史进步论，然而，为了华夏国家的自救，必须接纳历史进步论……于是，他说，中国思想早在秦汉时期就有了"历史哲学"。

陈柱和冯友兰面临的矛盾表明，接受西方现代的"实理公法"之后，中国的传统儒家"公法"将会被彻底废黜。这使得现代中国面临一个根本困难：儒生将不再是中国知识人的主体——相反，中国的绝大部分知识人都成了现代西方历史哲学的学生。如果要保存儒家"公法"血脉，现代儒生似乎就得竭力仿照现代西方的历史哲学来建构儒家的历史哲学。

其实，康子在营构新公羊学时就已经说：《春秋》垂教立言，损益旧的历史制度，最终要走向的是天下大同——笔削《春秋》的孔子是"天闵振救，不救一世而救百世"的"神明圣王"。① 换言之,孔子笔削《春秋》是为万世立法,《春秋》中的微言大义具有普世性的历史意义。基督教神学可以用《旧约》来证明以色列民族史与上帝的救恩史有一种独特的重叠关系,同样,按现代新公羊学的说法,汉民族历史与万世之法有独特的重叠关系:周公创制,孔子扶出周公之制的历史大义,揭示的是万世不易之法。

当代的新-新公羊家在发现基督教历史神学的最新举动后,也惊喜地追仿其复兴历史神学的理路,提出了公羊学的历史神学提案,其要旨据说是:公羊学三世说表达了一种历史信仰,即人类历史的演进是道德的演进,人类在历史中的希望就是实现太平大同理想,这种理想是普世的和超时代的。论者甚而据此声称,儒家的历史思想高于基督教的历史思想,因为,儒家看重历史之中的希望,而非看重历史之外的希望。② 按洛维特的观点,这无异于说,儒家的历史哲学更接近现代西方的历史进步论哲学,而非更接近基督教的历史神学。

二 公羊学的原初品质

尽管把《春秋》经传思想称为历史哲学在国朝学界似

---

① 康有为,《孔子改制考》,《康有为全集》,卷二,上海:上海古籍出版社,1992,页225。

② 参蒋庆,《公羊学引论》,沈阳:辽宁教育出版社,1995。

乎早已经成为不刊之论,① 如果要对思想史负责,我们仍然有必要问:儒家公羊学真的是一种"历史哲学"吗?

按照洛维特的观点,古希腊哲学中有宇宙神学和道德哲学,绝没有历史哲学,在《旧约》中才能找到西方思想中的"历史"哲学元素——由此可以理解,为了让基督教成为中国的宗教,中国的基督教神学家也不惜将儒教五经比作《旧约》。② 可是,正经的犹太教思想家不会把《旧约》视为历史哲学,而是视为立法学——甚至尼采也说《旧约》是立法学,而非历史哲学。

如果按传统公羊家的说法,孔子作《春秋》是立一王之法以俟后圣,那么,《春秋》学也是立法学,而非"历史哲学"。清儒孔广森曾这样来概括公羊学要义:

> 《春秋》之为书也,上本天道,中用王法,而下理人情。不奉天道,王法不正,不合人情,王法不行。(孔广森,《公羊通义》)

对比《太史公自序》中的如下说法,可以看到清儒孔广森说得没错:

> 夫《春秋》上明三王之道,下辨人事之纪,别嫌

---

① 把公羊学说成"历史哲学",参冯友兰,《秦汉历史哲学》,前揭,页345-351;杨向奎,《论何休》,见氏著,《绎史斋学术文集》,上海:上海人民出版社,1983,页162-173;陈其泰,《公羊历史哲学的形成和发展》,见《孔子研究》,2(1989)。

② 张之宜,《中国五经与旧约探微》,台北:中国主日协会出版社,1990,页65-103。

疑，明是非，定犹豫，善善恶恶，贤贤［以贤者为贤，犹尊贤］贱不肖［不正派之人］，存亡国，继绝世，补敝起废，王道之大者也。……拨乱世反之正，莫近于《春秋》。《春秋》文成数万，其指数千。万物之聚散，皆在《春秋》。《春秋》之中，弑君三十六，亡国五十二，诸侯奔走不得保其社稷者，不可胜数。察其所以，皆失其本［《史记索隐》云："弑君亡国及奔走者，皆是失仁义之道本耳。"］已。

十分清楚，《春秋》经的根本关切是"拨乱世、反诸正"。换言之，《春秋》经传关切的不是"未来"的复国想象，而是当下政制的德性状态。衰乱、升平、太平的区分，为的是明治道、寄治法："《春秋》记纤芥之失，反之王道。"（《春秋繁露·王道》）

仲尼之作《春秋》也，上探天端，正王公之位，万民之所欲，下明得失，起贤才，以待后圣。故引史记，理往事，正是非，见王公。史记十二公之间，皆衰世之事，故门人惑。孔子曰："吾因其行事，而加乎王心焉，以为见之空言，不若行事博深切明。"（《春秋繁露·俞予》）

从孔子笔削《春秋》，经公羊氏传其微言大义和董仲舒深极《春秋》之旨，到何休解释《公羊传》立三科九旨，形成了儒家公羊学派的经典论述。按公羊家的说法，《春秋》经"以三世义为宏纲"。既然公羊家的三世义与存三统和异外内融贯在一起，就不可能从三科九旨中把三世义单独抽离出来妄加发挥（阮芝生前揭书，页 72 - 82）。何休《春秋公羊传何氏解诂》中有句后人不断引述的名言：

> 于所传闻之世，见治起于衰乱之中，用心尚麤觕 [cū cū，皆同"粗"，粗略]，故内其国而外诸夏，先详内而后治外，录大 [大事] 略小，内小恶书，外小恶不书。大国有大夫，小国略称人 [谓不书大夫名]，内离会书，外离会不书，是也。于所闻之世，见治升平，内诸夏而外夷狄，书外离会，小国有大夫，宣十一年"秋，晋侯 [晋景公] 会狄于攒函 [狄地，其址不详]"，襄二十三年"邾娄劓我 [邾娄国大夫，名劓我] 来奔"是也。至所见之世，著治太平，夷狄进至爵爵，天下远近大小若一，用心尤深而详，故崇仁义、讥二名，晋魏曼多 [指哀十三年"晋魏多率师侵卫"]、仲孙何忌 [指定六年"仲孙忌围运"] 是也。

陈柱在《公羊家哲学》中全文照录这段话后作了如下历史哲学化的解释：

> 此公羊家言进化分三大时期之说也。夫所传闻之世者，托起于衰乱之中，由草昧而进于文化之时代也，是为进化之第一时期。当此之时，各奉其酋长，各有其国土而已。故曰"内其国而外诸夏"。由是故知有己之国，而不知有人之国，贱己贵我，先己而后人，故曰"先详内而后治外"。由是酋与酋相争，国与国相攻，天下将无宁岁。
>
> 于是诸酋之中，有觉悟者，倡为息争之说，而就

其贤者能者而听命焉。而后其国益大，故于所闻之世，托为升平之世。是为进化之第二期。当是之时，贤者能者进而为天子，而诸酋长则进而为诸侯之君矣。然而犹有中外之分，华夷之判。盖世界文明，尚未能平等，犹是国家主义、种族主义之时代也。故曰"内诸夏而外夷狄"。

然国家主义，则难免国家之战争，种族主义，则难获种族之平等，其去酋长之争，虽有大小、久暂之别，其为祸则均也。故当进而为大同之世，力除国家主义与种族主义，及自私自利之成见。于所见之世，托为太平之世，是为进化之第三期。当此之时，无国界之见，无种界之分，一于平等而已，故天下远近大小若一。此则可谓至治之世，所谓大同者矣。

虽然，公羊家所谓大同者，非放弃一切礼义，而任其肆睢而已也。世界愈进化，则道德亦当愈进化；世界愈大同，则道德亦当愈大同。而人人之守礼法也，亦当愈谨而严。（陈柱，《公羊家哲学》，前揭，页77）

读过这段解释，我们难道不会想起我们曾经追寻过的东西吗，或者不会想起半个世纪以后的当代公羊家的说法吗？其实，陈柱的如此说法绝非他的创见，而是当时盛行且风靡华夏学界的公羊新说，例如，戊子科举人江慎中（生卒年不详）在刊于《国粹学报》（1910年第69期）上的《春秋谷梁传条指》已经用演进式"主义"更替来解说"三世"：

公羊家有据乱世、升平世、太平世之说，而其传无明文，盖治《春秋》者相承有此义而彼袭用之，非尽出彼一家也。以谷梁义推之，远世为家族主义时代，规模偏狭，国体未成，是据乱也。中世为国家主义时代，经制画然，国度日进，是升平也。近世为世界主义时代，畛域尽化，天下大同，是太平也。两义相比，若合符节，若何休旧说，则牵强殊甚（自注：以讥二名为太平尤可笑）。益知非公羊一家之义矣。

还有一种将何休的说法加以历史哲学化的提炼方式，那就是在引用这句名言时将其简化，以便彰显三世的历史进程：

> 于所传闻之世，见治起于衰乱之中，用心尚麤觕，故内其国而外诸夏，先详内而后治外；于所闻之世见治升平，内诸夏而外夷狄；至所见之世，著治太平，夷狄进至于爵，天下远近小大若一，用心尤深而详。

对比何休的原文，我们不难看到，三世义不仅与存三统义和异外内义融贯在一起，而且与《春秋》经传的属辞义例融贯在一起。换言之，三世义的含义不可能是历史的道德演进，而是在三代文教之制不葆的政治处境下何以保守华夏政制的德性秩序。毕竟，存三统意在"明天下非一家之有，敬谨谦让之至也"（《白虎通·三正》）。如果要说"张三世"是历史进化，就得说"存三统"是历史退化——倘若如此，"张三世"与"存三统"又何以能够融贯在一起呢？

儒家传统把宗法秩序视为政制葆有德性秩序的关键，

而宗法秩序状况的优劣体现于具体的王朝政制。董仲舒在《春秋繁露·楚庄王》中对"三世"的实际含义的具体说明非常著名,今人不断引用:

> 《春秋》分十二世以为三等,有见,有闻,有传闻。有见三世,有闻四世,有传闻五世。故哀、定、昭,君子之所见也;襄、成、宣、文,君子之所闻也;僖、闵、庄、桓、隐,君子之所传闻也。所见六十一年,所闻八十五年,所传闻九十六年。

现代儒生在援引董生关于《春秋》"三世"的这段著名论述时,几乎无不将董仲舒紧接着说的一段纲领性言辞弃之不顾:

> 吾以其近近而远远、亲亲而疏疏也,亦知其贵贵而贱贱、重重而轻轻也。有[又]知其厚厚而薄薄、善善而恶恶也,有知其阳阳而阴阴、白白而黑黑也。百物皆有合偶,偶之合之,仇[qiú,对偶之意]之匹之,善也。《诗》云:"威仪抑抑,德音秩秩。无怨无恶,率[都]由群匹[偶也]。"此之谓也。然则《春秋》义之大者也,得一端而博达之。观其是非,可以得其正法;视其温辞,可以知其塞怨。
> 是故于外,道而不显;于内,讳而不隐。于尊亦然,于贤亦然。此其别[区别]内外[亲疏]、差[区分]贤不肖而等尊卑也。义不讪[诽谤]上,智不危身。故远者以义讳,近者以智畏。畏与义兼,则世愈近而言愈谨矣。此定、哀之所以微其辞。以故用则天下平,

不用则安其身,《春秋》之道也。

这段言辞清楚表明,"张三世"的实际含义是何为德政品质和政治家的政治德性以及德政品质的等级次第。《春秋》通过褒贬历史中的具体政制状况来彰显政制的德性原则,与其说是"将宗法原则带入历史政治原则",① 不如说是以"笔削"历史中的政治来彰显政制的德性原则。因此,识读《春秋》要在搞懂《春秋》经传的属辞义例。通过《春秋》公羊学的属辞义例,儒生首先应该习得的是辨识政制品质的政治智慧,获得促使现实政制趋向德政的政治能力。

现代公羊家也喜欢谈论"当新王",问题在于,什么叫"当新王"?西汉公羊家的明确说法是:"《春秋》上绌夏,下存周,以《春秋》当新王。"

> 《春秋》当新王者奈何?曰王者之法,必正号,绌王谓之帝,封其后以小国,使奉祀之。下存二王之后以大国,使服其服,行其礼乐,称客而朝。故同时称帝者五,称王者三,所以昭五端、通三统也。是故周人之王,尚推神农为九皇,而改号轩辕,谓之黄帝,因存帝颛顼、帝喾、帝尧之帝号,绌虞而号舜曰帝舜,录五帝以小国。下存禹之后于杞,存汤之后于宋,以方百里,爵号公,使皆服其服,行其礼乐,称先王客而朝。《春秋》作新王之事,变周之制,当正黑统,而

---

① 陈燕谷,《汉代今古文经学的春秋》,见《学人》,2 (1992),页 273-274。

殷、周为王者之后,绌夏改号禹谓之帝禹,录其后以小国,故曰绌夏存周,以《春秋》当新王。(董仲舒《三代改制质文》)

可以看到,"以《春秋》当新王"指王者的应然之法在于如何拨乱反正赓续德政传统。如皮锡瑞所言,通三统为张三世起头,有通三统之义,方能有《春秋》新王之继起,而三世之义则引出三世之治道和一王之治法,并在异外内之义中呈现具体的德政制度:

《春秋》损益四代,立一王之法,其制度纤悉具备,诚非空言义理者所能解也。①

孔子的"变法"在于如何保守传统制度的根本,而非固守制度的名号——名号可变,制度的品质(礼制)不能变。与此相反,现代西方"实理公法"则允许名号不变,制度的根本必须变:礼制变为讲究权利的民主制。很可能是针对现代公羊家的说法,今人黄彰健在其《张三世古义》中提出,三世说的具体含义当是《论语·季氏》中的如下说法:

孔子曰:天下有道,则礼乐征伐自天子出,天下无道,则礼乐征伐自诸侯出。自诸侯出,盖十世希不

---

① 皮锡瑞,《经学通论》,周春健校注,北京:华夏出版社,2011,页371。

失矣。天下有道，则政不在大夫；天下有道，则庶人不议。①

现代公羊家以及诸多现代的中国思想史家的论述让我们看到，如何用西学语言来表述儒家思想，对现代中国学人来说迄今仍是一大难题。由于现代西化语境的规定，传统儒家思想需要用西学化的语言来重新表述自己，但西学观念是否能恰切表达传统儒家思想，的确让我们难有把握：差之毫厘谬以千里的情形比比皆是。即便我们把《易经》的宇宙自体生生论称为宇宙神学，把成人之性的心性之学称为道德哲学不会有什么问题，但把《春秋》经传中的思想称为历史哲学就大有问题。

三 "六经皆史"说是一种历史哲学？

传统儒家思想中是否有历史哲学这一问题，除了与公羊学有关，还与提出"六经皆史"说的章学诚有关。

章学诚提出"六经皆史"，被现代的史家视为还经为史的开端——还经为史的含义是，中国的传统政典如今不过

---

① 黄彰健，《张三世古义》，见《学原》，卷一，第八期，转引自阮芝生前揭书，页 80。

是一堆史料。① 被现代西方实证史学征服的国朝史家甚至提出：章氏学诚是中国两千余年来唯一的历史哲学家，《文史通义》"也是唯一的历史哲学的专著"，可与当代西方的柯林伍德相比。②

可是，章学诚所谓的"史"（即六经）并非西方实证史学含义上的"史料"，而是华夏政教的"典章"。中国的古代学问以六经为体，而六经是政教之学——即便章学诚称"六经皆史"，他也明确说，那是先王用以纲维天下之政教典章的文史。③ 经（义）与史（政）仍然互为表里：

> 若夫六经，皆先王得位行道，经纬世宙之迹，而非托于空言。（《文史通义》，前揭，页3）

儒家的"大学"之道在于"明明德于天下"，欲近此道，须从格物致知正心诚意修身到齐家治国，而后平天下。大学之道始于"天下"终于"天下"，而所谓"天下"指华夏政制——"上古圣人，开天创制，立法以治天下"（《文史通义》，页12），并非西方现代历史进步论哲学的所谓"世界"。毋宁说，进步论信仰的教主们恰恰要我们废黜这

---

① 章氏的"六经皆史"说释者纷然，参周予同，《章学诚"六经皆史说"初探》，见氏著《周予同经学史论著选集》，页714以下；彭明辉，《疑古思想与现代中国史学的发展》，台北：台湾商务印书馆，1991，页17-23；亦参王茂等，《清代哲学》，合肥：安徽人民出版社，1992，页777-783。

② 参余英时，《章实斋与柯灵乌的历史思想》，见氏著，《历史与思想》，台北：联经出版公司，1976，页172。

③ 章学诚，《文史通义》，叶瑛校注，北京：中华书局，1994，页1，亦参页93-94。

样的"天下":

> 祭司等级霸占了教育,以便塑造人们更加忍耐地负担起可以说是被认同为自己生命的种种枷锁,乃至于竟放弃了要打碎枷锁这一愿望的可能性。但是,如果我们想要知道这类体制——即使是不乞灵于迷信的恐怖——能够把它们那摧残人类能力的权力推向什么地步,那么,我们就必须暂时把目光转到中国,转到那个民族,他们似乎从不曾在科学上和技术上被别的民族所超出过,但他们却又只是看到自己被所有其他的民族一一相续地超赶过去。①

孔多塞所谓"迷信的恐怖"让我们会想起卢克莱修的著名说法,至于在这里所说的"祭司",不就让我们联想到中国的"儒生"吗?

从《庄子·天下篇》到章学诚《文史通义》,六经中最重要的都是《易》和《春秋》:

> 《易》以天道而切人事,《春秋》以人事而协天道,其义例之见于文辞,圣人有戒心焉。(《文史通义》,前揭,页20)

六经"协于天道","切于人事","以示帝王经世之大略"——自然宇宙论和政制宗法论是六经的两大支点,意

---

① 孔多塞,《人类精神进步史表纲要》,何兆武等译,北京:生活·读书·新知三联书店,1998,页36。

味着可见的政治秩序与不可见的自然天理协致。因此，《文史通义》说"易教"，要在与公羊《春秋》相互发明，叶瑛注释所谓《易教》中的主旨在于"明《易》为王者改制之巨典"（《文史通义》，前揭，页13）。

如果今天的我们已经接受西方现代的"进步"论历史哲学法理，那么，如洛维特所说，我们就必将抛弃古老的自然天理，让政治秩序与"进步"论法理协致。若美国成为我们的楷模，我们就被洛维特说中了。

"诗言志"的内传理解

多年前,笔者曾撰文讨论亚里士多德《诗术》的性质,力图说明其诗学属于政治学,并提到廖平的《诗》学亦为政治学。① 前不久,廖平关于《诗纬》的文稿经潘林整理出版,引发了笔者的进一步思考。②

poiētikē [诗术] 这个希腊文衍生自极为日常的制作行为,已经让柏拉图和亚里士多德思考如下问题:这种行为与人世中的其他制作行为有何不同,"作诗"技艺与其他制作技艺在性质上有何差异。在中国的古代经验中,这样的

---

① 刘小枫,《"诗学"与"国学":亚里士多德〈诗学〉的译名之争》,刊于《中山大学学报》,2009 年第五期;收入刘小枫,《比较古典学发凡》,上海:复旦大学出版社,2015,页 36 - 59。

② 廖平,《诗说》,潘林校注,上海:华东师范大学出版社,2017(以下凡引此书简称《诗说》,随文注页码)。

问题存在吗？

一　何谓"诗，志也"

按今天的日常用法，"诗"指成言之作，在上古时期也多指成言的《诗》篇，似乎并不包含行为意味，其实不然。按古典辞书《说文》《释名》的解释，"诗，志也"，"之也，志之所之也"，明显带有行为含义，尽管特指一种灵魂行为。这一语义源于《书·舜典》著名的"诗言志"说法，而"志"显然是灵魂行为，如《书集传》中的名言："心之所之谓之志，心有所之，必形于言，故曰诗言志"。① 这一说法既是在解释成言的《诗》篇，也是在解释作为一种灵魂行为的"诗"，如《诗·国风·关雎序》所言："在心为志，发言为诗"。

如果"志"是一种灵魂行为，即所谓"志者，意所拟度也"（《仪礼·大射》郑玄注），相当于古代西方人所谓 intentio animi，那么，"诗，志也"究竟是什么意思，我们应该如何理解作为灵魂行为的"志之所之"？

从今天能够看到的古典文籍中，《诗纬·含神雾》对"诗"即"志之所之"给出的解释最为明晰：

> 诗者，持也。以手维持，则承奉之义，谓以手承

---

① 《朱熹文集》卷六十五《杂著·尚书》，以及朱熹订正、蔡沉撰《书集传》。

下而抱负之。①

"持"是一种具体的日常行为,即紧紧握住、执而不释。这里被用来训释一种灵魂行为,即灵魂对某种高远景象或高贵生活方式的向往,苏格拉底称之为"缪斯式的"爱欲疯癫。②"承"则指将这种志之所之的心意追求奉纳怀中,也就是通常所说的有抱负。所谓"假诗为持",用今天的话来讲,就是指有抱负或有胸襟者的心智意愿。如果说某人天生有诗性,那么,意思首先并非指他有如今所谓的写诗之才,而是指有高远的抱负。这种抱负的结果固然是成言的诗作,所谓"心有所之,必形于言",但显然不能说,如此抱负之志仅止于立言,不见诸行事。众所周知,从古至今,我国都不乏极富诗性的伟大政治人物——毛泽东是离我们最近的伟大典范。

有人会说,《诗纬》属于纬书,而纬书早已被儒家判为荒诞不经之言,何以可能凭靠《诗纬》的说法来理解"诗,志也"?

1918年,廖平在为胡薇元《诗纬训纂》撰写的序文中说,把纬书判为荒诞不经之言,是宋儒所为:

> 六经为其正文,六纬[纬亦作微,即秘密之传授]为其起例,亦如奇门、六壬、火珠林,诸术数家学者,必先详其起例,而后能通其书,非有起例不能读也。

---

① 孔颖达,《礼记正义》卷二十八,李学勤主编,北京:北京大学出版社,1999,页861。
② 比较柏拉图,《斐德若》245a1 — 247e5。

(《诗说》,页 59 - 60)

这里提到的"术数",会让我们想到古希腊智术师所说的"技艺",但廖平借"术数"说明汉代六经学有一种近乎秘术的内学传统,而古希腊智术师的"技艺"并非"秘术",除非特指苏格拉底与普罗塔戈拉所讨论的"治邦术[政治术]"。①

廖平说,纬书乃通达六经微言的门径,"刘歆以后,东汉古文家别立门户,乃专以训诂文字,采《春秋》录时事,专以史事立序",才开启了如今所谓考据式实证经学的路向。即便如此,从魏晋至隋唐,儒者大多仍兼通内学[秘术],到北宋理学兴起之后,这一古老传统才几近断绝,纬书也因之被判为"妖言"(《诗说》,页60)。

其实,纬学在东汉时遭到攻击,绝非仅仅因为刘歆别立经学门户。桓谭(约公元前23—公元56)说:

> 今诸巧慧小才伎数之人,增益图书,矫称谶记。(《后汉书·桓谭传》)。

王充(27—97)轻蔑地以为:

> 有神灵,问天地,俗儒所言也。(《论衡·卜筮篇》)

---

① 柏拉图,《普罗塔戈拉》316c5 — 317c5;比较陈侃理,《儒学、数术与政治:灾异的政治文化史》,北京:北京大学出版社,2015。

张衡（78—139）则愤然曰：

> 自中兴之后，儒者争学图纬，兼复附以妖言。衡以图纬虚妄，非圣人之法。（《后汉书·张衡传》）

凡此表明，纬学受到攻击，且自隋以降遭王朝禁绝，其政治史缘由相当复杂，要理出头绪并不容易。① 我们不能设想，廖平对东汉时的政治思想冲突一无所知。事实上，对于图谶之士及术数家利用纬书的情况，廖平了如指掌，但他并不因此抛弃纬书：

> 纬者，先师经说入于秘府，与图谶并藏。哀、平以来，内学大盛，侈言符命者，猎取纬说，以求信于世。故凡纬说艺术家言，并为图谶所混。今其书冠以"七经"名，则纬书之本名也。其下之名，则皆图谶及术数家言。如《雌雄图》《钩命诀》之类是也。其书皆藏于秘府，写者含混写之，遂成定本。然解经者当引纬说，图谶之言，不可用也。②

可见，廖平称内学传统为"旧法"，恰如其分，他更多

---

① 比较拙文，《纬书与左派儒教士》，见刘小枫，《儒教与民族国家》，北京：华夏出版社，1999/2015，页1-84。
② 廖平，《何氏公羊春秋再续十论》，亦参《经话乙编》2，见《廖平选集》，李耀先主编，成都：巴蜀书社，1998，页523。此说与《四库全书总目提要》分辨"谶"与"纬"，并无不同。

强调理学兴起导致儒家古老的内学传统血脉断绝,自有其用意。今天的我们值得琢磨这样的问题:为何廖平要在清末民初的历史时刻重拾中国文史传统中隐而秘传的"旧法"。也许,他对"诗言志"的内学式理解,能够让我们得到理解的线索。

在廖平看来,依循《诗纬》提供的指引,我们对"诗言志"乃至《诗》的品质会有另一番理解:在汉代儒生那里,《诗》学首先与天象学(廖平称为"天学")相关,或者说与永恒的自然秩序相关。在《〈诗经〉天学质疑》一文中,通过解读《韩诗外传》中孔子答子夏所问"《关雎》何以为《国风》始也",廖平告诉我们:

> 按后世以《序》说《诗》,《关雎》一篇,今所传古说,尚有八家,不知名者更无论矣。《外传》所论其文,直与《列》《庄》《楚辞》同,则知《诗》为天学,为神游思梦、上征下浮、鸢飞鱼逃,为孔子六合以外天真至人之学。(《诗说》,页57)

倘若如此,"诗"即"志之所之"的"志"指"天真至人"之志。从《庄子·天下篇》中可以看到,"至人"身位在圣人之上,"天人"及"神人"之下,品位相当高。但我们能用今天的话说,这种"天真至人"之志等于古希腊自然哲人的爱欲吗?

问题恐怕未必如此简单。《纬书》早已不传,今本靠清人辑佚而成,残缺颇多,《诗纬》尤甚。为了重拾汉儒"旧法",廖平做了一件工作:将《纬书》其他篇章中与《诗纬》相关的言辞辑录在一起,以便对观。在廖平的《〈诗纬〉搜遗》中，有这样一段出自《春秋纬·说题辞》的言辞：

> 诗者，天文之精，星辰之度［十五国上应天宿，大小《雅》五际合于五星、十二辰］，人心之操也［操者持也，故《含神雾》曰："诗者，持也"］。在事为诗［寄托往事，以为比兴］，未发［《中庸》："喜、怒、哀、乐之未发，谓之中"］为谋［《小雅·旻天》多言谋］，恬淡为心，思虑为志［在心为志，志主思虑，思出于脑］，故诗之为言志也。（《诗说》，页32-33；方括号内文字为廖平弟子黄镕笺注，下同）

这里所说的"人心之操"不会指平常人之心，而是指极少数人的灵魂所向。毕竟，对"天文之精，星辰之度"天生有探究热情和能力的人，不可能是多数常人，只可能是亚里士多德在《尼各马可伦理学》开篇所说的那种有高贵灵魂之人。按照这一说法，"诗"即"志之所之"的"志"指极少数人对自然秩序的痴迷。无论如何，廖平说《诗》学包含"天学"，绝非自己臆度，而是本于汉儒成说。

《〈诗纬〉搜遗》中有一段出自《乐纬·动声仪》的文辞甚至说到"诗人"：

> 诗人感而后思，思而后积，积而后满，满而后作。言之不足，故嗟叹之；嗟叹之不足，故咏歌之；咏歌之不足，不知手之舞之、足之蹈之也。（《诗说》，页35）

按廖平的理解，这里所谓"诗人"指制作《诗》篇的孔子，"感而后思"的思相当于西人所说的"哲学思想"。于是，"思而后积"被廖平心领神会地解释为热爱智慧之思"由近及远，由小推大，由卑及高，由地及天"。至于"积而后满"，则意味着"天地六合，理想周至，充满于心"（同上）。由此看来，汉儒所理解的"诗，志也"之志，的确类似于苏格拉底所谓热爱智慧者对天地六合的整全之思。

接下来的从"言之不足"到"嗟叹之不足"乃至"咏歌之不足"句，在廖平看来，实为描绘"天真至人"之志凭靠哲思上升天界时的灵魂所往状态：目睹诸天界美色时"言语不足形容"只能嗟叹，继而情不自禁咏歌"赞其美大"。《论语》中的那番我们耳熟能详的说法，描述的正是这种灵魂神游周天的感受：

> 仰之弥高，钻之弥坚，瞻之在前，忽焉在后，欲罢不能，虽欲从之，莫由也已。（《论语·子罕》）

由此看来，这段言辞堪称"天真至人"之志的表白。我们可以说，孔子成为"诗人"制作《诗》篇，乃因自己的灵魂神游思梦周天有感而为。可是，按廖平的指引，其弟子黄镕为"满而后作"句作笺注征引的古人证词，既有孟子的名言"王者之迹熄而《诗》作"，也有我们往往会忽略的太史公言："周道缺，诗人本之衽席，《关雎》作"（《诗说》，页35）。这意味着，因周道不继而深感痛惜，孔子的"天真至人"之志才制作《诗》篇。换言之，孔子成为"诗人"的真正动因，乃人世间政道不济。

然而，由于"满而后作"句在中间，我们也许更应该说：孔子成为"诗人"的真正动因在于，其"天真至人"之志既向往六合之外，又不舍六合之内，以至于被衰世的现实扯回头。我们值得问：难道孔子心性中有某种灵魂品质让他没法抛舍六合之内的人世？如果情形的确如此，那么，这种心性是一种什么样的灵魂品质？

紧接下来，《乐纬·动声仪》的作者转向了"贤者"，也就是所谓君子：

> 召伯，贤者也，明不能与圣人分职，常战栗恐惧，故舍于树下而听断焉。劳身苦体，然后乃与圣人齐[贤者为其易，圣人为其难]。是以《周南》无美，而《召南》有之。以《雅》治人[《小雅》五际，《大雅》五际，气交（指天地二气交合）之中，人之居也；气交之分，人气从之]，《风》成于《颂》[《含神雾》："《颂》者，王道太平，功成治定而作也。"]。有周之盛，成康之间，郊配[《孝经》："周公郊祀后稷以配天。"]封禅[《左传》："山岳则配天，物莫能两大。"]，皆可见也。（《诗说》，页35）

"明不能与圣人分职，常战栗恐惧"表明，贤者之为贤者，乃因为他有这样一种自我意识：懂得自己的心性不及圣人。这里出现的"圣人"一词，让我们应该想起《庄子·天下篇》说过，在天真至人与君子之间还隔着圣人身位。与天真至人不同，圣人"以天为宗，以德为本，以道为门，兆于变化"。由此我们得知，孔子作《诗》是圣人行为。

所有人都置身天地之间，但每个人与天的距离则因个体性情而有巨大差异。可以设想，并非每个人的"人心之操"都向往"天文之精，星辰之度"，即便有这种向往，也并非人人都有"由近及远,由小推大,由卑及高,由地及天"的心智能力。圣人之为圣人,乃因为他顾及平常人的"人心之操",即所谓"兆于变化"。从而,"诗人"之志在天地之间,并沟通天地,以救政道衰微。如《诗纬·汜历枢》所言,"圣人事明义以炤燿,故民不陷"(《诗说》,页17)。由此可见,廖平把"满而后作"的"作"的真正动因理解为圣人之志贯通六合内外,并非自己臆度,而是本于古人成说。

廖平的理解让今天的我们想到苏格拉底的老师第俄提玛所说的"大精灵",即在贯通六合内外方面"有智慧的人"。与这种精灵在身之人的作诗相比,"在设计技艺或手工活方面有智慧的人,不过是某种低的匠人而已"(《会饮》202e1—203a5)。可是,按廖平对《乐纬·动声仪》的释读,所谓"圣人"指"以《雅》治人"的王者,圣人与王者是同一身位,从而,孔子作《诗》是王者行为。

按廖平的指引,黄镕笺注在这里引用了《诗纬·含神雾》中的"《颂》者,王道太平,功成治定而作也"句,以此汇通《乐纬·动声仪》所说的"《风》成于《颂》"。《诗》中有大量纪事,这些纪事并非如今实证史学意义上的纪实,而是被孔子用来展示,圣人的"诗"性或者说"志之所之"的"志"最终意在六合之内的王道太平:"有周之盛,成康之间,郊配封禅,皆可见也。"

我们没有理由说,这种释读是廖平的臆度,因为,我们在《诗纬·推度灾》中可以读到:

> 如有继周而王者,虽百世可知。以前检后,文质相因,法度相改。三而复者正色也,二而复者文质也。

……庚者更也，子者滋也，圣人制法天下治。（《诗说》，页6，12）

由此看来，对我们来说，如今即便要理解廖平的心志也难乎其难。比如，我们今天能够理解廖平为何要在辛亥革命之后（1914年）编撰《〈诗纬〉新解》吗？

二 《〈诗纬〉新解》与现代大变局

廖平编撰《〈诗纬〉新解》的意图并非不清楚：明"诗人"即圣人，圣人即"王者"，但仅仅是"制法"的"素王"，而他的作诗就是制法。在为胡薇元《诗纬训纂》撰写的序文中说到纬书"旧法"不可废时，廖平首先提到，太史公和董仲舒论及《春秋》诸大义，无不"吾因其行事而加乎王心焉"（《诗说》，页60）。问题在于，如今的我们是否还能承认纬书作者是淳儒，并虚心舍于树下而听断。

贤者"舍于树下而听断焉"表明，君子自知心性不及圣人，即自知天性欠缺不可遏止的神游周天的爱欲。尽管如此，贤者对此心向往之，圣人诗性因此成了君子仰止的境界，以至于"仰之弥高，钻之弥坚，瞻之在前，忽焉在后，欲罢不能，虽欲从之，莫由也已"。换言之，君子也有"诗"性。即"志之所之"的"志"。但君子的诗性并非"天真至人"之志，而是以圣人为楷模，"劳身苦体，然后乃与圣人齐"，参与圣人的制礼作乐，即《乐纬·动声仪》作者所说："以《雅》治人，《风》成于《颂》"。

现在来看《诗纬·含神雾》中"诗者，持也"句的完整段落，其义已焕然可通：

> 孔子曰："诗者，天地之心，君德之祖，百福之宗，万物之户也。诗者，持也。以手维持，则承奉之义，谓以手承下而抱负之。在于敦厚之教，自持其心，讽刺之道，可以扶持邦家者也。"治世之音温以裕，其政平；乱世之音怨以怒，其政乖：《诗》道然也。（《诗说》，页18）

这段"孔子曰"未必真出自孔子，但其要义的确道出了孔子之志。① 首句"诗者，天地之心"并没有划分天与地，或者说并未分割"天学"与"人学"，而是以"诗"贯通天地，即凭靠圣人诗性为人世立法，因为圣人心志贯通六合内外。如果"诗者，持也"句把"诗者，志也"的含义引向了天道，从而指圣人之志，那么，"承奉之义"句就把"诗者，志也"的含义引向了人道，而"承奉"者首先指圣人，然后指贤者，从而有"劳身苦体，然后乃与圣人齐"一说。

由此看来，汉儒所理解的"诗者，志也"既指圣人之志又指贤者之志。与此相应，"诗人"既指圣人又指贤者。用《诗纬·含神雾》作者的说法，所谓贤者之志，指对圣王之道"悉心研虑，推变见事也"（《诗说》，页29）。《诗纬·含神雾》意在秘授"王者德化充塞，洞照八冥，则鸾臻"的道理（《诗说》，页25），而自唐代佛法大

---

① 比较冯时，《中国古代的天文与人文》，北京：中国社会科学出版社，2009，页254-272。

盛，尤其禅宗盛行之后，君子改变心性，以为自己"明心见性"即可成圣，自然不会再对圣人"仰之弥高，钻之弥坚，瞻之在前，忽焉在后"，纬书被判为"妖言"，就一点儿不奇怪。在现代之后的今天，常人也有政治权利作诗，以顺其自然欲望，纬书甚至会被判为"反动透顶"的封建余毒。廖平把《诗纬》界定为"《诗》之秘密微言"（《诗说》，页3），迄今得不到学界中人原谅，没有什么不好理解。反之，当今天的我们看见海德格尔说诗人的作诗就是创建"持存"时，① 自然会觉得他太切近我国古人的看法。

《诗纬》作者在这里两次解释"诗者，持也"的行为意涵：要么"敦厚之教，自持其心"，要么讽刺之道"扶持邦家"。两者都堪称"诗术"，即所谓作诗技艺。今天的我们难免会产生联想：这不就是雅典城邦的肃剧和谐剧技艺吗？然而，在《诗纬》作者看来，"敦厚之教"和"讽刺之道"的作诗意在援天道入人道，我们更应该问：雅典戏剧诗人有这样的诗性吗？亚里士多德会如何解释雅典诗人的作诗呢？

廖平的《〈诗纬〉新解》虽成于辛亥革命之后，他对《诗纬》的思考却始于此前十年。在中国面临"三千年未有之大变局"时刻，为何廖平致力重拾纬书"旧法"？

从廖平所辑轶的《诗纬·含神雾》残篇中的一段言辞，我们也许可以找到理解的门径：

> 四方蛮貊，制作器物，多与中国反：书则横行，

---

① 海德格尔，《荷尔德林诗的阐释》，孙周兴译，北京：商务印书馆，2000，页180。

食则合和，床则交脚，鼓则细腰，如此类甚众。中国之所效者，貂蝉、胡服、胡饭。天下和同，天瑞降，地符兴。岁星无光，进退无常，此仁道失类之应。填星晕，此奢侈不节，王政之失。(《诗说》，页28-29)

"四方蛮貊"指汉代中国人所认识的华夏周边其他民族，他们不仅"制作器物"多与中国不同，种种生活方式也与中国相异。今天的我们会感到惊讶，汉代中国人甚至知道，蛮貊之书横着书写，而非像中国之书那样竖着书写。廖平弟子黄镕笺释这段言辞时所引《礼记·王制》中的说法让我们看到，汉代中国人已经知道：

广谷大川异制，民生其间者异俗，刚柔、轻重、迟速异剂，五味异和，器械异制，衣服异宜。(《礼记·王制》)

廖平弟子黄镕还引《史记·大宛传》中的说法证明，我国当时的古人知道，"安息（引按：西亚的帕提亚王国）以银为钱，钱如其王面，画革旁行，以为书记。"黄镕还说，由此可见"结绳字母之遗迹"，言下之意，蛮貊在"文质相因"方面，远不及华夏中国。[①]

廖平没有预见到，仅仅半个世纪之后，中国人已经习

[①] 比较 William M. McGovern, The Early Empires of Central Asia: A Study of the Scythians and the Huns and the Part They Played in World History, with Specific References to Chinese Sources, University of North Carolina Press, 1939。

惯横着书写，反倒看不惯竖写文字。对古人来说，"以前检后，文质相因"指华夏文明政制自身沿袭因革时的损益。孔子说："殷因于夏礼，所损益可知也；周因于殷礼，所损益可知也"（《论语·为政》）。所谓"文质相因"意指华夏文明政制在人世沧桑中的前后相依，乃至以夏化夷。但对廖平乃至今天的我们来说，"文质相因"成了以西检中，新的"文质相因"问题——中西相因——随之而来。

按廖平的提示，黄镕在笺释这段文辞时还告诉我们，汉代中国人已经懂得，"五方之民，皆有性也，不可推移"（《礼记·王制》），从而主张"天下和同"。中国人早就面对五方之民，并非到汉代才如此。所谓"天下和同"，其实是中国人对五方之民融入华夏政体的基本国策：中国上古时期的王者已经有"四方民大和会"（《书·康诰》）以及"和恒四方民"（《书·洛诰》）之类说法。按孔颖达的训释，所谓"天下和同"即指"和协民心，使常行善"。纬书家用切合自然秩序的天象学语言来表达，称为"天瑞降，地符兴"。若"天下"即华夏政体失"和同"，"仁道失类""奢侈不节，王政之失"，则"岁星无光，进退无常""填星晕"。

这里的所谓"天下"当指秦汉以来进一步扩大的华夏政体，"天下和同"指更多周边五方之民加入文质相因的华夏文明政体后的政道原则。① 廖平——乃至今天的我们——面临的历史时刻与此截然不同：中国人遭遇的西民并非来自周边陆地，而是越洋而来。他们也并非要加入华夏

---

① 比较冯时，《中国古代的天文与人文》，前揭，页 22-37。

文明政体，而是要华夏"天下"接受他们的"异制"之"文"，即如今我们耳熟能详的科学技术、商化生活和民主政治这三大法宝。

如果今天的中国人已经无从凭靠"天下和同"的古训来应对华夏文明面临的沿袭因革问题，那么，我们面临的"文质相因"问题便与过去的历史遭遇不可同日而语——现在的问题是：如何损益西方"异制"。

也许正是因应这一根本问题，廖平才致力重拾儒家内学"旧法"。① 可是，这与《诗纬》有什么关系呢？

三 "正于内，则可以化四方矣"

在《〈诗纬〉新解》的引言中，廖平写道：

> 每怪世说《老》《庄》、译佛藏，皆与进化公理相背，遂流为清谈寂灭，生心害政，以致儒生斥为异端。苟推明世界进退大例，则可除一人长生久视之妄想、有法无法之机锋。庄生曰："大而无当"，"游于无有"。《诗》曰："众维鱼矣，兆为旟［yú，画有鸟隼之旗］矣。"此固非一人一时之私意所可侥幸者。荀卿曰《诗》不切，其斯为不切乎？（《诗说》，页3-4）

---

① 比较廖平1898年在《蜀学报》上发表的"改文从质说"一文，见舒大刚、杨世文主编，《廖平全集》，第11册《四益馆杂著》，上海：上海古籍出版社，2015，页522-526。

我们不难体会到，生活在清末民初的廖平所面临的问题直到今天还没有过时。因为，指责《老》《庄》佛藏"流为清谈寂灭，生心害政"，背后的理据是西夷的"进化公理"，而今天的我们仍然信奉这个"公理"。现代新儒家"开宗大师"熊十力比廖平晚出，他把"挽耽空溺寂之颓"视为复兴儒学的根本理由，进而致力于让儒学接应西方的民主政治理想。[①] 当今的儒学争议，仍然没有超出熊十力的关切。

熊十力面临的时代处境与廖平并无二致，但他重拾儒家传统却与廖平大异其趣。《〈诗纬〉新解》的引言表明，廖平宁可相信"世界进退大例"，也不相信"进化公理"。因为，国之体无论大小，民性依政体而生，或治或乱，时纪时棼，即世之进退；君主民主，以势力哄斗而定。如果说"进化公理"背靠一套历史进步法则，那么，"世界进退大例"则背靠一套天象学法则，按照这种法则，人世的政治变迁说到底不过是"世界进退"，而非世界"进化"。即便科学技术、商化生活算得上是一种"进化"，民主政治也意味着"进化"吗？人世政治生活的根本性质会有"进化"式的改变？

欧洲现代史学之父兰克承认，人类"在物质利益领域确实存在着一种绝对的进步"（ein unbedingter Fortschritt），因为，人在自然科学即"支配自然"的认识方面确实谈得上进步。但是，人类"在道德方面"很难说

[①] 比较拙著，《共和与经纬：熊十力〈论六经〉及〈正韩〉辨证》，北京：生活·读书·新知三联书店，2012。

16世纪的牛津亚里士多德主义者卡瑟（John Case，1539－1600）疏解亚里士多德《政治学》的著作题为《论城邦的球体》（*De Sphaera Civitatis*），前言有一幅著名图表，将伊丽莎白女王标识成宗动天，宛若"天下"的统治者。

有这种进步。① 所谓"世界进退"指人世的道德状态有"进化"，也有"退化"。如布克哈特所说，世界历史并非呈现为一个从野蛮到文明的不断进步过程，否则，难以解释两千多年前的古希腊文明迄今难以企及：

> 难道远古民族就不会在我们的文明中也发现某些野蛮的东西，即与他们的伦理相抵触的东西？②

廖平在《〈诗纬〉新解》的题头说，《诗纬》"每以天星

---

① 兰克，《历史上的各个时代》，约尔旦/吕森编，杨培英译，北京：北京大学出版社，2010，页8、11。

② 布克哈特，《历史讲稿》，刘北成、刘研译，北京：生活·读书·新知三联书店，2009，页4。

神真说《诗》"(《诗说》,页3)。换言之,按照儒家内学"旧法",贤者"推明世界进退大例"凭靠"天星神真"的天象学视野。这意味着,看待人世的道德状态应该凭靠自然秩序的法则;反过来说,天象学实际上是关涉人世秩序的政治哲学。《诗》为"天学",但《诗》与《书》《春秋》一样,又无不切近人事,而如此切近意味着,"但论先王故事而不委曲切近于人"(廖平附注:杨倞注荀卿"《诗》不切")。

直到17世纪初,欧洲的思想者仍然凭靠天象学来看待人世的政治,历史进步论的景观兴于17世纪,盛于18世纪。因此,凭靠"天星神真""推明世界进退大例",未必与西方古代的政治观念有实质性的差异。

廖平在为胡薇元《诗纬训纂》所写的序文中说:

> 《诗纬》不以人事立序,详四始五际。以《国风》配北斗、二十八宿,又分配十二舍、十二律吕,其文尚见于汉唐注疏中,此孔门相传师说,犹存十一于千百者。考《诗纬》说多与《山经》《楚辞》同,帝王卿相与稷、契,比比皆无父而生,此为太史公以前,六经异传之旧法。(《诗说》,页60-61)

如今我们对古代天象学完全陌生,纬书才难以卒读。廖平的《〈诗纬〉新解》采用了古典的注疏方式来揭示《诗纬》作者怎样描述"世界进退",对今天的我们来说同样难以卒读。但是,廖平同时强调,"纬"字有两义:首先,"'纬'亦作'微',即秘密之传授";第二,"纬"亦同"繙"即"翻绎",也就是《庄子·天道》中所谓"翻十经以说"(《诗说》,页59)。今天的我们若想要读懂廖平,显然需要我们自己下一番艰难的翻绎功夫。比如,《〈诗纬〉新解》辑录了《诗纬·推度灾》中的这样一句:

> 百川沸腾众阴进,山冢崒崩无人仰,高岸为谷贤者退,深谷为陵小临大。(《诗说》,页11)

一旦经过翻绎,今天的我们就会觉得,这话简直就像是在刻画当代西方的民主政治现实。按廖平的提示,黄镕在笺释这句话时征引汉代贤者之书(班固《汉书·五行志》、京房《易传》、董仲舒《春秋繁露》等),从而让我们看到,这些文句如何深切描述了一幅政治失序的景象,其要害是上下失序。用汉儒的话来说,"山崩者,大夫排主,阳毁失基"(《春秋纬·运斗枢》);"山者君之位也,崩毁者阳失制度,为臣所犯毁"(《春秋纬·考异邮》);"君道崩坏,下乱,百姓将失其所矣","臣下背叛、散落不事上之象"(《汉书·五行志》)。从世界历史来看,这样的景象反复可见——这就叫"世界进退"之象。

从"进化公理"的观念来看,天象学式的"世界进退大例"属于封建思想,与极权专制沆瀣一气。哈佛大学毕业的一位中国文史学家凭靠人类学式的古典学家法说:

> 中国文化(根深蒂固者如阴阳五行)并无永恒不变的实质实体;极权政治,也非铁打的衙门。其发生、应用、兴衰,都在活人,不在祖先。当年建立一统天下,汉武帝董仲舒立天为神,尊孔为圣,持春秋为大一统。这一统和独尊,一直被奉为是上承三代圣王之

天道,下启两千年儒教道统,是中国文明始终一贯的典范;其实,那是通过几百年兼并血战、灭国屠城、焚书坑儒、罢黜百家,是通过暴力与机遇的偶合,走出的一条曲曲折折的血路,哪里是什么中华文明深层结构的必然规律。[1]

这番道理基于我们耳熟能详的自由民主"普世价值"信念,似乎西方的民主政治不是通过几百年兼并血战、灭国屠城以及暴力与机遇的偶合走出的一条曲曲折折的血路。西方学界脑子清楚的学者会说:

> 对西方而言独特的是,被我们恰当地理解为历史要素的那些偏见、激情和残忍,是如何构造出诸多同时造价了繁荣和民主的"自由神龛"的。西方的民主不是某种奇迹般地孑然独立于历史现实的东西,而是权力争夺带来的无心插柳之作。[2]

一旦接受了"进化公理"的政治观念,我们也就不可能理解,古代天象学式的"世界进退大例"基于对人世政治本性的认识:所谓国之无道,"不在失国,在不知人"(比较《论语·公冶长》)。天象学式的政治观的重要大例是"五行说",而"五行说"的根本是人性差异论。即便宋

---

[1] 王爱和,《中国古代宇宙观与政治文化》,金蕾、徐峰译,上海:上海古籍出版社,2011,中文版序,页3。
[2] 格雷斯,《西方的敌与我:从柏拉图到北约》,黄素华、梅子满译,上海:上海人民出版社,2013,页1。

儒倚重的孟子也懂得：

> 夫物之不齐，物之情也。或相倍蓰，或相什百，或相百万。（《孟子·滕文公上》）

在《〈诗纬〉搜遗》中，廖平辑录了一段《春秋纬·钩命诀》的文字：

> 性者，生之质。若木性则仁，金性则义，火性则礼，水性则智，土性则信。情者既有知，故有喜、怒、哀、乐、好、恶。（《诗说》，页33）

由此可见，五行说的要核在于区分人的性情差异：以金木水火土配肝肺心肾脾，再与仁义礼智信五德联结。如隋代儒者萧吉所说：

> 五行在人为性，六律在人为情。性者，仁、义、礼、智、信也。情者，喜、怒、哀、乐、好、恶也。五性处内御阳，喻收五藏；六情处外御阴，喻收六体。故情胜性则乱，性胜情则治。性自内出，情自外来。情性之交，间不容系。（《五行大义·论性情》）

"五行"知识与《诗》学有什么关系呢？按廖平的提示，其弟子黄镕引《汉书·翼奉传》中的文字告诉我们：

> 诗之为学，性情而已。五性不相害，六情更兴废。观性以历（日历），观情以律（十二律）。（《诗说》，页33）

这意味着,"诗之为学"的内学含义在于:洞悉人世的自然性情的差异。

> 北方之情,好也;好行贪狼,申子主之。东方之情,怒也;怒行阴贼,亥卯主之。南方之情,恶也;恶行廉贞,寅午主之。西方之情,喜也;喜行宽大,巳酉主之。上方之情,乐也;乐行奸邪,辰未主之。下方之情,哀也;哀行公正,戌丑主之。辰未属阴,戌丑属阳,万物各以其类应。(《汉书·翼奉传》,转引自《诗说》,页33)

现在我们当能理解,在为胡薇元《诗纬训纂》所写的序文中廖平为何说:

> 《诗》为知天,《中庸》所谓"质(征询)诸鬼神",为孔子"性与天道"。比之佛法,《诗》为大乘华严三界诸天(原注:如"瞻彼日月"、此日彼月之类是)。(《诗说》,页61)

"知天"为的是知人世,不先"知天",无从透彻认识人世。在《论语·公冶长》中,子贡有一句著名说法:"夫子之文章,可得而闻也;夫子之言性与天道,不可得而闻之也。"这"不可得而闻之"的知识,就是内学的知识。廖平这样来翻绎这句话:

> 子贡初不能学《诗》,故曰"不可得而闻"。《学

而》篇始可言，则进境也。文章可闻，为《书》之尧舜；不可闻，为"性与天道"，则《诗》《易》。（《诗说》，页61）

《诗》中隐含着关于"性与天道"的微言，这是内学的根本。因此，廖平把《论语·学而》中子贡与夫子的著名问答理解为如何进入《诗》学的内传微言：

> 子贡曰："《诗》云'如切如磋，如琢如磨'，其斯之谓与？"子曰："赐也，始可与言《诗》已矣，告诸往而知来者。"（《论语·学而》）

这里提到的《论语》中的言辞，我们无不耳熟能详，但经廖平的翻绎，我们又会感到极为陌生，有如闻所未闻，难免视其为"恢怪之论"。尽管如此，我们现在至少能够理解，为何廖平会在为胡薇元《诗纬训纂》所写的序文中愤然痛斥宋儒的《诗》学：

> 朱子本义由《毛诗》而推衍，变本加厉，作者非一人，每篇立序，尽废古说，创诸臆断，立意与纬说相反，淫词绮语，连篇累牍。……大抵宋人师心自用，猖狂灭裂，成为宗派，若欲祖述《诗纬》，推衍翼翼，其途至苦，不如循毛序轨涂，可以别参新说，并可以得创作之名。畏难取巧，以致如此，其罪不在国师公（引按：指刘歆）颠倒五经下。（《诗说》，页62）

自唐代以来，为了因应佛法入华的挑战，宋儒理学更改了君子德性教养的根基，其结果是儒家内学传统血脉断绝。我们应该能够体会到，在廖平看来，当今贤者若不站稳自己的德性根基，难免迷失于"大而无当""游于无有"。

西方"异制"之"文"基于其"制作器物"的技艺，即如今统称的科技文明。廖平看到，西方"异制"进入华夏引发的"文质相因"问题在于：一方面，华夏政体必须化用西夷"制作器物"的技艺，商化生活方式也随之势在必行；另一方面，接纳西式民主政治的结果很可能会是华夏政体"仁道失类""奢侈不节，王政之失"，最终沦入"岁星无光，进退无常"的境地。

换言之，科学技术和商化生活未必会损害华夏政体的"天下和同"，关键在于谁来主导科学技术和商化生活：是贤者共同体依"圣人事明义以炤燿"，还是听任西式民主观念更改华夏政体的德性根本。倘若如此，损益西方"异制"的关键在于，如何将科学技术和商化生活与民主观念切割开来。

与廖平的纬学观相比，晚近史学界的纬学实证式研究有显著进展，但在理解纬学的政治哲学含义时，明显要么犹疑要么局促。虽然肯定纬学的史学价值及其在历史上的政治作用，论者仍不会忘记说，纬学是儒学"神学化"的表征，"为君主独裁提供了最好的精神武器和理论自信"。或者说，儒家重"德治"和"教化"，但由于"将君王推到人间至高无上的地位，反对任何可与制衡的现世权威"，"对严格贯彻法律和法治始终抱有疑虑乃至轻蔑"，只能求助于灾异论。①

民主政制能够改变人的自然性情的德性差异吗？或者说，人类学、社会学或实证史学能抹去人的自然性情的德性差异吗？如果答案是否定的，那么，当今史学或古典学家的道理让人们看到的不过是自己的性情而已。倘若如此，今天的我们就不能说，五行性情论没有道理，或者说能够被如今的人类学、社会学乃至心理学取代。

古代的"诗之为学"为人的性情之学，这对我们今天研究诗学问题乃至美学问题有什么意义吗？亚里士多德的《诗术》与苏格拉底－柏拉图所关切的智术师问题有关，而智术师堪称近代欧洲科技之士的原型。既然中国的现代化不得不模仿近代欧洲的新兴科技，那么，我们与古希腊的智术师问题就不会不相干，而智术师问题与"诗术"问题几乎是同一的。在柏拉图－亚里士多德那里，诗学是立法学。按廖平对《孔子闲居》的释读（《诗说》，页42-51），孔子《诗》学同样是立法学，中西方古圣如此相契，难道纯属偶然？

不用说，雅典城邦的政治变局与孔子所遭遇的政治变局在性质上不可同日而语："周道衰微"堪称如今所谓分离性内乱，民主政治的内乱则来自"人人平等"原则。② 可是，希罗多德让我们看到，雅典民主政制是各种因缘巧合

---

① 参见孙英刚，《神文时代：谶纬、术数与中古政治研究》，上海：上海古籍出版社，2015，页4-5；陈侃理，《儒学、数术与政治：灾异的政治文化史》，前揭，页6。
② 比较罗米伊，《希腊民主的问题》，高煜译，南京：译林出版社，页18-71。

的结果,并非如今人们以为的所谓历史必然。在亚里士多德看来,世上各种政治制度无不是各种偶然因素的结果:毕竟,偶然是人类生活的永恒特征。①

我们与其翻来覆去想雅典出现民主政治的种种成因或中国为何没有出现民主政治,不如跟随苏格拉底思考雅典民主政治引发的人世生活的品质问题,"舍于树下而听断焉"。

---

① 比较戴维斯,《哲学的政治:亚里士多德〈政治学〉疏正》,前揭,页102。

成为《水浒传》的"高明"读者可能吗?

小　引

明代中期,《水浒传》开始流传肆中,频频获得极高评价。高到什么地步?与《史记》相提并论!"《史记》而下,便是此书"……《水浒传》与《史记》一样,是作者"发愤之作"。至清人金圣叹,施耐庵的地位已与庄周、屈平、马迁、杜甫并置,被誉为中国文史"第五才子"。甚至将《水浒传》比附孔子所作《春秋》者,也不乏其人。①

---

① 朱一玄、刘毓忱编,《水浒传资料汇编》,天津:百花文艺出版社,1981,增订本见南开大学出版社版,2002(以下凡引此书均据此版,简称《资料汇编》);《水浒传》比《史记》,见页167、171、200;金圣叹语见页210;《水浒传》比拟《春秋》,见页170、209。

如果《水浒传》一致获得如此好评,中国文史就又添一部一品经典。吊诡的是,自流传以来,《水浒传》也不断遭受攻评:《水浒传》"倡市井萑苻之首";"乱行肆中,故衣冠窃有猖狂之念";《水浒传》"奸盗脱骗,变诈百出,坏人心术"。有论者甚至狠毒地说,编撰《水浒传》者因此"子孙三代皆哑,夫亦天道之报乎!"①

同一部书得到截然两极对立的评价,在中国文史上实属罕见。

如此情形也许表明,中国读书人的智识旨趣正在发生一场裂变。这既非战国时代智识人关于如何重建华夏国家的分歧,也非佛教入华引发的信仰分歧,而是"雅"与"俗"的分歧。

据袁宏道记叙,"里中有好读书者","捡《十三经》或《二十一史》,一展卷,即忽忽欲睡",若捧《水浒传》则"不能释手"(《资料汇编》,页197)。所谓"雅"指以《十三经》和正史所代表的"名教",所谓"俗"则指民间趣味。如袁中道所言:虽然《水浒传》俗,"是天地间一种闲花野草,既不可无,然过为尊荣,可以不必",否则,"崇之则诲盗……有名教之思者,何必务为新奇以惊愚而蠹俗乎?"(《资料汇编》,页198)倘若如此,推崇《水浒传》岂不是叛逆"名教"意识形态?然而,推崇者的主要理由之一恰恰是:《水浒传》传扬的是忠义报国精神。

还有一种折中观点,其基本理据是:问学不可离俗。毕竟,

---

① 《资料汇编》,页201、199、203。

> 经史子集之外，博闻多知，不可无诸杂记录。今人读书，而全不观小说家言，终是寡陋俗学。宇宙之变，名物之烦，多出于此。（《资料汇编》，页195）

经世必先通俗，所谓通晓俗世就是认识人世本相。好读书者既要读经书，也要阅人世，似乎经书与人世已然了不相涉。因此，即便《水浒传》所记之事琐碎可厌，仍然值得观之——如一位明代读书人所说：

> 有言看《水浒传》可长见识者，曾借观之。其中皆倾险变诈之术，兵家用诡之道也。施耐庵真奸雄哉！然人生何处不相逢，此意叠叠而见，亦处世者所当知也。（《资料汇编》，页190）

贬抑者和折中者的观点都仅仅是可以理解而已，推崇者的观点则让读书人于心难安。针对贬抑者的论调，推崇者可以轻蔑地说，《水浒传》之妙"可与雅士道，不可与俗士谈"……"村学究见识，如何读得《水浒传》?"①

这类观点认为，《水浒传》以"俗"见"雅"，"以人情为辞"，"化血气为德性，转鄙俚为菁华，其于人文之治，未必无小补"（《资料汇编》，页200）。换言之，《水浒传》传承了孔子《春秋》和马迁《史记》的春秋笔法，"倘以奸盗诈伪病之，不知序事之法，学史之妙者也"（《资料汇编》，页167）。

---

① 《资料汇编》，页169、175。

明代沙弥怀林甚至断言,《水浒传》"玩世之词十七,持世之语十三。然玩世处亦俱持世心肠也,但以戏言出之耳。高明者自能得之语言文字之外"(《资料汇编》,页184)。后世历代读书人都面临这样一个尴尬:如果你轻蔑《水浒传》甚至《金瓶梅》之类小说,读不出"戏言"中的"持世心肠",你就成了不"高明"的读书人。

怀林之言迄今具有挑战性:我们得有能力分辨哪些是持世之语、哪些是玩世之词!更棘手的是,我们还得有能力从玩世之词中看出持世心肠。

倘若如此,要搞清这种关系,首先得面对自明代以来迄今都没有解决的一个关键问题:《水浒传》是否属于孔子《春秋》和马迁《史记》一类春秋笔法。这让笔者不禁想起整整二十年前(1996)与捷克汉学家高一乐教授的一次闲聊。当时,高教授在香港中文大学新亚书院做访问学人,有一天他从山上下到我在中国文化研究所的办公室,事先并未预约,进门就说,"老刘,《水浒》的确难读……"高一乐比我年长20多岁,却喜欢称我"老刘"。他说话幽默,也懂中国江湖习惯……

一

"昨天我读完我的美国同行浦安迪写的《明代小说四大奇书》,书中有句话让我不安,所以没打招呼就来打扰您,请多多包涵。"

高一乐在我对面的沙发上坐定,回头看看门是否关好,然后慢条斯理地说,"浦安迪断言,《水浒传》这部'小说是针对一批想来能透过通俗素材的表面描写深入领会内在问题的老练读者写的'。① 我不得不想这样的问题：我是能'深入领会内在问题的老练读者'吗？谁是这样的'老练读者'？您能说说看吗……"

"这本书的中译本刚出版，我前不久翻了翻，译笔极佳。"我点燃一支烟，猛吸一口，又吐到空中，然后说，"浦安迪的观点不仅说的是《水浒传》，而且针对的是明代四大古典小说，首先谈的是《金瓶梅》。据说这四书无不'反映了晚明那些资深练达的文人学士的文化价值观及其思想抱负'，绝不仅是'通俗说书素材摘要'(《奇书》，页1)。

"您知道，这种观点并不新鲜，明代就有人说过《水浒传》作者'诙诡多智'嘛。有意思的是，浦安迪把我们所说的流俗小说称为'文人小说'，推测其作者与明代制作'文人画''文人剧'的文人学士是'同一批人'。您对谁是这类'文人小说'的'老练读者'感兴趣——我国古人称这类人为'高明者'，我感兴趣的首先是：这类'文人小说'的'诙诡多智'的作者是谁？

"显然，首先得有'诙诡多智'的高明作者，才有可能说他们想要通过改塑通俗传说寻求'高明'读者，对吧。您知道，西方文史上很早就有长篇叙事作品，作者无不是高明的文人学士，您们不会把他们的作品视为流俗写作，而是视为寓意写作。相比之下，中国的长篇叙事作品出现得很晚，但这不等于中国古人不懂寓意写作。明代已经有

---

① 浦安迪，《明代小说四大奇书》（英文版，1987），沈亨寿译，北京：生活·读书·新知三联书店，2006，页333（以下简称《奇书》，并随文注页码）。

文人学士将《水浒传》与《庄子》相提并论，表明他们懂得，《水浒传》作者的笔法有来头。

"我们对《水浒传》作者的身世茫然无知，即便五十年代初发现了他的墓地仍然无济于事，要断定他是否就是'诙诡多智'的高明作者，唯有凭靠他留下的言辞。可是，要判断他的言辞是否高明，又要求作为读者的我们自己'高明'。这真是一个悖论，您和我都不敢妄称'高明'吧……

"老实说，我在20多年前的1974年就遇到这样的问题：《水浒传》这样的小说有需要'深入领会的内在问题'吗？如果有的话，这'内在问题'是什么呢？您知道，'文革'后期有著名的批判宋江'投降主义'的文化运动，当时我已经高中毕业，也把《水浒传》读了好几遍。我百思不得其解的是：鲁迅说过，《水浒》'不反对天子'，'替国家打别的强盗……终于是奴才'。鲁迅肯定是'高明'读者，但您想想看，当时的'天子'是谁啊？"

高一乐用手指头指着我点了两下说，"据说您们这些'文革'过来人迄今认为，这场革命为的是反官僚腐败。我没法理解的是，反官僚腐败用得着这样的大革命方式吗？自古以来治官僚腐败的办法有的是，没见过这种方式……若把《水浒》'不反对天子'当作需要'深入领会的内在问题'，未必太看轻您们的古人了吧。"

我笑了笑说，"所以我说嘛，浦安迪这个外国人提醒我们，与现代批评家相较，明末清初的'文人小说'批注者'犹胜一筹'（《奇书》，页4）。不过，这话恐怕仅说对一半。明末清初的文人学士读《水浒传》即便比现代批评家'犹胜一筹'，也未必等于他们把需要'深入领会的内在问题'

直白地呈露给了读书人。文革之后,我把文革前的《水浒传》研究文献找来看,才知道史上最为'高明'的《水浒传》读者非清人金圣叹莫属。他不仅仅是读者,除了相当于注疏的'批注',竟然还敢损益原作。

"作为'高明'读者,金圣叹首先致力于探究作者的高明。在'《水浒传》序一'中,金圣叹下笔就谈自古以来作者的'德'与'才'的区分:'圣人之德,实非夫人之能事','人之能事'者仅'古人之才'。言下之意,《水浒传》作者传承的是古人之'才'。金圣叹将作者的'高明'定位在'人之能事'的'才'的范围,为的是让自己有资格理解作者的'高明':既然'犹夫人之能事,则庶几予小子不揣之所得及也'。①

"在'《水浒传》序二'中,金圣叹进而提出,'观物者审名,论人者辨志',他的逞'才'在于明'耐庵之志'(同上,页211)。在金圣叹看来,作者表面上描写梁山好汉的'忠义',其实意在揭露梁山好汉无'忠'无'义'。②

---

① 《资料汇编》,页206-211。
② 1971年9月12日,毛泽东巡视大江南北突然返京,在丰台车站召见北京市委书记吴德和卫戍区司令吴忠。两人开口就检讨自己在庐山会议时的表现,毛泽东打断他们说:"吴德有'德',吴忠有'忠'。"参见吴德口述,《十年风雨纪事:我在北京工作的一些经历》,朱元石访谈、整理,北京:当代中国出版社,2004,页128。吴德在1966年"五·一六通知"后突然由吉林省委第一书记调任北京市代市长和市委第二书记,吴忠少将在"九大"后由驻锦州的40军军长调任北京卫戍区司令。毛泽东选中两人先后出任京畿首长,是否与他们的名字寓意有关?

> 若夫耐庵所云水浒也者，王土之滨则有水，又在水外则曰浒，远之也。远之也者，天下之凶物，天下之所共击也；天下之恶物，天下所共弃也。若使忠义而在水浒，忠义为天下之凶物恶物乎哉？且水浒有忠义，国家无忠义耶？（同上）

"金圣叹不外乎说，无论推崇还是贬斥《水浒传》，如果把作者的用意理解为视'宋江等一百八人'为'高山景行，其心向往'，显然大错。的确，今人读《水浒传》若稍加留意就不难看到，'义'在书中既是关键观念又是个'滑溜溜的'观念。在梁山泊人那里，这种德性甚至演变为对自己一伙有'利'就叫做'义'。① '义'若如此，'忠'不过是所谓'愚忠'，'起'什么'义'呢？可是，若要揭示梁山好汉的'忠义'真相，需要如此琐细的叙事吗？在'《水浒传》序三'中，金圣叹又进一步说：

> 《水浒》所叙，叙一百八人，其人不出绿林，其事不出劫杀，失教丧心，诚不可训。然而吾独欲略其行迹，伸其神理者，盖此书，七十回，数十万言，可谓多矣，而举其神理，正如《论语》之一节两节，浏然以清，湛然以明，轩然以轻，濯然以新，彼岂非《庄子》《史记》之流哉？（同上，页215）

"这里所说的'神理'是什么呢？金圣叹并无隐瞒，他

---

① 孙述宇，《江湖上的义气》，见氏著，《水浒传的来历、心态与艺术》，台北：时报文化出版公司，1981，页273-288。

在文前已经明言：

> 天下之文章，无有出《水浒》右者；天下之格物君子，无有出施耐庵先生右者。学者诚能澄怀格物，发皇文章，岂不一代文物之林？然但能善读《水浒》而已，为其人绰绰有馀也。《水浒》所叙，叙一百八人，人有其性情，人有其气质，人有其形状，人有其声口……施耐庵以一心所运，而一百八人各自入妙……（同上，页213）

"可见，所谓识'神理'指识人之性情、人之气质差异，也就是辨识人性之幽微。由此才能够说，《水浒传》堪称《论语》《庄子》《史记》之余流。倘若如此，通过阅世而知人性之幽微或通过知人而阅人世之幽微，才是《水浒传》作者希冀读者'深入领会的内在问题'。但问题仍然在于，作者为何要化用民间'起义'的历史传说来展开这一'内在问题'呢？您们欧洲人阅读中国的人世远比中国人阅读欧洲的人世要早，休谟虽然对中国的历史所知不多，他却敏锐地看到，中国历史中的'起义是多么频繁和危险'：

> 如果有人问，我们怎么能把上述幸福和富裕的原则同中国人的优良文化协调起来呢？中国人一直由君主统治着，几乎从来没有形成一种自由政府的观念。我想可以这样来答复：虽然中国政府是纯粹君主制，但确切地说，它不是绝对专制的。这是由于中国有如下的特点：除了鞑靼人之外它没有什么邻国；对鞑靼人，中国由于建造了万里长城，还由于人口极多，在

某种程度上还是有安全保证的，至少看上去有安全感。

因此，中国人总是非常忽视军事训练，他们的常备军不过是些最差的国民军，无力镇压广大乡村中人数极其众多的农民起义。因此，我们可以正确地认为，人民手中总是握有武器，它是一种足以限制君权的力量，能迫使君主命令他的官吏们或各级统治者必须按照一般法律准则行事，防止起义的发生。我们从历史知道，在这种政府治理之下，起义是多么频繁和危险，如果这种纯粹的君主政权能抵御外敌并能保持王权和国家的稳定，以及民众集会的平和与自由，那么它也许就是一个最好的政府了。①

"休谟这段关于中国的议论大多不靠谱，但他的如下说法倒像是在总括《水浒传》的'内在问题'：'人民手中总是握有武器，它是一种足以限制君权的力量，能迫使君主命令他的官吏们或各级统治者必须按照一般法律准则行事，防止起义的发生。'明清之际，《水浒传》成了遭严查毁禁的'教诱犯法'之书，可见君权确实畏惧《水浒传》教唆'起义'。

"何况，中国历史上'起义'频繁的，的确堪称中国文明的一大'内在问题'——民间的'自由'是否太多？金圣叹自己也说，'施耐庵传宋江，而题其书曰《水浒》，恶之至、迸之至、不与同中国也'。② 倘若如此，施耐庵以民间

---

① 休谟，《人性的高贵与卑劣》，杨适等译，上海：上海三联书店，1988，页47。

② 《资料汇编》，页211。

'起义'的历史传说来展开他所看到的中国文明的'内在问题',恐怕自有其道理。金圣叹略去'起义'行迹,又何以能自称'善读'《水浒传》并能'伸其神理'呢。"

二

高一乐听过这番话后仰头朗笑,然后说,"让我学着点《水浒传》的腔调儿说:老刘您是'仗义疏财'之人哦,说得甚是……至少,金圣叹的'善读'留下太多需要进一步'善读'才能获解的疑难。比如说吧,他认为施耐庵对'宋江深恶痛绝,使人见之,真有犬彘不食之恨。从来人却是不晓得'(同上,页219)。但他并没有深入理解,为何这种人却能如夭都外臣所言,各色好汉,'江以一人主之,终始如一'。用'仗义疏财'或'奸诈'作解,都难有说服力。不过,我们不谈金圣叹,还是直接看文本说话吧。

"您刚才说到的'起义',在金圣叹和好些文人学士看来是'作乱'。'起义'也好'作乱'也罢,都有缘由,也就是通常所谓被'逼上梁山'。作者繁笔累纸写这个主题,占了《水浒传》近半篇幅。辛亥革命之后,为了否定传统君主制,您们中国的学者更多关注'招安'问题,似乎'逼上梁山'不是问题,不外乎因为'官吏污滥,威逼得紧,误犯大罪'……您知道,当年延安评剧院排演过《逼上梁山》的戏。可是,我总觉得,'逼上梁山'是个不仅极为含混而且颇为可疑的概括。

"小说一开始讲述的林教头和鲁提辖的故事,一个发生在京都,一个发生在县镇,如今所谓的中央和地方都有了。

但是，林教头的事由虽然来自高俅骄纵儿子，恐怕说不上是'官逼民反'。毕竟，御林军教头林冲本人算得上中央级别的官儿吧。鲁提辖的事由来自拳打镇关西，但镇关西是个'有钱有势'的'抄刀屠户'，如今所谓地方恶霸也，既非官亦非吏，鲁提辖自己倒是官府中的吏。金圣叹说，作者在第一回'先写高俅'为的是表明'乱自上作'，还由此引申出对作者的理解：

> 乱自下生，不可训也，作者之所必避也；乱自上作，不可长也，作者之所深惧也。（同上，页227）

"诚哉斯言！问题是，作者在书中更多记叙的是'乱自下生'。明显的例证是，自从宋江上了梁山，便与吴用联手采取种种非常手段逼官府的人入伙。浦安迪甚至认为，种种'强迫人入伙'的故事堪称《水浒传》的'一种结构要素，把梁山泊崛起过程中的许多分散情节连接起来'。他觉得这反映了施耐庵'资深练达'的笔法，'对通俗素材中梁山好汉形象进行反讽性改写'（《奇书》，页321）。

"我倒觉得，宋江吴用采取种种'设计'逼人入伙未必不好理解。毕竟，一个政治军事团伙要扩大自己的势力，理所当然会采用这类手段。我感兴趣的是，作者实际上让我们看到，所谓'逼上梁山'的缘由其实相当复杂，大多并非因为'官吏污滥，威逼得紧'。

"举例来说，宋江这个中心人物被'逼上梁山'的最初缘由绝非如此，也与高俅一类中央级高官不相干。宋江自己是县府科级官员，没谁迫害他，相反，'上下敬爱'他，是他自己惹事最终被逼上了梁山。如果说梁山一百八人

'被逼'上梁山的各色故事是这部小说的重头戏，那么，细看宋江被逼上梁山的最初缘由，对领会施耐庵所要表明的内在问题应该算有必要吧。我相信，尖起眼睛细读宋江被逼的故事，能把我的阅读眼光磨练得'高明'些。所以，我请求您别嫌我无聊，竟然细究流俗得不能再流俗的叙事。

"作者用了差不多三回（第20至22回）篇幅讲宋江被'逼上梁山'的最初缘由。首先值得注意的是，宋江杀婆惜的时机恰好被安排在吴用利用林冲血刃王伦让梁山泊第一次换主之后。林冲虽然戴罪在身，毕竟是御林军教头，灭掉王伦这样的'贼人'，可以说是分内事。随后晁盖做了寨主，梁山泊山寨由'心胸狭窄，嫉贤妒能'的小人做主，变成了由'仗义疏财，智勇足备'的豪杰做主。由于宋江后来接替晁盖做了寨主，宋江出事的故事被安排在晁盖做寨主之时，想必是金圣叹所谓的作者'书法'。在我看来，如此'书法'涉及的是王者德性问题：如果晁盖取代王伦的正当性在于有'仗义疏财，智勇足备'的德性，那么，宋江得有更高的德性或至少得有与此相当的德性才有资格当王。

"倘若如此，作者把宋江出事的故事安排在晁盖做寨主之时，想必是要让读者自己去琢磨这样一个问题：宋江有何德性。作者明确说，宋江与晁盖一样'仗义疏财'，但没有说宋江'智勇足备'。如果民间把'仗义疏财'理解为'仁'德，那么，孔子说的'仁智勇'三德，宋江仅有一德。即便如此，在宋江身上，这个'仁'德也显得十分含糊。

"由于乐善好施济人贫苦，宋江接济了从东京流落县城的阎婆和她的女儿婆惜。阎婆见宋江尚无家室，便起心将年方18岁的女儿送给宋江当外室。婆惜在东京是歌妓,只配做外室嘛。阎婆的动机是感恩还是攀附,很难说,姑且说两种动机都有吧。宋江'初时不肯',但经不住王婆反复劝说,就答应了。一个未来的潜在君王,经不住市井妇人三言两语劝说,轻率答应这事儿,让人匪夷所思。我们既可以说宋江心太好,也可以说他心太软——无论哪种情形,都让人看到他的'仁'德含含糊糊。

"宋江对钱财不在意,并非因为他钱财多得不行,而是因为他对好些事情都不在意。他让阎婆和婆惜穿戴焕然一新,丰衣足食,显然不是出于什么感情或同情。作者说,宋江起初'夜夜与婆惜一处歇卧,向后渐渐来得慢了'。这是不是有点儿像寻常的新婚男女,头三个月粘得紧,见识过床笫之后,渐渐回归常态?

"正好作者在这里暂停叙事问了个问题:押司为何'向后渐渐来得慢了'?作者给出的回答是:'原来宋江是个好汉,只爱学使枪棒,于女色上不十分要紧。'我们应该对这个说法当真么?我们何曾见过宋江'只爱学使枪棒'?林冲倒是这样的人,但他同时也深爱自己的妻子,或者说于女色上十分要紧。他被逼上梁山,最初的缘由恰恰是属于自己的'女色'遭人劫持后不肯罢休。我们显然不能说,林冲于女色上十分要紧就不是个'好汉'。严格来讲,真正的好汉恰恰看重属于自己的'女色':谁敢染指老子的'女色',老子跟他拼了……

"何况,爱学使枪棒与于女色上十分要紧,并不矛盾啊。您可能会说,作者在这里用的'女色'一词颇为含混。但我觉得啊,这里的'女色'大致相当于我们西方人所谓的自然爱欲:喜欢自己所喜欢的女人。宋江'于女色上不十分要紧',表明他对任何女性都没多大兴趣,与'只爱学使枪棒'没关系。由于他毕竟是个男人,所以起初'夜夜与婆惜一处歇卧'……至于'向后渐渐来得慢了',恐怕是因为觉得床笫不过就那么回事,没什么好玩。

"总之,宋江的自然爱欲并不饱满。如果作者有高明的'书法',那么,这个笔法究竟是什么意思呢?

"由于宋江很少回来'与婆惜一处歇卧',婆惜与宋江在县府的同事张押司好上了。我要提请您注意,作者说的是宋江先冷落婆惜。张押司别号'张三','生得眉清目秀',与宋江的黑脸相比,自然会讨女人喜欢,除非黑脸汉子有让女人迷拜的优异品质。作者说此人'风流俊俏','平昔只爱去三瓦两舍。'这种人竟然也是县府科级官员,我觉得呵,不仅您们中国人见惯不怪,我们西方人也并不会觉得有什么不可思议,他有旺盛的自然爱欲而已。

"您们中国人喜欢用'张三李四王麻子'泛称世人,'张三'的'风流'兴许寓意的是人世常态。这会儿作者才说,婆惜虽'是个酒色娼妓,一见张三,心里便喜,倒有意看上他'。作者提示读者,没必要看重'酒色娼妓'这个标签,婆惜其实是个平常女人。她'有意看上'张三,是因为张三对她有自然爱欲。如果天性上就是'酒色娼妓',哪会真心喜欢谁或'有意看上'谁啊。我们在后面会看到,婆惜的确真心喜欢张三。婆惜首先看重的不是男人是否有钱财或'仗义疏财',而是看重男人是否'风流俊俏'像个男人。我们不能说婆惜因此是个坏女人,倒应该说她很女人……

"婆惜与张三好上后,两人'夜去明来''如胶似漆'。作者说宋江起初'夜夜与婆惜一处歇卧',可没有说两人

'如胶似漆'哦。宋江和婆惜相互对对方都没有'半点儿情分',显然是因为宋江'于女色上不十分要紧'。我注意到,宋江得知婆惜与张三有情的风闻后,并不在意,婆惜甚至也没掩饰自己对宋江没'情分','只把言语伤他',尽管宋江实际上养着她。宋江心里想:既然不是'父母匹配的妻室',此女'若无心恋我,我没来由惹气'让自己过不去。于是,宋江干脆'几个月不去'。作者说,这进一步证明,宋江是个不以'女色为念'的'好汉'。我们看到,宋江不以'女色为念'是真的,至于是否是'好汉',还要看接下来的故事。

三

"可以设想,如果没有接下来的意外,事情就这样下去了:宋江照旧'半月十日去'婆惜那里'走得一遭',就像去单位画个卯。恰好在宋江'几个月不去'婆惜处的这段时间,梁山泊易主,晁盖吴用不忘宋江这个'仁义之人'当初通风报信让他们逃脱追捕,遭刘唐送书一封'并黄金百两'找到宋江谢恩。作者说宋江'仗义疏财''爱使枪棒',又说在晁盖吴用等人眼里,宋江是'仁义之人'。您知道,能担得起这个名称的人应该是怎样的人。事实上,宋江'私放'贼人,身为'贼人'的晁盖吴用才视宋江是'仁义之人'。我们需要在脑子里打个问号:作者真的认为晁盖吴用懂得什么是'仁义'?

"作者让我们看到,宋江撞见刘唐之前,刚接到州府下发的文件,通报梁山泊起'贼人',要各县防范——宋江看到文件后心里想的是：

> 晁盖等众人不想做下这般大事！……虽是被人逼迫，事非得已，于法度上却饶不得。（第20回）

"作者称晁盖吴用一伙为'豪杰'，官府则称'贼人'。与此同时，作者又让我们看到，晁盖吴用一伙不仅剪灭官军，也打劫'客商'。似乎究竟是'豪杰'还是'贼人'，让读者自己去辨别。按照常识，劫犯打劫时不伤害客商性命，不等于不是'贼人'。宋江毕竟是县府官员，懂得'法度'，尽管如此，他丝毫没有觉得晁盖吴用一伙做的事情不义。宋江没有想到，接下来他自己也会虽'被人逼迫，事非得已，于法度上却饶不得'——他该怎么办？

"宋江与刘唐吃酒到晚上，仅收了晁盖的谢恩信和一条金子，慌忙别过刘唐。在回'下处'的路上，宋江不免害怕起来，心里想，'早是没做公的看见！争些惹出一场大事来！'作者的'书法'真会搞笑，宋江自己就是'做公的'，他竟然没有看见自己！整个后来的事情都基于这个'做公的'没有看见自己。

"不仅如此，我相信，作者还想让读者看到，宋江天性胆小怕事。与其说他懂'法度'或守法，不如说他胆儿小，与梁山好汉都有的胆儿大不沾边。作者在结束这一回时下的评语颇有意思，'有分教宋江：小胆翻为大胆，善心变做恶心'。如果这就是宋江被逼上梁山的开端，那么，宋江就是被自己的'小胆翻为大胆，善心变做恶心'逼上梁山的。

"阎婆撞见宋江，非要拉他去见自己女儿，希望两人重新和好。阎婆的想法与起初一样，用自己的女儿换取日常安乐：'我娘儿两个下半世过活都靠着押司'。被晁盖吴用视为'仁义之人'的宋江竟然不肯去，但他又'缠不过'阎婆。作者说，'宋江是个快性的人'。宋江真的'快性'？作者在这里让我们再次看到的分明是宋江起初接纳这母女俩时的情形：经不住女人'缠'，处事漫不经心。作者说他'快性'，意思很可能是轻率。

"宋江跟着阎婆到下处时，婆惜正躺在床上受寂寞折磨，听见老娘在楼下喊'你的心爱的三郎'来了，她以为来的是张三郎，一边'掠云鬓'一边嘴里骂'这短命！等得我苦也！老娘先打两个耳刮子着！'作者的笔调真幽默，不是吗？尽管我知道您们中国人的俗话说'打是亲热骂是爱'，这里的记叙让我觉得，您们的中国女人在日常生活中的地位并非那么低下哦，至少有发脾气的自然权利和自由，哪有什么'三从四德'的'名教'约束。用金圣叹的话说，婆惜属于能'压伏丈夫'一类女人。倘若如此，'名教'在民间有多大效力，殊为可疑。

"婆惜'飞也似跑下楼'，瞧见来的不是白张三，而是黑宋三，马上转身回去，倒在床上摆谱。阎婆不是强制自己的女儿婆惜下楼哄宋江，而是通过纠缠强制宋江与她一起上楼哄自己的女儿：作者第三次让读者看到，宋江经不住阎婆的言辞纠缠。我不得不说，作者让我们看到，宋江这人实在太含糊，没一点儿男子气概。如果宋江不想被纠缠，完全可以一走了之嘛。

"绝妙的是，作者还写到，宋江想趁阎婆去买酒食时溜掉，没想到阎婆出门时把门锁上了。作者岂不是在告诉读者，宋江不仅没男子气概，只会打主意溜，而且脑筋也不如阎婆这类市井女人周密。要是今后还指望宋江指挥一伙人打仗，怎么得了！

"阎婆买酒食回来，非要宋江与婆惜把酒言欢，婆惜却'只心在张三身上'。作者让我们看到，阎婆教宋江这会儿哄哄婆惜，'装些温柔，说些风儿话耍'，与她亲热，婆惜未必不会将就。婆惜这时心里嘀咕的是，'你不来睬我，指望老娘一似闲常时来陪你话，相伴你耍笑？我如今却不要！'可见，婆惜并非因为有了张三就绝不会让宋江碰自己，她毕竟是从三瓦两舍出来的。

"宋江心不在焉，一心只想如何脱身：起初在路上撞见阎婆时用'公事'推脱未成，唐牛儿闯进来后，又想借'公事'脱身，仍然没有成功。宋江见夜已深，转念想'只得权睡一睡'，看看婆惜是否会主动前来温存。

"整个这段记叙让我们看什么呢？看婆惜是个怎样的坏女人？显然不是！作者要让我们细看，宋江是怎样的男人。必须记住，后来他将成为准君王！作者让我们看到，宋江不仅是个极为含糊的男人，而且对日常困境毫无办法，既缺乏男子汉的勇气，也缺乏日常智慧。阎婆起初缠住宋江接纳婆惜当外室，宋江当时想的恐怕就是'只得权睡一睡'，在眼下的处境中，他想的仍然是'只得权睡一睡'。宋江既无'奸诈'能力，也无'齐家'能力，无论从性情好的方面还是坏的方面说，都是个不咋地的男人。奇妙的是，作者却一再说他在江湖上名声大得很，真幽默。

"宋江实在睡不着，五更就起身离开，走时骂了一句'你这贼贱人好生无礼'，婆惜也没睡着，回了一句'你不羞这脸'。像不像寻常两男女怄气吵架？我注意到，在作者笔下，婆惜并非可以想象的那类坏女人。当发现宋江的金条，她马上想到的是拿来与张三'做夫妻'，可见她心底里有常人的幸福愿望，并非天性喜欢三瓦两舍。

"发现来自梁山贼人的书信后，婆惜一下子变得有恃无恐，甚至向宋江坦陈自己'和张三有事'，但这是私事，张三算不上'该一刀的罪犯'，宋江却是犯了政治罪。尽管如此，婆惜也仅仅打算用贼人书信换回自己的人身自由，且趁机敲一笔巨款，并非有'政治觉悟'真的要告发宋江。事实上，如果宋江当初不是仅留下一条刘唐带来的金子，他也就躲过一劫。由此看来，接下来的事情其实是宋江习惯'仗义疏财'惹出来的祸。我觉得，作者的记叙似乎要告诉我们，宋江出事的根本原因是他'仗义疏财'。倘若如此，作者的笔法意味就不仅仅是幽默。

"宋江杀婆惜可以说是意外杀人。按作者的记叙，宋江抢夺招文袋时一方面惊慌失措，一方面'一肚皮气正没出处'，听见婆惜乱喊'黑三郎杀人也'，反倒提醒他干脆用刀抹婆惜脖子，还怕婆惜不死'再复一刀'。

"作者让我们看到，这两刀来得干脆，与宋江被阎婆缠住以来一直含含糊糊形成鲜明对照。然而，这两刀展示的不是宋江的临事果断。无论惊慌失措还是'一肚皮气正没出处'，这两刀仅仅表明宋江毫无自我节制能力，更谈不上急中生智。在近乎白描式的叙述中，作者让读者如实地看到，即便在常人中间，宋江也算不上哪方面有什么出色，与什么'勇'啊'智'啊之类的德性毫不沾边，倒是离得如水浒那样远。

"在后现代的今天，正常的女人谁也不会喜欢上这样的男人，不是吗？不仅如此，甚至宋江的智商也远不如阎婆。她见'血泊里挺着尸首'，假装哀叹'老身无人赡养'。阎婆知道，当场高喊'宋江杀人'，惊慌失措且'一肚皮气正没出处'的宋江准会让自己搭上老命。阎婆再次利用宋江的'仗义疏财'和经不住三言两语说服这两个弱点,把宋江骗到县府,然后才突然高喊:'有杀人贼在这里!'

"作者的笔法仅仅是幽默或反讽吗?据《大宋宣和遗事》记载,宋江杀婆惜与梁山泊无关,而是因为撞见婆惜与自己的相好'正在偎倚',于是将两人一并杀了。① 作者将宋江这个原本传说的'酒色粗人'改写成'于女色上不十分要紧',难道不会有什么用意?

四

"宋江故事越读越像谐剧——作者叙述说,由于宋江'为人最好','上下敬爱',阎婆在县政府门前高喊宋江杀了她女儿,竟然没谁相信。市井含义上的'好人',我们大致能知道是什么样的:不外乎'仗义疏财',为人黏黏糊糊。作者却让知县说,'宋江是个君子诚实的人,如何肯造次杀人?'

"其实,知县知道宋江生性胆小怕事,不相信他够胆儿杀人。这时,张三这个人物派上了用场,他也是押司,只有他为了婆惜死揪住宋江不放,带领一帮民众取尸验证。知县得知真相后,仍然'一心要救宋江',揪住唐牛儿不放。即便现在看来,这样的知县也算得上有违'法度',可

---

① 聂绀弩,《水浒五论》,见氏著《中国古典小说论集》,上海:上海古籍书店,1981,今见《聂绀弩全集》第七卷,武汉:武汉出版社,2004,页57。

谓'官吏污滥'。倘若张三不是押司,这事就不了了之啦。

"宋江真的是'君子诚实的人'?县府上上下下都在庇护他时,他却已经'自在逃去'。作者接下来的讲述更能说明宋江的'君子诚实':公人奉命到宋家村找到宋江老爹,要他协助抓捕宋江归案,宋太公却说,自己的这个儿子从小不听话,几年前已到县公安局'告了他忤逆',户口早已不在本籍,老汉与这不孝之子多年'水米无交',根本不知道宋江在哪里。知县用这个说法搪塞阎婆,阎婆马上一针见血地说:'谁不知道他叫做孝义黑三郎',宋太公所谓告了宋江'忤逆',肯定是假的。阎婆给知县出了难题:要么宋江的'孝'是假的,要么,这父子俩欺骗政府是真的。作者随后说明了真相:宋代朝政'为官容易,做吏最难'。做官容易是因为,'奸臣当道,谗佞专权,非亲不用,非财不取';做吏最难是因为,稍有不慎,'轻则刺配远恶军州,重则抄扎家产,结果了残生性命'。于是,凡做吏的都会先做两件事情:第一,'教爹娘告了忤逆,出了籍册';第二,在家里挖个藏身地窖,以便万一有事时躲藏。作者让我们看到,宋江与他老爹一起蒙骗政府——这就是宋江的'君子诚实'。如果说作者揭露了'官吏污滥',那么,宋押司本人也属其中之列。毕竟,宋江用这地窖藏身,并非因为遭受'奸臣当道,谗佞专权'的迫害,而是自己身为县府官员意外杀人后畏罪藏匿。

"宋江家的地窖就挖在佛堂底下,县公安局刑警队长朱仝果然在宋家的藏身地窖中找到宋江。朱仝劝宋江赶紧出逃,不可久留。然后,朱仝对刑警队副队雷横说,找不到宋江,干脆把宋太公逮去县府交差。雷横听他这样说,就知道是'反说':朱仝明明与宋江好得不行,他要能下手逮宋江已经不可信，这会儿却说要逮宋江老爹。于是，雷横说，'宋押司他犯罪过，其中必有缘故，也未便该死罪'。既然宋江老爹有告忤逆的官方凭据，'又不是假的'，没必要逮宋江老爹。朱仝听了也明白雷横是在'反说'，便继续'反说，要他不疑'。于是，这两个执法人员相互'反说'一气，回去后对知县也'反说'一气：'搜遍了两次，其实没这个人。宋太公卧病在床，不能动止，早晚临危'。随后知县也跟着'反说'……宋江犯事之后，从知县到下面的执法人员乃至宋江父亲，都在'反说'。从文脉来看，'反说'的意思是：说话人知道真相，为了不说出实情，编一套说法来搪塞视听，说法固然全是假话，却向不同的人传递了不同的信息，有的人会听得出假话的真实含义。读到这里，我突然想到，作者本人会不会也经常'反说'，甚至整部《水浒传》就是一套'反说'？

"甚至张三也知道朱仝雷横的说法是'反说'，但他'耐不过众人面皮'，只好作罢。朱仝花钱让阎婆不要再闹，又花钱'教人上州里去使用'，再花钱判唐牛儿'故纵凶身在逃'，'刺配五百里外'。这算得上'官吏污滥'吧，但这种'污滥'恰恰是在为宋江开脱，而非逼他上梁山。作者的叙事让我们看到，朱仝公然违反'法度'，知法犯法，这一回的标题却用了'朱仝义释宋江'这样的句子，是不是'反说'啊？难道作者认为知法犯法是"义"？如果是的话，这'反说'说给谁听呢？在《水浒传》中，所谓'仗义'就是知法犯法，这样的事例太多。我们是否可以说，金圣叹虽然看出作者笔下的宋江'仗义'是假，因此反对给《水浒传》书名添上'忠义'二字，但他与那些真的以为宋江'仗义'的人一样，没有看出作者的'反说'笔法？

"无论如何,作者让我们看到,宋江是这样被'逼'得弃官出走的。宋江让朱仝放心,他自有去处。宋江提到三个去处,其中并无梁山泊,可见他即便别逼出走也不至于'被逼'直上梁山。宋江最后决定投奔'大周皇帝嫡派子孙'柴进,因为他'仗义疏财,专结识天下好汉,救助遭配的人'。宋江见到柴进时说,自己做了万不得已的事情,特来投奔——柴进根本不问犯了什么事儿,直接就说,即便做下'十恶大罪'也'不用忧心'。作者的'书法'搞笑时不动声色,水平实在高超。听说宋江杀了自家外室,柴进更不当回事儿,竟然笑着说,'便杀了朝廷的命官,劫了府库的财物,柴进也敢藏在庄里'。说这种话的人是'大周皇帝嫡派子孙'哦,是不是在拿您们中国的传统圣王开玩笑啊?如果是的话,这玩笑开得太离谱了吧?

"总起来看,我觉得啊,在作者笔下,宋江的这出戏是谐剧,搞笑的地方太多。但搞笑也可以是一种启蒙的方式,让人明白一些道理。按亚里士多德的说法,谐剧嘲笑的是人身上低劣的品性。宋江身上的关键词是'仗义疏财',作者让我们看到,他并无任何过人之处,仅仅是个'仗义疏财'的'好人'。严格来讲,'仗义疏财'是民众看重的德性。在作者看来,这其实是低劣的品性:好坏是非优劣不分,烂施仁慈。所谓'无般不好',常人就喜欢这样的人嘛。作者怎样展现宋江身上的这种品性呢?他首先让我们看到,'仗义疏财'让宋江身为官人'私放'晁盖吴用一伙打劫犯,又让宋江对阎婆母女烂施仁慈惹出意外杀人的刑事罪,最后又让他凭靠平时'仗义疏财'的积德逃脱法网。这就是作者让这个未来的'替天行道'领袖出场时的表现……"

"您读得真细致,我比不上,"听过高一乐对"宋江怒杀阎婆惜"这场戏的析读,我一边给他冲茶一边说,"金圣叹已经说过,在施耐庵笔下,宋江是'狭人''甘人''驳人''歹人''厌人''假人''呆人''俗人''小人''钝人'……凡用得上的贬人字眼儿差不多都用上了。看来,这些品质在宋江的出场大戏中已经展现得差不多啦。在金圣叹看来,'《水浒》之一百六人,殆莫不胜于宋江'。[①] 然而,这样一个谁都不如的人,竟然做了他们的王者,要说的话,这真是最大的'反说'。不过,如果要说宋江在作者笔下显得谐剧今古,又该如何理解作者笔下的武松呢?武松的出场戏紧接宋江的出场戏,也有三回篇幅(第24-26回)。这两场戏都涉及命案和追凶,金圣叹已经说到两出戏的表面描写有明显对应,尽管案情差异很大。尤其是金圣叹还说,梁山泊一百六人,'人人未若武松之绝伦超群':'武松天人者',梁山泊英雄中'第一人'(同上,页254)。似乎作者把宋江和武松的出场戏安排在一起,为的是让读者比较'天人'和衰人。倘若如此,宋江的戏是谐剧,武松的戏就是肃剧?您恐怕得比较一下,才能对作者的'书法'有较为全面的认识吧。"

"这正是我接下来要做的,"高一乐笑眯眯地对我眨眨眼说,"金圣叹仅看到这两场戏的一些表面上的对应,并非全部。而且,我觉得他并没有深入体味这两场戏的异同所隐含的意味。不管怎么说,我觉得,武松的出场戏说到底仍然是谐剧,只不过笔法更为高超……

[①] 《资料汇编》,页253-254。

五

"武松出场时,作者首先让他演了一出打虎戏,占整整一回篇幅。金圣叹看到的是作者'写虎能写活虎',其实,我们更应该看到,作者展现出武松有过人的男子气概!宋江首先缺乏的是这种男子气概——换言之,武松有'勇'德。在随后的故事中,作者让我们进一步看到,武松身上有过人的'仁'气:他视兄如父。金圣叹说得好,'武松视兄如父,此自是豪杰至性,实有大过人者'。更有意思的是,金圣叹甚至认为,'武二之视兄如父,是学问之人之事'(同上,页251)。接下来作者还让我们看到,武松有过人之'智':他出公差行前用'篱牢犬不入'约束潘金莲,可见他对持家有周全的考虑;他追凶时有条不紊,冷静地取人证取物证,录下潘金莲和王婆口供,然后把状子上交县府;县府中人上上下下袒护西门庆,就像先前作者让我们看到县府中人上上下下袒护宋江,武松告状无门,但他并不大闹县府,而是不动声色地设局取证——让潘金莲把左邻右舍请来饮酒答谢;左邻右舍几乎无不是软弱的常人,唯恐沾边,武松暗中安排自己手下的警员'前后把着门,都是监禁的一般';果断干脆地替兄'报仇雪恨'时,武松并没有杀掉王婆,而是事后押着这个教唆犯到县府告状……凡此可见,武松行事何其审慎周密。

"武松显得'仁智勇'三德俱全,血性十足,仿佛天生是个王者的料。如果要说'忠义'德性,武松也并不缺乏。按金圣叹的说法,

  忠者，事上之盛节也；义者，使下之大经也。忠以事其上，义以使其下：斯宰相之材也。忠者，与人之大道也；义者，处己之善物也。忠以与乎人，义以处乎己：则圣贤之徒也。（同上，页211）

  "武松视兄如父不就是'忠'的体现？他追凶取证和挟持左邻右舍当见证，不就是'义'的体现？武松搬到兄长家后，随即'取些银子与武大，教买饼馓茶果，请邻舍吃茶'，又'取出一匹彩色缎子，与嫂嫂做衣裳'……他多么善于'使其下'啊。潘金莲引诱他时，先是灌酒，然后'将酥胸微露，云鬟半軃'，三四碗酒后，易醉的武松不仅没醉，反倒对潘金莲'哄动春心'的闲话'也知了四五分'，开始保持警觉……潘金莲引诱未遂，诬陷武松调戏兄嫂，武大问起，他并不辩白，'自去便了'；武松出公差前给兄嫂定行为规则，潘金莲直言抗拒：'我当初嫁武大时，不曾听得说有什么阿叔！'武松则说一不二，并不与妇人多言，自是吃酒。凡此可见，武松何其善于'处乎己'，与宋江真判若两人。

  "我不得不说，武松有'宰相之材'尤其见于他善用暴力。武松追凶时既懂得行贿——用五两银子从郓哥取得证言，也懂得使用暴力：他'握着尖刀'询问'面色青黄'的何九。武松把左邻右舍的民众骗来饮酒，有人来了知道是怎么回事后想溜，武松亮出尖刀说：哪个敢走就休怪翻脸'吃我五七刀'再去。武松不仅用暴力强制左邻右舍民众亲耳听潘金莲'从实招说'，也让民众亲眼看见他扯开潘金莲'胸脯衣裳'，'把尖刀去胸前只一剜……'，然后'肐察一刀'割下人头,'四家邻舍眼都定了,只掩了脸'。不妨想想,这样的人当宰相,还愁国家没有稳定秩序?作者让我们看到宋江杀人,王婆教唆潘金莲杀人,然后是武松杀人,乃至官府'凌迟'王婆……作者展示了各种暴力,却并没有掩饰人世真相:实现'忠义'需要凭靠暴力——用休谟的话说,'自由政府'也离不了用暴力约束民众。何九殓尸时临场假装'中了恶'跌倒装死,他怕的是什么?怕武都头这个'杀人不眨眼的男子'。可是,武松并不像宋江那样在惊慌失措中或'一肚皮气正没出处'的状态下杀人。

"尽管如此,我仍然要说,武松的出场戏就整体而言是谐剧,或者说是一种更为高妙的'反说'。让我举出几个例证,看能否让您信服。首先,我啊觉得,作者好像也在提醒读者把武大与宋江联系起来想。虽然宋江不像武大那样'人物猥獕',毕竟也'身材短矮',而且是个黑脸。甚至武大的'懦弱本分',宋江也占一半:他并不本分,但多少有些懦弱吧。最重要的相似在于,宋江和武大都'无般不好',却'不会风流'……总之,就男人而言,宋江和武大都不讨如今所谓靓女喜欢。王婆怂恿西门庆勾引潘金莲时引古谚'骏马却驮痴汉走,巧妻常伴拙夫眠'(第 24 回),武松用暴力维护古谚所说的这个道理,宋江后来用自己的权威让一丈青配矮脚虎,同样如此……这意味着什么呢?

"武松戏中的两个女人显然是宋江戏中的两个女人的升级版,但潘金莲的来历是大户人家的使女,与婆惜来自三瓦两舍有质的不同。您肯定会说,她们都属于'压伏丈夫'一类女人。用我们西方现代文化的语汇来讲,这两个市民女人下意识地具有女性的自然权利意识:敢于喜欢自己喜欢的男人。我说'下意识',因为您知道,这种意识是天生的,不是什么哲学教出来的。潘金莲一见武松就禁不住喜欢,甚至可以说一见就一往情深:'我嫁得这等一个,也不枉了为人一世!'武松身上处处显出男子气概,与武大(还有宋江)判若两人。潘金莲拿'武松这表人物'与自己的丈夫相比,太自然不过啦。她实在想不通,这对兄弟竟然是'嫡亲一母'所生。潘金莲从武松打死大虫联想到'他必然好力气……',金圣叹对这联想的批语是'绝倒',想必要提示读者,她联想到的'好力气'未必是用来干活儿的。潘金莲出自本能地喜欢武松的'撒泼'性格,因为她自己'平生快性'。如金圣叹的批语所说,潘金莲觉得'自己与武二一合相处'。我有一种感觉,作者在记叙潘金莲初见武松时的情景,笔端流露出对潘金莲的同情理解。武松戏后,紧接着是武松遇张青和孙二娘夫妇的戏。由于刚经历过兄嫂悲剧,武松不免感叹世间也有这天造地设的一对。从金圣叹对武松的感触所下的评议中,也不难看出他对潘金莲的同情理解:

> 夫天下之夫妻两个,则尽夫妻两个也,如之何而至于松之兄嫂,其夫妻两个独邅至于如此之极也?天乎?人乎?念松父松母之可以生松,而不能免于生松之兄,是诚天也,非人也。然而,兄之可以不娶潘氏,与松之可以不舍兄而远行,是皆人之所得为也,非天也。乃松之兄可以不娶潘氏,而财主又必白白与之;松之志可以不舍兄而远行,而知县又必重重托之。然则,天也非人,则断断然矣。嗟乎!今而后,松已不信天下之大,四海之内,尚有夫良妻洁,双双两个之

奇事。而今初出门庭，初接人物，便已有张青一对如此可爱。松即金铁为中，其又能不向壁弹泪乎耶？（同上，页256）

"一番何其深切的感叹！金圣叹就差点儿想说，如果武松娶的是潘金莲……算啦，不必进一步去想金圣叹怎么想，还是回到文本吧。在记叙潘金莲引诱武松的过程时，作者的笔端更多呈露的是潘金莲对男子气概出于女性本能的自然爱欲。王婆用计诱骗潘金莲出笼，利用的是潘金莲的质朴'好心'，这表明潘金莲并非精于心计之人。武大让潘金莲不白吃王婆的酒食，潘金莲照做，可见潘金莲并没有不听武松行前的警告。有不少论者认为，《水浒传》有'歧视女性'之嫌，我看未必。王婆的谋杀'设计'，不可谓不精细。她看到'最要紧'的是，殓尸人何九'是个精细的人，只怕他看出破绽'。但王婆设计让西门庆行贿何九，反倒留下破绽。何九老婆给陷入困境的何九出了一个两全的主意，何九听了也禁不住感叹'家有贤妻，见得极明'。果然，何九妻的'设计'让另一个女人的'设计'归于失败。可见，作者清楚知道，正如有各色男子，也有各色女子……

"武松戏是一个大'反说'，其隐含的真相是——我说出来您不要吃惊哦——武松的确'雄壮''必然好力气'，但他很可能是性无能，或像宋江那样缺乏饱满的阳气。在孙二娘店里，武松吃了下蒙汗药的酒后昏睡，孙二娘让手下将武松扛进里屋再收拾，手下扛不动，二娘亲自动手：脱掉'绿纱衫儿，解了红娟裙子，赤膊着'一把提起武松……您想象得到，二娘这时身上仅剩下内兜儿，胸脯涨得满满的……'武松就势抱住那妇人，把两只手一抱抱将拢来，当胸搂住；却把两只腿望那妇人下半截只一夹，压在妇人身上'（第27回）。作者的笔端透露出孙二娘身体的性感，甚至笔调让人觉得色情，同时却让我们看到武松对孙二娘的性感身体完全没感觉……"

"胡扯，胡扯，别来这套，"我连连摆手，"您们西方人就喜欢用弗洛伊德那套来解读文学作品，牵强得很……"

高一乐见我不想听他把这个话题说下去，笑了笑说，"换个例子吧……您可能已经注意到，第24回篇幅特别长，几乎是所有其他章回的一倍。这一回的重点是'设计'引诱，然后是践行引诱：王婆用言辞'设计'引诱，西门庆用行动践行引诱。作者让笔下的王婆向西门庆详细交代了十步走的引诱步骤，后来还亲自出面总结说，'凡世上妇人，由你十八分精细，被人小意儿过纵，十个九个着了道儿！'（第24回）不知怎么的，读到王婆的'设计'，我禁不住想到后来宋江和吴用设计的一系列'逼'人入伙。王婆不仅'设计'了引诱，还'设计'了谋杀，对自己的'好手段'颇为得意。不过，王婆的前后两个'设计'性质完全不同，转换的关键是暴力的返回——现存秩序是靠武松的暴力来维持的，他与朱仝一样，是县公安局刑警队长。由于暴力不在场，就有了王婆的第一个'设计'。武大极为软弱，这类常人需要靠亲近的暴力来保护。面对暴力的返回，王婆让出于自然欲望想要破坏秩序的西门庆选择'长做夫妻'还是'短做夫妻'。西门庆选择了前者，于是引出谋杀的'设计'。我们都知道，'长做夫妻'成了另一部长篇叙事《金瓶梅》的主题。为什么偏偏是这个情节旁衍出另一个大故事，那里所隐含的'内在问题'与《水浒传》的'内在问题'是什么关系？什么是人世间的自然秩序？

我啊觉得，这里的关联在于，梁山泊英雄缺乏潘金莲所渴望的'火'……潘金莲对武松说，'叔叔不会簇火，我与叔叔拨火；只要似火盆常热便好'（第24回）。她哪里知道，世上竟然也有根本就没'火'的男子气概——您可以再想想卢俊义和杨雄的故事……

"反过来看，武松替兄长'报仇雪恨'时手刃潘金莲其实太过分，甚至乎变态：割下人头已经替兄报仇，为何还要残忍地剜心掏腑？作者的笔端难道在暗示：武松的变态之举是因为他没有自然能力回应潘金莲的'火'？他剜心剜的是自然爱欲？作者后来不是让读者看到：在蜈蚣岭的秋高夜色中，武松看见一个道士先生正'搂着一个妇人在那窗前看月戏笑'，不禁'怒从心上起，恶向胆边生'，'去腰里掣出那两口烂银也似戒刀'（第30回）。武松生怒真的是因为'出家人'在'山间林下'的月色中'做这等勾当'？作者难道会不知道，道士不是和尚，道佛两家修炼方式不同？就算'出家人'不该'做这等勾当'，武松拿'道童祭刀'难道不是变态？无论如何，武松在蜈蚣岭的月夜中杀死道童和道士，并非失手杀人，而是与杀潘金莲一样，属于报复性杀人。但这次他报复的是什么呢？情形难道没可能是，就像爱使枪棒不耽误于女色上十分要紧，读书修道的男人也有本事享受自然欲火，武松却没有这本事，于是见到这番情景便'怒从心上起'？他要证明自己也有过人能力：'我的本事，不要箱儿里去取！'——'箱儿'指道士读的书本，武松拿自己的武功来藐视道士的读书功夫，岂不失态且变态？作者在前面说宋江杀婆惜是'小胆翻为大胆，善心变做恶心'，这里说武松杀道士和道童是'怒从心上起，恶向胆边生'。好一个相同的'心'字和'恶'字连用,连起来就是'心恶'!用现在的话说,这心之'恶'指的是宋江和武松因自己身上的某种自然欠缺而内心极为龌龊。值得庆幸的是,两人都不好读书,智性也不算太高,不然的话,这样的'心恶'不知会衍生出什么文字或邪说。

"算啦,不谈这个。其实,我哪里是在用弗洛伊德那套来识读《水浒传》哦,王者或僭主与自然爱欲的关系,是希罗多德《原史》的开篇主题。缺乏这种自然爱欲,无论王者还是僭主都是假的,但巨吉斯的故事表明,的确有性变态的僭主……有个台湾学者写过一篇文章论梁山泊英雄,文章的副标题是'论水浒的悲剧嘲弄'。老实说,整篇文章没一点儿看头,结尾时将《水浒传》与荷马的《伊利亚特》以及印度史诗《摩诃婆罗多》相提并论,① 更是牛头不对马嘴的胡扯。但'悲剧嘲弄'的说法还是靠点儿谱,当然,按我说应该是'谐剧嘲弄'……

"我的观点是,武松的出场戏整体而言同样是高妙的'反说'。看来您仍然不信,我再给您举个例子吧。您应该注意到,武松最初出场时,并没有显得'仁智勇'三德俱全。作者首先让我们看到,武松在柴进庄上做客,下人照顾不周,他醉酒后就'下拳'打人,'满庄里庄客没一个道他好',谈何'仁智勇'三德俱全啊。作者随后写武松与宋江相识:两人都是犯下意外杀人罪的逃犯。奇妙的是,武松在柴进庄上本来喜欢酒后无理打人,'却得宋江每日带挈他一处,饮酒相陪,武松的前病都不发了'(第23回)。接下来作者就安排了打虎戏,让武松展示'勇'气。更绝的

---

① 乐蘅军,《梁山泊的缔造与幻灭:论水浒的悲剧嘲弄》,见氏著,《古典小说散论》,台北:大安出版社,1976,页111。

是，打虎之后，作者就说，阳谷县长见武松有'忠厚仁德'……真幽默，即便大虫扰乱民众的正常生活，打死大虫怎么就成了'忠厚仁德'的体现啊？武松好酒，而且醉了就毫无自我节制。但作者随后却让我们看到，武松非常有自我节制。宋江真神奇，仅仅与武松'饮酒相陪'就改变了他的性情或气质……金圣叹说武松是'天人'，恐怕看走眼了吧，不然就是'反说'？武松在柴进庄上初遇宋江时，柴进问武松是否认得宋江，武松说还不认得，仅听说（！）宋江是个'天下闻名的好汉'。柴进又问，'如何见得他是天下闻名的好汉？'武松说，'他便是真大丈夫，有头有尾，有始有终！'老刘啊，您不觉得这是作者的'反说'笔法么？他明明刚刚让我们看到，宋公明做事情有头无尾，有始无终！如果武松真的是块"天人"的料，但让这块料成器的却是金圣叹说的梁山泊第一衰人宋江。这应该算是'戏言'吧，但其中透露了怎样的'持世心肠'呢？我想起李贽评《水浒传》的一句话：

> 今夫小德役大德，小贤役大贤，理也。若以小贤役人，而以大贤役于人，其肯甘心服役而不耻乎？是犹以小力缚人，而使大力缚于人，其肯束手就缚而不辞乎？其势必至驱天下大力大贤而尽纳之水浒矣。（《资料汇编》，页172）

"要么这话是'反说'，要么李贽没看懂《水浒传》中的'反说'。要说《水浒传》的主题是'小德役大德，小贤役大贤'，倒还靠谱。作者让宋江一心想的是'招安'，难道不靠谱？"

"您的意思似乎是说，"我打断高一乐，"'大贤役于人'就是《水浒传》需要读者'深入领会的内在问题'，甚至就是中国文明的'内在问题'？可是，这不过是人世中的常态，未必仅仅是中国文明的'内在问题'吧，西方文明同样如此，从而是人世的基本'内在问题'，不是吗？遇到真正有君王德性的君主，他能让国家稳定，抵御外敌，民众生活得安宁和富足，从来就是'奇事'，就像武松'已不信天下之大，四海之内，尚有夫良妻洁，双双两个之奇事'。休谟以为'自由的政府'靠民主方式让君主换得很勤就会天下永久太平，结果只会是'小德役大德，小贤役大贤'……"

高一乐像赶蚊子似地挥挥手，"那是您说的意思，不是我说的。还是回到'逼上梁山'这个话题吧……武松的血性行为让知县觉得他'是个义气烈汉'，又念及他押运行贿品有功，把武松的刻意杀人改为宋江式的意外杀人，送交上一级州府发落。随后，作者让我们看到一连串'聪察的官'——从府尹到京师刑部官，他们从轻发落武松，'脊杖四十，配刺两千里外'。武松后来与政府作对，没道理啊……毕竟，他哥哥的悲剧是王婆和西门庆导致的，甚至如金圣叹所说，是天地间某种说不清道不明的缘由导致的，与无论君主制抑或民主制的政府有何相干！与宋江一样，政府对他们都蛮好啊：郓城县府上上下下袒护宋江，阳谷县府上上下下袒护武松。县府大人没有严守'法度'，"官吏污滥"恰恰让宋江和武松这两个杀人犯逍遥法外，而非被逼得走投无路。何况，宋江和武松本人都是县府官员啊！如果能从'通俗素材的表面描写'看出政治法理，就是怀林说的'高明'读者，那么，我想说，作为欧洲人我读

《水浒传》获得的最大启发是:中国'从来没有形成一种自由政府的观念',并非是休谟说的那个原因。毋宁说,真正深谙儒道的'高明'者对世之'俗'有极为深透的理解,所以才不会像我们那样相信民主政治。说到底,民主政治才是世界历史上真正的'起义'……今天中午我请您吃饭,咱们走吧……"

　　这次闲聊虽然过去20年了,我仍然在想,高一乐的读法真的"高明"?未必吧……

图书在版编目（CIP）数据

共和与经纶/刘小枫著.--增订本.-- 北京：华夏出版社有限公司，2021.10

（刘小枫集）

ISBN 978-7-5222-0152-8

Ⅰ.①共… Ⅱ.①刘… Ⅲ.①熊十力（1885-1968）－经学－研究 ②熊十力（1885-1968）－哲学思想－研究 Ⅳ.①B261.5

中国版本图书馆CIP数据核字(2021)第144794号

共和与经纶

作　　者	刘小枫
责任编辑	马涛红
美术编辑	李媛格
责任印制	刘　洋
出版发行	华夏出版社有限公司
经　　销	新华书店
印　　刷	北京汇林印务有限公司
装　　订	北京汇林印务有限公司
版　　次	2021年10月北京第1版 2021年10月北京第1次印刷
开　　本	880×1230　1/32
印　　张	10.5
字　　数	227千字
定　　价	78.00元

华夏出版社有限公司　地址：北京市东直门外香河园北里4号 邮编：100028
网址：www.HXPH.com.cn　电话：(010)64663331(转)
若发现本版图书有印装质量问题，请与我社营销中心联系调换。

刘小枫集

共和与经纶［增订本］
城邦人的自由向往：阿里斯托芬《鸟》绎读
昭告幽微：古希腊诗文品读
设计共和
以美为鉴：注意美国立国原则的是非未定之争
古典学与古今之争［增订本］
这一代人的怕和爱
沉重的肉身
圣灵降临的叙事［增订本］
罪与欠
儒教与民族国家
拣尽寒枝
施特劳斯的路标［增订本］
重启古典诗学
现代性与现代中国：现代性社会理论绪论
诗化哲学［重订本］
拯救与逍遥［修订本］
走向十字架上的真
卢梭与我们
西学断章
现代人及其敌人
好智之罪：普罗米修斯神话通释
民主与爱欲：柏拉图《会饮》绎读
民主与教化：柏拉图《普罗塔戈拉》绎读
巫阳招魂：《诗术》绎读

编修［博雅读本］
凯若斯：古希腊语文读本［全二册］
古希腊语文学述要
雅努斯：古典拉丁语文读本
古典拉丁语文学述要
危微精一：政治法学原理九讲
琴瑟友之：钢琴与古典乐色十讲